ちくま文庫

戦略読書日記

本質を抉りだす思考のセンス

楠木建

筑摩書房

まえがき

「読書の戦略」とか「戦略的な読書法」についての本ではない。

かといって、経営戦略についての書、いわゆる「戦略本」について解説したものでもない。本書で取り上げるなかには、そういう本もいくつか含まれているが、目次を見ていただければわかるとおり、一見してビジネスや戦略とは無関係に見える本も多い。

そもそも、本書は普通の意味での「書評書」ではない。書評の形式をとってはいるが、それぞれの本の内容を紹介し解説し論評することが一義的な目的ではない。書評という形式に仮託して、戦略と経営の本質についての僕なりの考えを、例によってしつこく主張していくという内容になっている。

さらにいえば、日記でもない。

「別れのブルース」「港町ブルース」「柳ヶ瀬ブルース」「女のブルース」「中の島ブルース」「伊勢佐木町ブルース」「恍惚のブルース」「本牧ブルース」、キリがないのでこの辺でやめておくが、こうした曲は本来の意味でのブルースではない。一二小節のブルース形式のコード進行（Ⅰ→Ⅰ→Ⅰ→Ⅰ→Ⅳ→Ⅳ→Ⅰ→Ⅰ→Ⅴ→Ⅳ→Ⅰ→Ⅴ）でもないし、ブルーノート・ペンタトニック・スケールを使った旋律もない。

ブルースっぽい何かをよどみなく漂わせるために、「ブルース」がタイトルについてしまっただけで、中身は歌謡曲。「気持ち、ブルース……」という話。これと同じで、本書は「気持ち、日記……」である。

戦略や経営の本質を抉り出すような本を厳選している。これらの本に触発されて僕が考えたことを読者の方々にストレートに伝えるべく、自由気ままに書いている（この辺が「気持ち、日記……」のところ）。これらの本から僕が受けた衝撃や知的興奮、僕が得た気づきと洞察を読者の方々と共有したい。その先に、戦略をストーリーとして構想し実行する経営とはどういうことか、そのために必要となる思考のセンスとは何か、そうしたことの本質を浮かび上がらせることができれば、という目論見である。

もちろん僕の個人的なセンスなり趣味嗜好に引きずられた話なので、本の選択からして好みや体質に合わない方もいるだろう。その辺、ご満足いただけるかどうかはお約束しかねる。ただし、本書を読んでも、「すぐに役立つビジネス・スキル」が身につかないということだけはお約束しておきたい。

本書の制作は始めから終わりまでプレジデント社書籍編集部の中嶋愛さんとの共同作業で進められた。中嶋愛さんに心からお礼を申し上げる。

楠木　建

目次

※登場する人物の所属や役職は単行本が書かれた当時のものです。

戦略読書日記

本質を抉りだす思考のセンス

序章

時空間縦横無尽の疑似体験

『ストーリーとしての競争戦略』楠木建著――東洋経済新報社（二〇一〇年）

一発目から自分の本を取り上げる。僭越きわまりない話なのだが、まえがきに続いて本書の意図を説明するうえで、取っ掛かりとして拙著が好都合なので、ひとつご容赦のほどを。

『ストーリーとしての競争戦略』を出してから早くも数年が経過した。思いがけず多くの方々にお読みいただき、これまでに数多くの感想が寄せられた。ありがたいことである。ところが、案の定というか、僕のところにわざわざ書いてお送りいただく感想には、肯定的なものは少ない。道端で知人や友人とすれ違いざまに、「あ、そういえばあの本、よかったよ」と思い出したように言ってもらえることはたまにあるのだが、メールや手紙で僕のところに直接届く反応はネガティブな声、ありていに言って「金返せ！」というお怒りの声が圧倒的に多い。わざわざ文章にして書いて送る。相当に労力を必要とする仕事である。人間は怒ったときのほうがエネルギーを発生するものだ。お送りいただく感想に否定的なものが多くなるのは自然な成り行きなのかもしれない。

毎朝仕事場に入るとまずはメールを開く。ほぼ毎日、ぽつぽつとクレームが入っている。クリープの入ったコーヒーを飲みながら、クレームで始まる一日。はじめのうちはいちいちシビれていたが、これも慣れるとしみじみと味わい深い。

毎日のように「金返せ！」と叱られているうち、興味深いことに気づいた。怒りのツボは三つか四つのパターンに収斂している。そのなかでも圧倒的に多いのが「話はわかった。でも、この本はまるで応用が利かない。実践的でない」「最後まで読んでも、どうやったら優れた戦略ストーリーをつくれるようになれるのかがさっぱりわからない。カネと時間を使ってつきあったのに、まるで役に立たない、どうしてくれるんだ！」というクレームである。

ビジネス書に対する需要の偏在

改めて痛感したのは、昨今のビジネス書に対する需要が「スキル」に傾斜しているということだ。それが証拠に、ほとんどのビジネス書のオチは「ということで、これからは〇〇のスキルを身につけよう！」。そう言っては元も子もないのだが、僕の本は戦略をつくるためのスキルを伝授する本ではないし、そもそも『ストーリー戦略』というような「新しい戦略理論」を提示しようというものでもない。「これからは『ストーリー

戦略』でライバルに差をつけよう！」とかいうスキル系の効能を期待してお読みいただ
くと、まず確実にアタマにくるという成り行きだ。

「じゃあ、どうすればいいのか」という質問に対しては、「あきらめが肝心です」としか言いようがない。ない袖は振れないのである。逆におたずねしたい。そもそも「戦略構想のスキル」などというものがこの世にあるのだろうか。

誰かがつくった戦略の分析ならばスキルでなんとかなる。分析フレームワークもたくさんある。しかし、すでに存在している戦略を分析するということと、自らオリジナルな戦略ストーリーをつくるというのは、まるで違う仕事だと考えたほうがよい。

戦略分析は担当者（たとえば「経営企画部門」の「戦略スタッフ」）の仕事である。しかし、戦略をつくるということは、商売全体を組み立てるということであり、担当者の手に負えない。あくまでも経営者の仕事だ。戦略をストーリーとして考えるという僕の視点からすれば、戦略は分析の産物ではない。戦略の構想は何よりも「綜合」（シンセシス）の思考を必要とする。戦略をつくるという仕事にはそもそも「分析」（アナリシス）の思考とは相容れない面がある。

分析と綜合の違いは、「スキル」と「センス」の違いといってもよい。分析がスキルを必要とするのに対して、綜合はセンスにかかっている。

スキルとセンス、どちらも大切である。ただし、両者はまるで異なる能力であり、区別して考える必要がある。戦略「分析」がそうであるように、スキルは分業の結果として現れる個別の「担当業務」に対応している。ファイナンスのスキルがある人がファイナンス担当をやり、法律のスキルのある人が法務担当をやり、アカウンティングのスキルがある人が経理担当をやる。

この例にあるように、スキルの種類は多岐にわたるが、それぞれのスキルについてその内容の定義が社会的に定着している。これもまたスキルの特徴だ。「わたしは○○のスキルがありますよ」と言えば、「ああ、この人は○○ができるんだな」と能力の内容なり輪郭がつかめる。「はい、このようにきちんと英語が喋れますよ。ＴＯＥＩＣは九○○点ほどありまして……」というように、スキルは「見える化」できる。

しかも、スキルを身につける道筋も用意されている。定評のある教科書がある。習得の方法論がだいたいの場合確立されている。そのとおりやれば、少なくとも以前よりはできるようになる。内容がはっきりしている。人に示せる。努力すれば改善できる。だから、やる気が出る。

一方のセンスはスキルと真逆である。そもそもセンスは千差万別であり、定義が容易でない。身につけるための定型的な方法もない。試験の成績や資格の取得といったかたちで人に見せることもできない。「わたしはセンスのある人間でしてね……」などと言おうものなら、かえって怪しまれるのが関の山だ。ある人にはあるし、ない人にはない。「それはセンスの問題だ」と言い切ってしまうと、「それを言っちゃあおしまいよ！」という話になる。で、はじめに紹介したような苦情が殺到する。

だから今の時代、多くの人がスキルに傾く。センスがないがしろにされる。会社の中でもスキルばかりが幅を利かせるようになる。気がつくと会社全体が「担当者」だらけになる。挙句の果てに、「代表取締役担当者」タイプの社長が出てくる。何をやっているのかというと、代表取締役の担当業務を粛々とこなしているだけ。まるで戦略が出てこない。こうなるともはや笑えない状況だ。誰も本来の意味での経営をしていないということになる。「担当分野」がないのが経営者の仕事だ。

スキルがビジネスのベーシックス、「国語算数理科社会」の世界だとすれば、センスというのは課外活動、「どうやったらモテるか」という話である。「こうやったらモテるようになりますよ」という標準的な方法論は存在しない。それでも、「モテる人」と「モテない人」がいることは厳然たる事実だ。実際に「モテる人」を見ればすぐにわかることだが、「なぜモテるか」は人それぞれ千差万別。モテている人にはその人に固有の理由がある。センスとはそういうものだ。

スキルとセンスを混同するとロクなことがない。本来センスであることをスキルだと勘違いする。モテないという問題に直面すると、すぐに「モテるためのスキル」を手に入れようとする。雑誌を見ると「ああやったらモテる」「こうやったらモテる」という話が満載だ。まじめに全部取り入れたとする。間違いなく、ますますモテなくなる。

ことほど左様に、スキルとセンスはまるで違う。モテない人ほど、こうやったらうまくいくというデートの「必殺技」「必勝法」を探しに行く。しかし、そもそもそんなものはどこにもないのである。

疑似でもいいから場数を踏む

スキルと違って、センスは直接的には育てられない。しかし、育つ。定型的な教科書がなくても、仕事の中で磨くことはできる。自らセンスを磨くにはどうしたらよいのか。もっとも有効なのは、実際に経営者として戦略をつくって動かすという経験をすること。要は場数を踏むことだ。モテるようになるためにはデートの場数を踏むに越したことはないのと同じである。

理屈っぽくいえば、センスとは「文脈に埋め込まれた、その人に固有の因果論理の総体」を意味している。平たくいえば、「引き出しの多さ」。優れた経営者はあらゆる文脈に対応した因果のロジックの引き出しを持っている。しかもいつ、どの引き出しを開けて、どのロジックを使うかという判断が的確、これもまたセンスである。経験の量と質、幅と深さが「引き出し能力」を形成する。その典型的なモデルが、第7章に出てくる三枝《さえぐさ》匡《ただし》さんである。彼の本を読むと、戦略をつくるセンスがその人の文脈に固有の因果論理の総体であるということがよくわかる。

戦略ストーリーをつくるのは経営者の仕事であり、経営そのものだ。自分で戦略をつくって、自分で動かして、成功したり、失敗したりを繰り返していくなかでセンスが磨かれる。しかし、誰もがそんな経験ができるわけではない。そこで、次善の策として疑似体験が大切になる。「疑似場数」といってもよい。

疑似場数を踏むための方法にもさまざまなものがある。より本番に近い疑似場数は、センスのいい人の隣にいて、その人の一挙手一投足を観察すること。シャドーイング(shadowing)ともいう。昔からある「鞄持ち」の方法論だ。

僕自身の経験でいえば、センスに優れた経営者として真っ先に浮かぶのが、数年前に若くしてお亡くなりになった佐々木力さん(生前はリンク・セオリー・ホールディングス社長)。佐々木さんのセンスのよさを説明しろと言われても一言では言えないのだが、機会あるたびに横で見ていると、「なるほど、センスがいいとはこういうことか……」と気づかされること多々であった。

誰でもいいので、まずは自分の周囲の人でセンスがよさそうな人をよく見る。そして見破る。「見破る」というのは、その背後にある論理をつかむということだ。センスのいい人をただ漫然と観察したり真似するのではなく、なぜその人はそのときにそうするのか、「なぜ」をいちいち考える。これを繰り返すうちに、自分と比較してどう違うのか、自分だったらどうするか、と考えるようになる。自分との相対化が起こる。そうして自分の潜在的なセンスに気づき、センス磨きが始まる。疑似場数を踏むとはそういうことだ。

センスのいい人のそばにいながら何年たっても進歩しない人というのは、人を見るだけで終わっていて、見破るところまでいかない。見破らなければ相対化できない。自分と相対化することで初めて自分に固有のセンスが磨かれる。

といっても、センスのいい人がそう都合よく自分のそばにいてくれるわけではないし、鞄持ちをできたとしても見る対象がごく少数に限定されてしまう。もう一段さらに疑似的ではあるが、もっと日常的に手軽にできる方法があったほうがよい。それが読書である。

戦略のセンスを錬成する手段として、なぜ読書が優れているのか。情報源として本が優れているということではない。情報があらゆるメディアから送り出されてくる。しかしそうした情報の九九％は「断片」にすぎない。繰り返すが、センスとは因果論理の引き出しの豊かさである。断片をいくら詰め込んでも肝心の論理は身につかない。

たとえば新聞やネットで「中国で景気が頭打ちに……」という記事を読んだとする。これは事実であるとしても、情報の断片である。そこにはいちおう景気が頭打ちになった理由めいたものが箇条書きで触れられている。しかしその背後にある因果論理までは短い記事では踏み込めない。論理を考える材料として物足りない。深みと奥行きに欠けるのである。

論理を獲得するための深みとか奥行きは「文脈」（の豊かさ）にかかっている。経営の論理は文脈のなかでしか理解できない。情報の断片を前後左右に広がる文脈のなかに置いて、初めて因果のロジックが見えてくる。紙に印刷されたものでも電子書籍でもよい。あるテーマについてのまとまった記述がしてあるものを「本」と呼ぶならば、読書の強みは文脈の豊かさにある。空間的、時間的文脈を広げて因果論理を考える材料として、読書は依然として最強の思考装置だ。

あくまでも一般論ではあるが、戦略のセンスをつけるための読書としては、フィクションよりもノンフィクションが向いている。具体的な事実のほうがロジックが強いからだ。フィクションだとロジックは作家のつくりたい放題なので、どうしても論理が緩くなる。

時空間を飛び越えて対話をする

日本電産社長の永守重信さんがとあるインタビューで答えていた。

リーマンショックのときに、積み上げた経営ノウハウでは乗り切れないと感じた。本当に会社がつぶれるかもしれない。そう思った永守さんは、行き先を言わず、一カ月間図書館に通い続けた。そして一九三〇年代の世界恐慌で多くの会社がつぶれるなか、業績を急回復させた企業についての本を探して片っ端から読み、ひたすら考えたという。

経営者としての実体験の深さや豊かさが超一流である永守さんでさえも、リーマンショックという非連続な事態に遭遇したときには、読書をすることによって、拡張された時間軸と空間軸の中に自己を位置づけ、そこから有用な因果論理をつかみだそうとする。

読書をするときには姿勢が大切である。本をあまり目に近づけないように、といった物理的姿勢も大切だが、心の構えはもっと大切だ。著者や登場人物と対話するように読む。対話をすることによって自分との相対化が進む。本当は生身の優れた人間と直接対話できればいいのだが、そういう人は遠くにいたり、忙しかったり、死んでしまっているのでなかなかかなわない。そこに相手がいないときでも、いつでもどこでも誰とでも、時間と空間を飛び越えて対話ができる。ここに読書の絶対的な強みがある。

日本電産の永守さんもそうだが、センスに溢れる優れた経営者には、ほかの経営者の自伝や評伝をじっくり読む人が多い。これもまた対話である。推測であるが、そうした人は「スキル系」の本はあまり読んでいないのではないか。ファーストリテイリング会長兼CEOの柳井正さんの座右の書は、世界最大のコングロマリット、ITTを率いたハロルド・ジェニーン（第12章参照）や、マクドナルド創業者のレイ・クロックの自伝（第13章参照）。こうした読書を通じた対話が、経営者としての血となり、肉となっているという。

この仕事をしていると、企業の実務家の方々から「どうすればよいのか」とたずねられることも多い。僕から「こうしたらよい」と答えることはほとんどない。どうしたらよいかわからないからだ。当事者でもわからないのに、パッと聞いただけの僕にはわかるはずもない。それでも、「どう考えればよいか」を助言することはできる（こともある）。

永守さんや柳井さんの経験と洞察には及ぶべくもないが、『ストーリーとしての競争戦略』では、ストーリーという視点から優れた戦略の条件なり基準を明らかにしようとした。戦略の「筋のよさ」とは何か、ということである。そのためには戦略ストーリーの名作や愚作をじっくり読み解き、そこから帰納的に優れた戦略の本質を探っていくしかない。

この本を読んでも、何かのスキルが身につくわけではない。しかし、優れた戦略の基準を示すことができれば、戦略構想のセンスを磨くのに役立つ話ができるのではないか。これが本を書くにあたっての僕なりの意図であった。

戦略のセンスを磨くためのいくつかのアプローチのうちで、読書はもっとも「早い・安い・美味い」方法だ。本格的なフランス料理のフルコース（＝商売丸ごとを自ら経験して、試行錯誤を通じてセンスを磨く）には及ばないけれども、相対的に低コストで、時間をかけずに、いつでもどこでも日常のルーティンとして生活に取り込めるというのが読書の素晴らしいところ。

スポーツに喩えれば、毎日シビれるような試合はできないが、ジムでの筋トレや走り込みならばルーティンとして取り組める。読書は経営のセンスを磨き、戦略ストーリーを構想するための筋トレであり、走り込みである。即効性はない。しかし、じわじわ効いてくる。三年、五年とやり続ければ、火を見るより明らかな違いが出てくるはずだ。

第1章　疾走するセンス

『元祖テレビ屋大奮戦！』井原高忠著──文藝春秋（一九八三年）

一発目で自分の本を取り上げたと思ったら、二発目は絶版書。僕にとってはどうしても避けて通れない一冊なのでお許しいただきたい。今改めて読んでみても、『元祖テレビ屋大奮戦！』には戦略ストーリーをつくるためのセンスが呆れるほどたっぷり詰まっている。

著者の井原高忠《いはらたかただ》（僕にとって大リスペクトの対象なので本来は井原高忠先生と呼ぶべきところだが、以下では敬称を略す）は日本テレビのディレクターやプロデューサーとして、主に音楽番組やバラエティ番組でテレビの黎明期から業界を牽引した人物である。

初版の発行は一九八三年。僕が大学生のときだった。卒業後の仕事としてやりたいことは何もなく、将来についての構想も抱負も皆無。当時の僕は、ひたすら引きこもって布団の中でずるずると読書をしていた（ということは、今とあまり変わらない）。

いつの時代も大人たちは若者に「キミの好きなことをやれ！」と言う。これほど不親切なアドバイスもない。好きな仕事がわかれば苦労はない。当時の僕の好きなことといえば、寝転がって本を読んだり、歌ったり踊ったりすることぐらい。どう考えても仕事と折り合いをつけるのが難しい。

「個性を発揮して、キミの好きなことをやりなさい……」などと大人に言われようものなら、「じゃあ、オジサンは自分でホントに好きなことを仕事にしているのかよ……」などと悪態をついてひねくれているという、もうどうしようもない学生だった。そんなときこの本に出合った。「本当にスキなことをスキなようにやって、バンバン仕事をしている人がいる！」と、よどみなく衝撃を受けた。

音楽好きの著者は、カントリーバンドで進駐軍の基地で演奏するなどして、学生時代からプロ並みの収入を得ていた。音楽が好きなところまでは同じなのだが、僕と違ったのは「いい年をした大人になってもテンガロンハットをかぶって歌っているのはさすがにまずいだろう」と当時からいたって冷静に考えていたこと。井原は当初は漠然とジャーナリストを目指していたという。そこに突然「テレビ」というものが登場した。そこですぐにジャーナリストはやめにして、日本テレビの音楽班にもぐりこむ。

その理由は「新聞社よりも歌舞音曲が多そうだから」。この気楽さがもう最高である。そうか、職業の選択なんてそんなもんでいいのか！　この本を読んだ当時の僕は大いに勇気を得て、再び布団にもぐりこんだものだ。

紆余曲折を経て僕も今ではある程度スキなことをしながら世の中と折り合いをつけら

れるようになった。現在は競争戦略についての考えごとを生業《なりわい》としているのだが、今改めてこの本を読むと、井原の戦略家としてのセンスに驚かされる。戦略をつくり、周囲を巻き込んで、全体丸ごとを動かして成果を出す。そのことにかけて、この人は天才だったといってよい。

本書を通じて著者の戦略家としてのセンスが疾走している。絶版になっているということもあり、その中身にできるだけ具体的に触れながら、僕の受けた衝撃をお伝えしたい。

まずはテメエがその気になる

キング・オブ・ソウルのジェームス・ブラウンは「出だし一発目の音がすべて」と言い切る。井原も同じである。仕事への入り方が最高にいい。何でも「格好から入る」。これが井原スタイルだ。

黎明期のテレビ局では、ヘッドフォンといえば電話機の交換手が使っているものと大差ない粗末なものだった。井原はそれが嫌でドイツのシーメンス製のすごいのを買ってきたり、NASAで人工衛星の乗務員が使っているものを手に入れてくる。また、職場の仲間で意味もなく何着もユニフォームをつくる。それが背中にまでポケットのついたジャンパーだったり、オリンピックのブレザーみたいなものだったりと凝りに凝っていた。「格好をつける」ためなら金も手間も惜しまない。

なぜそこまでするのかというと、仕事は「まずはテメエがその気にならないと駄目だから」。これが井原に一貫した論理である。『ストーリーとしての競争戦略』でももっとも言いたかったことなのだが、当の本人が「面白がっている」こと、これが優れた戦略ストーリーの絶対条件だ。自分で心底面白くなければ、人がついてくるわけがない。ましてや顧客がついてくるわけがない。当たり前過ぎるほど当たり前の話だが、「まずはテメエがその気になる」という原則は、現実の仕事の局面ではわりとないがしろにされがちだ。井原は自分が面白いと思うことに徹底的にこだわる人だった。

その一方で、「アーティスト」に典型的に見られることなのだが、自分の好きなこと、面白いと思うことにこだわるあまり、顧客の視点を見失い、結局のところ商売にならない、という成り行きも少なくない。趣味と仕事は違う。趣味は自分一人が楽しめればよいが、仕事は価値の受け手である顧客がなければ成り立たない。自分がその気になって楽しくやらないと始まらないが、自分が楽しいだけで終わったら、ただの趣味である。その点、井原は自分自身の面白さにこだわりつつ、あくまでも「お客が実際に観て喜んでナンボ」という商売に執着する。

戦略ストーリーの構成要素として、井原は「照明」と「踊り」を重視した。つくっている側からすればまずは脚本が大切ということになる。しかし顧客視点に立てば、照明と踊りこそが番組のインパクトを大きく左右する、というのが井原の理屈である。顧客視点で細部にも徹底的にこだわる。

当時は番組の最初にスタッフや出演者の名前がロールで出てくるのが普通だった。これを井原は全廃している。そんなものを長々とやっても、スタッフの名前なんて親戚が見つけて喜ぶぐらいにしかならない。視聴者にとってはどうでもいい。視聴者が観たいのは本編なのだから、さっさとそっちに行こうぜ、というわけである。

井原は自身を「電気絵描き」と定義している。ブラウン管がキャンバスで、カメラが筆で、絵の具に当たるのがタレント、それを使って自分が好きな絵を描く。ここにも彼の戦略家としてのスタンスがみてとれる。「自分が丸ごと全部を動かせる」という感覚が戦略を構想するリーダーには不可欠だ。戦略家は常に「全体」の「綜合」をする人でなければならない。

綜合的構想をぶち上げられるリーダーのなかには、その戦略ストーリーを現場へと浸透させ、肝心の実行へともっていくフェーズになるとどうもうまくないという人もいる。しかし、戦略ストーリーを実際に動かしていくという点でも、井原の現場グリップ力は独特かつ強烈だ。

彼はすぐ怒鳴ることで有名で、時間にも異常に厳しい。一〇時開始で一〇時に来る人がいると、「帰れ！」と怒鳴りまくった。井原にとって一〇時開始というのは、一〇時に集まるのではなく、あくまでも「一〇時に全力全開で仕事を始められる状態にいる」ということを意味する。みんながスタンバイしているのに一人だけ一〇時ぴったりにやってくると、「おわびのためにそこで腹をかっさばいて死ね」と怒鳴り、「死ぬのがいやなら、みんなにお金を配れ。お前の出演料を全部だ！」と畳みかける。それで二度と来なくなった人もいたという。

「分業しているけれども分断されてない状態」をつくる

もちろん怒鳴るだけの「鬼プロデューサー」ではない。戦略ストーリーを動かすためには全員でそのストーリーを共有する必要がある。井原は必ず一時間前にスタジオに入って、まだ誰も来ていない舞台に椅子を出して一人で座り、静かにスタッフを待つのが習慣だった。まずスタジオに入ってくるのは、表舞台に立つタレントではなく、照明さんや大道具さんといった裏方の人々。そういう人とフェイス・トゥー・フェイスでじっくりとコミュニケーションする。自分はこういう番組をつくりたいというイメージを現場に浸透させ、彼らの要望や気づきを細かく拾っていく。

いよいよ番組収録が始まると、今度は現場から離れ、「サブ・コン」と呼ばれる副調整室に井原はこもる。ディレクターはサブ・コンからヘッドフォンを通じて特定の人に指示を出したり、必要な場合はサブ・コンから現場に降りて行ってあれこれ指示を出したりするのが普通だった。しかし、井原は特定の人だけに指示を出すかたちをとらず、トークバックを全開にして、自分の言っていることがスタジオ中に流れるようにしていた。ある人に向けて指示を出すときでも、現場全体に自分の考えていることを徹底的に共有させるためである。

早くスタジオに入れと言われたタレントが、入ってみたら一〇分もぼーっと待たされているような状況がしばしばある。「今VTRの頭出しが遅れています」とか、「あと何分です」という情報がリアルタイムでわかれば、そこにいる全員が自分がなにをすべきかわかる。小道具が、次に草履を揃えなきゃとか、刀を二本用意しとかなきゃ、といった具合に、それぞれの持ち場で判断して自律的に動ける。

戦略ストーリーとは全体の「動き」「流れ」についての構想である。分業は仕方ないにしても、戦略の実行局面では「分業しているけれども分断されてない状態」を保つ。ここにリーダーの本領がある。サブ・コンからトークバックを全開にして全員に指示を飛ばすというスタイルにはまことに味がある。理想的なリーダーの構えだ。

戦略づくりは民主主義ではうまくいかない。戦略ストーリーは組織や部署ではなく、特定の人が担うものだ。その意味で、戦略ストーリーをつくる立場にある人は丸ごと全部を動かせる「独裁者」である必要がある。

カメラマンが「こっちの方がいいですよ」とか役者が「こうやりたい」などと意見すると、井原は「俺が寝ないで考えて来たことを、その日の朝になってのこのこ来たやつがなんで言えるんだ！」とまた怒る。自分の戦略ストーリーに対するオーナーシップが強烈である。「人のものならいざ知らず、僕のものを僕が創るっていう次元においては、僕の頭がいちばんいい」と言い切る。「カメラマンがそこでいい絵づくりを思いついたとしても、その人はワンカットだけいい絵をつくっているのであって、全体の流れで考えているわけじゃない」。だから、自分の意見のほうが絶対優先されるべきだというのが井原の考えだ。「綜合者」の本領発揮である。

戦略全体の合理性は、部分の合理性の単純合計ではない。部分は全体の文脈のなかに置いて初めて意味を持つ。これが戦略をストーリーとして考えるということなのだが、井原はまさにこのことを実行していたわけだ。

伝説の番組『ゲバゲバ90分！』

井原がプロデューサーとして手がけ、大成功したテレビ番組の一つが『巨泉×前武ゲバゲバ90分！』だ。私と同年代のド中年の読者はご記憶の方も多いだろう。この番組がつくられるプロセスを見ていくと、まさに戦略ストーリーの要諦が浮かび上がってくる。

まずはストーリーの起承転結の「起」。コンセプトである。『ゲバゲバ90分！』は九〇分のなかにショートギャグを一三〇シーンも入れていくという仕立ての、当時としてはきわめて斬新な構成で、今までにないスピーディなテンポが特徴だった。放送されたのは昭和四四年から四六年、テレビを観る人が増えてきて、映像メディアから情報を得ている人と、活字メディアから情報を得ている人のジェネレーションギャップが、いよいよはっきりとしてきた時代だった。

井原はそこに着目し、テレビ会社やスポンサー企業の人は実は活字の旧世代であり、本当にテレビを観て楽しんでいるマジョリティとはズレているのではないかという仮説をたてた。とりわけ、大人と子供のコマーシャルに対する反応の違いに興味を持った。大人たちはCMを本編の途中のトイレ休憩のように思っていたのが、子供たちは逆で、CMになると目を輝かせて観ていた。そこから「CMのような本編」というコンセプトが出てきた。

戦略ストーリーの要となるコンセプトは、喜ぶ顧客の姿が目の前に立ち現れてくるような言葉でなくてはならない。そのためには八方美人は禁物である。「誰を喜ばせるか」以上に「誰に嫌われるか」を明確にしなくてはならない。誰もが喜ぶということは、本当に喜ぶ人は誰もいないのと同じである。井原は新しい世代の「テレビ人間」を喜ばせ、「活字人間」からはあえて嫌われる番組づくりを目指した。

このコンセプトを起点に一連の戦略ストーリーを組み立てる。自らスポンサーを回り、お金まで自分で持ってくる。スポンサーへの営業は、常に「大演説」。まずは社内の偉い人と社外でお金を出してくれる人に対して、自分の構想した戦略ストーリーをワンワン演説し、コンセプトを理解させ、了解を取りつける。

スポンサーにとっても価値のあるコンセプトに仕立ててある。この番組は九〇分間にギャグが一三〇シーンも入っていて、コマーシャルのあいだにもギャグがはさまれていた。そうするとCM中に視聴者も離れないし、スポンサーも喜ぶ。本編のみならず、CMも含め、九〇分間のどこを切り取っても井原が考えた戦略ストーリーの中にきちんと納まって連動していたのである。

それだけではない。現場でも、脚本家から衣装部から美術から音声から番組にかかわる人を全員集めて一日かかるような大演説をぶつ。自分の描いたストーリーどおりに全体を動かすためには、戦略の実行にかかわる全員がそのストーリーをすみずみまで共有しなければならないということを、井原は知り抜いていた。

放送作家として井原とも当時よく仕事をしていた小林信彦の著書『テレビの黄金時代』は、井原に関する数多くのエピソードを伝えている。それによると、幼少時に学習院に通っていた井原は、「よしなに」「ご機嫌よう」「お達者に」といった「学習院言葉」とでもいうべき独特の言い回しを多用した。

井原組の番組に出演した九重佑三子が「なぜ井原さんのスタッフはみんな変な言葉遣いをするの?」と不思議がっていたというくだりが面白い。井原組の人々は、井原の独特な言葉遣いを知らず知らずのうちに使うようになっていた。井原の現場とのコミュニケーションがいかに優れていたか、井原の影響力がいかに強かったかを物語るエピソードである。

王者ナベプロに勝つための戦略ストーリー

本書の白眉は、井原が仕掛けた渡辺プロダクション（ナベプロ）との喧嘩の話である。当時ナベプロはテレビ業界で絶大な権勢を振るい、バラエティや音楽番組には欠かせない存在だった。しかし、井原は特定のプロダクションに従属すると自分の思いどおりの番組はできなくなると考え、全盛期からナベプロと微妙な距離を置いていた。

芸能プロダクションも商売、完全に自分の言うことを聞いてもらう必要はない。しかし、少なくとも対等の関係でないといい番組はできない。これが井原の信念だった。ところが、『ＮＴＶ紅白歌のベストテン』という、当時の日本テレビの看板番組の裏で、ナベプロが新番組を始めることになったときのこと。『紅白歌のベストテン』には従来からナベプロのスターたちが出ていた。同じ時間帯にナベプロ主導で歌番組をつくるとなると、スターは全部そちらにとられてしまう。

ナベプロのスター抜きには音楽番組は成り立たないというのが当時の情勢であった。困った井原はナベプロに交渉に行く。返ってきた答えは「いやなら『紅白歌のベストテン』の放送日を変えりゃいいじゃないか」。

ことここに至って、井原はナベプロとの決別を決意する。すぐに井原は獅子奮迅の動きに出る。ナベプロを使わずしてナベプロに勝つ戦略ストーリーを構想する。まずは

『スター誕生!』という日本テレビの番組を使って新人をどんどん発掘する。デビューの後には日本テレビのありとあらゆる音楽番組に出す。彼らのレコードの出版権は日本テレビの子会社に持たせて、版権ビジネスとも連動させる。

『スター誕生!』をトリガーにするというストーリーは、ナベプロ以外の弱小プロダクションとウィン・ウィンの関係をつくることにもなる。この番組から誕生したスターを、ホリプロやサンミュージック、田辺エージェンシーなどナベプロ以外のプロダクションに分配する。こうした芸能プロダクションは王者ナベプロの支配の陰で苦労していた。新人の供給は願ったりかなったりだった。

しまいには、「レコードの売上や歌唱力にいっさい関係なく、日本テレビにいちばん貢献のあった人に贈る賞」と明言し、「日本テレビ音楽祭」をつくる。ナベプロはその後だんだん下り坂になっていった。

まさに「ストーリーの勝利」である。ナベプロのスターという「飛び道具」は使えない。飛び道具抜きでストーリーを動かさなければならない。それには一つひとつのアクションのつながり、因果論理をきっちりと詰めるしかない。井原のとった個別の打ち手は手持ちのタマでできることばかりだった。飛び道具や必殺技はなくても、構成要素をしっかりした論理でつないでいくことで競争優位を築く。ここに戦略ストーリーの醍醐味がある。

『テレビの黄金時代』で小林信彦は、井原のことを「ものすごく好戦的で、アグレッシブに見えるけれども、勝算がない戦いは絶対しない」と評している。ナベプロとの喧嘩でも、単純に新番組で当ててやろうということではなく、勝つための一貫した戦略ストーリーを構想している。ストーリーの力で社内外のあらゆる人間を巻き込み、好循環を生み出すことによって勝利している。

馬鹿ではできず、利口でできず、中途半端でなおできず

いくつもの名物番組をものにした井原がスピード出世をして制作局長に就任したのは当然の成り行きだった。当時の日本テレビの小林與三次《よそじ》社長が「今度就任した局長は、日本テレビの宝であります」とまで公言するほど期待されており、末は社長かというほどの勢いだったという。しかし、井原は五〇歳でスパッと退職してしまう。自分は管理職には向かないというのが理由だった。

プロデューサーの仕事は興行師と同じで、「当てる」ことができなくなったら辞めたほうがいい、というのが井原の論理である。しかし、あまりにも有能だったため、興行師として枯渇する前に抜擢されて管理職になってしまった。根っからの戦争屋のパットン将軍はノルマンディー上陸作戦では大活躍したが、ペンタゴンに入って偉くなることはできなかった。それと同じで、根っからの興行屋の井原は、参謀本部では力が発揮できない。もちろん管理職としても客観的には有能だっただろうが、少なくとも本人は向

いていないと感じていた。

ディレクターが「天皇」だったのに対し、局長は管理職全体のなかでは「二等兵」。権力と責任が集中するディレクターとしては超一流でも、「トロい人のテンポ」に合わせることを強要される中間管理職の仕事には向いていない、だからさっさと辞めてしまう。喧嘩っぷりも引き際も、シビれるほどカッコいい。

井原は自信家だが、自分が万能と信じている人ではない。人間は一口に優れているといっても、その人のセンスや能力は千差万別である。「東大の法学部の人は大蔵省に行ったほうがいい。テレビ局にくると場違いで役に立たない」と井原は言う。「馬鹿だらけのなかに利口が入ると、利口が馬鹿になる。自分は馬鹿だが、今の会社にフィットしたから偉そうにできる。よその会社に行けば全くの馬鹿になるから行かない」と実に明快である。

仕事を単なるスキルの問題としてではなく、センスとして捉えているからこそ、こういう言葉が出てくる。仕事で本当にものをいう人間の能力は、定型的なスキルというよりも、センスとしか言いようのないものに根差している。スキルは取り換えがきく。センスこそが貴重である。必然的に「ほっといたっていいものをつくる奴だけ集めて仕事しよう」という少数精鋭主義になる。

戦略は、全体がゴールに向かって動いていく動画、流れるようなストーリーでなくてはいけない。個別の施策がバラバラと出てくるような静止画の羅列では「話にならない」のである。井原は文字通り、テレビ番組という動画の世界で、とびきりの戦略ストーリーを描き、動かした人だった。

若いころの僕がシビれにシビれた『元祖テレビ屋大奮戦!』、今となっては絶版なのが残念至極である。興味のある方は、ぜひ中古を探してでも読んでいただきたい。『元祖テレビ屋大奮戦!』よりも若干パワーが落ちるが、ご本人の口述した『元祖テレビ屋ゲバゲバ哲学』もまた素晴らしい。井原マニアの僕は井原が出てくる本はことごとく読んでいるが、そのなかではすでに触れた小林信彦『テレビの黄金時代』、井原組で活躍し日本テレビのプロデューサーとなった齋藤太朗の『ディレクターにズームイン!!』の二冊が秀逸である。こちらもよしなにどうぞ。

長々と話をしてきたが、『元祖テレビ屋大奮戦!』は二度にわたって決定的なインパクトを僕に与えてくれた本である。一度目は仕事をする前の若いころの僕に「好きなことを仕事にする」とはどういうことかを教えてくれた。二度目は競争戦略に関する仕事をしている中年の僕に「戦略をストーリーとしてつくる」とはどういうことかを教えてくれた。

井原はテレビの世界でさまざまな傑作をつくった。しかし、最大の傑作は井原高忠その人であり、ディレクターとしての井原の戦略ストーリーだったのである。

第2章　「当然ですけど。当たり前ですけど」

『一勝九敗』柳井正著――新潮文庫（二〇〇六年）【初版二〇〇三年】

文庫にもなっているベストセラーである。ファーストリテイリングの会長兼CEOの柳井《やない》正《ただし》さんが書いた二〇〇三年までのユニクロ。内容は今読んでもばっちり面白いが、すでに一昔前の話なので、それほど刺激的に感じられない人もいるかもしれない。そうした向きにぜひおすすめしたいのは、巻末付録にあるファーストリテイリングの「二十三条の経営理念」とその解説である。

第一条　顧客の要望に応《こた》え、顧客を創造する経営
第二条　良いアイデアを実行し、世の中を動かし、社会を変革し、社会に貢献する経営
（中略）
第四条　現実を直視し、時代に適応し、自ら能動的に変化する経営

（中略）

第九条　スピード、やる気、革新、実行力の経営

ずーっとこんな感じで、至極まっとうなことが書いてある。あっさり言えば、当たり前の話ばかり。字面を追っていても面白くもなんともない。正直なところ、僕は最初これを読んだとき「オーナー経営者の説教？」とわりと醒めた感想を持った。

僕が甘かった。数年前からファーストリテイリングのお手伝いをするようになり、柳井さんと議論を重ねるうち、この二三条のもつ重みを肌で理解するに至った。今となっては自分の読みの甘さを恥じる次第である。

原理原則の経営

この二三条は、柳井さんのこれまでの成功体験、そしてそれ以上に膨大な量の失敗体験を煮詰めて発酵させて蒸留させた「商売」のエッセンスである。柳井さんを交えて議論をしていると、彼のあらゆる思考、判断、行動がこの二三条に表された原理原則から出てきているということがイヤというほどよくわかる。

議論の対象となっているのは、あくまでもファーストリテイリングという会社でのごく具体的な商売上の問題や案件だ。話が具体的な案件になると、具体のレベルで思考が

ひたすら横滑りする人が多いものだが、柳井さんにはそうしたことがない。どんなに具体的な問題であっても、柳井さんは必ず原理原則の抽象レベルにまで問題を引き上げ、ことの本質を突き詰める。そのうえでもう一度具体的な問題に降りてきて、意見や判断を述べる。急降下爆撃だ。

柳井さんの思考は目の前で起こっている具体的な物事と抽象的な原理原則の体系と常時いったりきたりしている。この具体と抽象の振幅の幅がとんでもなく大きい。振幅の頻度が高く、脳内往復運動のスピードがきわめて速い。

戦略ストーリーを構築する経営者の能力は、どれだけ大きな幅で、どれだけ高頻度で、どれだけ速いスピードで具体と抽象を行き来できるかで決まる。具体的な問題や案件の表面を撫でているだけでは、優れた戦略ストーリーは生まれない。最終的な意思決定は常に具体的でなければならない。しかし、その一方で抽象度の高い原理原則がなければ、しかもそうした原理原則がきちんと言語化され、言葉で意識的に考え、伝えられるようになっていなければ、筋のよい戦略ストーリーはできない。

原理原則はルールではない。ましてやマニュアルでもない。それを適用していれば、自動的に答えが出てくるというものでは決してない。二三条にある原理原則は、武道でいう「型」のようなものだ。どんな状況で、敵がどんなふうに来ても、「型」ができていれば対応できる。柳井さんは大きな決断にしても、小さな判断にしても、必ず二三条に立ち戻って考える。だからブレない。

ファーストリテイリングの社内の方に聞いた話だ。ひょんなことから一五年ぐらい前のある会議の議事録が出てきた。議論の対象になっていることの内容はもちろん今とは異なる。当時のユニクロの商売は今と比べてずっと小規模であったし、商品も商圏も違っていた。しかし、その議事録を読むと、柳井さんの言っていること、とくに判断や意見の背後にあるロジックは今とまったく変わらなかったという。柳井さんの思考や判断がいつも同じ原理原則に立脚しているということを如実に物語るエピソードだ。

一読しただけでシビれるような、原理原則など存在しない。人の気を引くコピーのようなフレーズをちりばめる必要はない。むしろ逆である。普遍的であるがゆえに、戦略ストーリーの基盤にある原理原則は、書き起こすと当たり前過ぎるほど当たり前の話になる。

僕らがファーストリテイリングでお手伝いしたことの一つは、経営幹部の仕事を、商品を中心とした経営、店舗での営業を中心とした経営、本部の管理を中心とした経営の三つの領域に分けて、それぞれについて経営者の仕事の根底にあるべき原理原則を「二十三条の経営理念」と同じように言語化することであった。ようするに柳井さんの血となり肉となっている暗黙知を言語化し、形式知として抉り出すという仕事である。

このプロジェクトには柳井さんをはじめとする経営幹部全員で議論を重ねる必要があり、思いのほか時間がかかった。経験を凝縮して出てくる因果論理とはこういうものなのかということを目の当たりにしながら、商売の原理原則を一つひとつ抽出していく。

プロジェクトの立ち上げから半年以上かけてようやく完成したのだが、言語化された原理原則を眺めてみると、拍子抜けするほど当たり前の話になった。

柳井さんの議論のスタイルを観察していると、口癖のように「当然ですけど」という言葉が頻発する。たとえば「われわれの商売は売り場でお客様に商品を買ってもらわなければ何も始まらない。だから、つくることよりも売ることのほうが何倍も大切になる。当然ですけど」という調子である。場合によってはその後に「当たり前ですけど」と続いて念押しする。「商売は売り場で完結しなければならない。あらゆる仕事が最高の売り場をつくるということに直結していなければならない。当然ですけど。当たり前ですけど」。

確かに当たり前で、当然である。だからこそあらゆる仕事の基盤になる。あらゆる思考や決断の局面で応用できる。重要なのは字面ではない。それがどれだけ本質的な因果論理を捉えているかが問題なのである。聞いただけでアッと驚くような「キャッチコピー」というのは、実は底が浅いことが多い。長期にわたって商売の基盤となる「型」にはなりえない。

わかる人には万能薬、わからない人にはただの水

再三強調しているスキルとセンスの対比でいえば、スキル系のものはとにかく歯切れ

がいい。ビジネス書でいえば、「〇〇式思考」とか「一分でわかる！」という類のものだ。しかし、センスはそうした「クリスピーなワンフレーズ」では表現しきれない。二三条にある原理原則は、柳井さんのセンスを全部ぶち込んで煮詰めて漉《こ》した挙句にできたコンソメスープのようなものだ。わかる人には万能薬、わからない人にはただの水にしか見えない。

「第一条　顧客の要望に応え、顧客を創造する経営」という一行の原理原則。これについて、柳井さんは何時間でも「つまりこういうことである」という具体論を話すことができる。「二十三条の経営理念」にある一つひとつの原理原則は、これだけで丼飯三杯はいける、というぐらい凝縮されて味が濃い。

たとえば、海外出店の立地について議論しているとする。ある人がある提案をする。柳井さんが否定するときは「それは顧客を創造することにはならない。なぜかというと……」と原理原則に立ち戻って、具体的に説明する。また、「そういうことをやっていて、顧客を創造できると思いますか？」と逆に問う。代案をアドバイスするときも、「むしろ、こういう立地を考えたほうがよいのではないか。なぜかというと……」とまたしても原理原則に戻る。原理原則に則って、きわめて具体的な代案が出てくる。

柳井さんの頭の中にはありとあらゆる因果論理が入っている。その因果論理が二三の引き出しに整理されているといってよい。それぞれの引き出しの中にはさらに細かい因果論理の引き出しが無数に詰まっている。

その引き出しをあけて出てくる中身の濃さがすごい。柳井さんと議論しているだけで、自分も商売人のセンスが身についたような気がしてくる。調子に乗って「話を聞いているうちに、僕も商売できる気がしてきましたよ！」と言ったところ、柳井さん曰く「それは完全な誤解です。当然ですけど、当たり前ですけど」。

当たり前に聞こえる二三条であるが、その実行は難しい。表面的な合理性だけで目先の仕事をこなしていくと、知らず知らずのうちに原理原則から逸脱していく。「これまでの失敗を振り返ると、必ずといっていいほど、原理原則から外れたことをしている」と柳井さんは言う。

「ひょっとしたら」というマインドセット

この『一勝九敗』という本、巻末付録の「二十三条の経営理念」と並んで、僕にとって読み応えがあるのは、ユニクロ創業以前の柳井さんの姿だ。柳井さんがどこにでもいそうなわりとフツーの若者だったというのが面白い。

学生時代の柳井さんは、映画、パチンコ、マージャン三昧。学生運動には馴染めず、ジャズ喫茶に行ってみたり、アメリカを放浪したりして、まさに裕福な家庭に育ったモラトリアムな若者だった。「ゼミにも入らなかったので、三、四年生になっても、就職のことは考えず、できれば仕事したくないな、と思っていた」。まるで自分のことが書いてあるようで、妙な親近感をおぼえた。卒業すると父親のすすめでジャスコに就職するものの、すぐに辞めてしまう。家に戻ってもブラブラしており、しょうがないから家業の紳士服店を継いだ。

僕は自分が極度のブラブラでズルズルでユルユルな学生だったこともあって、ユニクロ以前の柳井さんの若い頃の話をいつか直接聞いてみたいと思っていた。ある日、たまたま柳井さんと食事に行った機会に質問してみた。「あの『一勝九敗』に書いてあるような普通の若者が、どこでアパレル世界一とか売上五兆円を目標として掲げる猛烈経営者になったのですか」。

柳井さんがまだ山口で紳士服店をやっていた頃の話。業界紙を読んでいると、香港のファッション業界の大立者のエピソードがたまたま目に入った。カジュアル服のＳＰＡ（製造小売業）で大成功したジミー・ライである。柳井さんと同世代で、当時三十代前半。ライは子供のころ、中国から香港に脱出。縫製工場の労働者として商売のノウハウを身につけながらお金を貯めて自分の工場をつくる。グローバルなブランドの下請けから、ついには自身のブランドを築いた立志伝中の人物である。

柳井さんがたまたま目にした記事では、これから世界に羽ばたく若き成功者として紹介されていた。ライは自宅でクマをペットとして飼っていた。しかも毎朝家を出てオフィスに向かうときに、そのクマをクルマ（おそらくロールスロイスか何か）に乗せて同伴出勤をする。クマを社長室で遊ばせておく。そんなぶっ飛んだ経営者だった。

このエピソードを聞いて、普通の人ならどう思うだろうか。「すごいスケールの大立者だ……」か「ペットのクマを連れて会社に来るなんて、成金丸出し……」のどちらかだろう。でも柳井さんは違った。「クマと一緒に出勤するなんてどうかしている」。その次にこう思った。「なるほど、アパレルというのはこんな人でも成功できる業界なのか」。そのときに柳井さんは「アパレルという業界には可能性がある。天才でなくても成功できる。だとしたら、ひょっとしたら自分も世界一になれるのではないか……」と思ったという。

ただの野心家は「俺もいつかは大成功して……」となる。醒めている人は「バカじゃないの……」となる。柳井さんのなかにはこの二つが奇妙に共存していた。ホットにしてクール。クールにしてホット。そういえば、前章の井原高忠さんも、「テレビなんて見るものじゃないよ、金も払わないのに勝手に流してくるんだから……」と言いながら、テレビに命を懸けていた人である。戦略ストーリーを構想するリーダーというものは、自分がとことん面白がらなくてはつとまらないが、自分だけが熱くなってしまってもやはりつとまらない。自分も全体の一部分として客観的に見るという、どこかで醒めた目が欠かせない。

経営者には「自分自身を客観的に分析・評価できる」という資質が必要ではないかと、柳井さんは本書で述べている。ファーストリテイリングで、あるとき役員と部長全員で三六〇度評価したところ、柳井さんは自己評価と周囲の人たちの評価がほとんど同じだったという。「ぼくは自信過剰になることもないかわりに、卑下することもない性格」というのが柳井さんの自己診断である。

ブラブラ青年が日本を代表する経営者になったきっかけは、それほどの決意や確信に満ちたものではなかった。ジミー・ライの話を知った当時、ひょっとしたら世界一のアパレル企業になれるかもしれない、と直感した。〇・〇一％ぐらいの確率かもしれない。それでも「ひょっとしたら」世界一になれるのである。

地元の山口でユニクロの商売を始めて、失敗や成功を重ねる。〇・〇一％だった確率が、徐々に〇・一％、一％と大きくなってくる。東京に進出し、原宿に旗艦店を出したころになると「ひょっとしたら、一〇％ぐらいの確率で世界一になれるのでは」という気がしたという。

この「ひょっとしたら」というマインドセットがいい。戦略の構想にとって理想的なスタンスだと思う。現実ベタベタで、すぐに「本当にうまくいくか」にばかり頭と目が向いてしまう人には戦略は立てられない。週単位のオペレーションの計画ではあるまいし、成功するかどうかは本質的にはやってみなければわからない。

しかし、だからといって「ひょっとしたら」は、よく言う「ロマン」や「夢」でもない。もう少し乾いていて、ずっと客観的である。同時に実行志向でもある。できなくてもともと、だから思いっきり行けるところまで行ってみようという爽やかさがある。

「で、今はどうなんですか」と柳井さんにたずねてみると、「いや、まったく変わりません。ひょっとしたら世界一になれるんじゃないかと思ってやっています。その確率は五〇%くらいはあると思うんですよ」。

まことにシビれる話である。

第3章　持続的競争優位の最強論理

『「バカな」と「なるほど」』吉原英樹著｜PHP研究所（二〇一四年）【初版一九八八年】

またもや絶版になっている本である。読者にケンカを売っているような展開になってしまっているが、戦略思考とその論理にとって間違いなく重要な本であるので、読者諸賢のご寛容をお願い申し上げる（文庫版注：二〇一四年八月に再刊されました）。

業界の目利き

『「バカな」と「なるほど」』は僕の思考にある日突然、何の前振りもなく絶大な影響を与えた一冊だ。著者は当時神戸大学にいらした吉原英樹《よしはらひでき》先生。所属している大学も違うし、吉原先生は国際経営の分野が専門なので、『日本企業の多角化戦略』（吉原先生が共著者であるこの本は日本の経営学の初期の重要な成果）は繰り返し精読したものの、先生の研究を初期の頃からきちんとフォローしていたわけでもない。

ただし、僕はこの業界に入った当初から、学会などで機会があると吉原先生をひそかにウォッチしていた。というのは、先生が研究に関してずば抜けた目利きであると思ったからだ。人の研究を評価する視点が明快、コメントが率直で爽快で素晴らしいのだ。研究発表の場で先生のコメントを聞くと、この研究の価値はこの部分にあるのかとか、この研究がどうもしっくりいかないのはこの要素が足りないからなのかとか、「よい仕事」の勘所がわかるような気がした。

たとえば、「ものづくりの経営学」で知られる藤本隆宏さん（この人はとてつもない経営学者。その名著『生産システムの進化論』については第16章でゆっくり論じる）がアメリカでの大学院生活を終えて日本に帰ってきたころ、吉原先生は「藤本さんっていう若い人、あれは格が違うね。なぜかというと……」と話してくれた。もちろん藤本さんの博士論文をベースにしたデビュー作は誰が見ても一流の傑作であった。しかし、吉原先生の話を聞くまでは、僕はそのすごさの本質に気づいていなかった。先生のコメントで藤本さんの真のすごさが腑に落ちた。

「価値づくりの経営」をテーマとした一連の研究で活躍している延岡健太郎さんが大学院生のころ、ある国際コンファレンスで発表した。そこにいらした吉原先生は「あれはイイ！　なぜかというと、重要なことをしているから」とたちどころに高く評価していた。「重要なことをしている」というのは当たり前の褒め言葉に聞こえるかもしれない。しかし、学者同士の研究発表の場では、特に発表者が大学院生のような若手の場合は、概念や仮説を構成している論理の正確さ、実証研究の方法の妥当性といったことばかりが注目され、テーマそのものが世の中にとって重要かどうかはわりと見過ごされがちだ。吉原先生のセンスに惚れ込んだ僕は、機会があるごとに先生の言動に注意するようにしていた。

自分の研究に対する吉原先生のコメントはもちろん貴重であった。先生は気さくな方で、当時の僕のような超目下のチンピラ（今でもそうですが）に対しても、ここがよくない、ここが足りない、こういうことはやめたほうがいい、でもこの辺は脈がある……と研究発表の後で必ずスパスパスパスパッと的確なコメントをしてくれる（その間およそ三〇秒）。僕が何か返事をしようとすると、「じゃ……」という感じですーっと去っていってしまう。

いつぞやも僕の仕事場にわざわざいらして、唐突に「キミはこういうところがダメだ。このまま行くとダメになる」とわりと本質的な批判をして、すーっと帰ってしまった。この唐突さと言いっぱなしがイイ感じで、しかもその批判が自分でもよどみなく腑に落ちまくりやがる。改めてこの人の眼力はすごいな、親切な先生だなとシビれたものだ。

戦略のジレンマ

思い出話はこれくらいにして、本題に入る。僕が競争戦略論について昔から強いフラストレーションを感じることがあった。それは、競争戦略の本質にかかわる問題だ。あっさり言ってしまえば、競争戦略とは「他社と違ったよいことをしろ」に尽きる。他社と同じでは完全競争に近づいてしまい、遅かれ早かれ儲からなくなる。だから違いをつくる。昔も今もこれからも、これが戦略の基本論理である。ここまでは納得できる。

それと同時に、その「違ったこと」は成果（競争戦略の場合は長期利益）を出すうえで「よいこと」「儲かること」でなくてはならない。これも当たり前のように納得がいく。

ところが二つ合わせるとどうも納得がいかない。「他社と違ったよいことをしろ」と言った瞬間にジレンマに突き当たる。もしそんなに「よい」ことだったらとっくに誰かが気づいてやっているはず。みんな何とかして儲けようと真剣に商売をしているのである。「よいこと」ほど「違い」になりにくい。よしんばまだ誰も思いついていないこと、やっていないことであっても、その「よいこと」をしてぼろ儲けしていれば、他社も同じことをやろうとするはずだ。遅かれ早かれ違いが違いでなくなってしまう。

戦略の目標は長期利益である。この一瞬だけ儲けましょう、という話ではない。だから競争優位を構築しようとする以上、それは持続的でなくてはならない。構築よりも持続のほうが何倍も難しい。だから、戦略論の行き着くところは常に「模倣障壁」の問題になる。ようするに、他社が追いかけてきても違いを維持するための障壁をいかにつくるかという話だ。

典型的な模倣障壁としては、規模の経済、特許、重要な資源の占有、ノウハウの密度などなどがある……ということになるのだが、僕にはこのロジックがどうも物足りなかった。いくら模倣障壁をつくっても、競合他社も儲けようとしてそれなりに必死になって追いかけてくる。模倣されるのが遅いか早いかの違いはあっても、模倣を阻止しようとする防御の論理には限界がある。「模倣障壁の構築が重要」と言った瞬間、ロジックとしてはずいぶん窮屈な話になる。

従来の「模倣障壁」系の話に代わる持続的な競争優位の論理はないものか。僕はこのことをずっと考えていたのだが、ある日突然降ってきたのが吉原先生の『「バカな」と「なるほど」』（以下、カギかっこが多くて面倒なので「バカなる」と略す）の論理だった。これだ！「バカなる」こそが持続的競争優位の本命だ！　と唐突に興奮した。赤坂のアークヒルズにある「オーバカナル」というレストランで食事をしている夜のことであった（←これは嘘）。

「バカなる」の論理

「バカなる」の本は以前から持っていたし、パラパラと読んでもいた。しかし、わりと軽めの「ビジネス書」仕立ての本ということもあり、うかつにも論理の面白さ、深さをやりすごしていた。人を食ったようなタイトルだが、成功している企業の多くが、一見して非常識（＝バカな）、しかしよく見ると合理的（＝なるほど）な戦略を実行しているという意味が込められている。

競合他社にとって非合理に映る要素が含まれている戦略であれば、戦略それ自体の存在が模倣障壁になりえる。「非合理」であれば競合他社はそもそも真似しようとしない。その結果、「他社との違い」が長期的に維持される。かいつまんで言えばこれが「バカなる」の論理である。「バカなる」のほうが従来の模倣障壁の構築による防御の論理よりも、よほど自由で面白い。

『バカなる』には大小さまざまな二八企業の成功事例が入っている。それぞれに面白い。ただし不満な点もある。吉原先生は「バカ」が「なる」に転化するロジックについてはそれほど突っ込んだ議論をしていない（というか、そもそもこの本は「バカなる」視点から集めた事例集として編まれているので、詳細な論理展開をするスタンスをとっていない）。それぞれの事例で「バカ」が「なる」に転化するロジックは微妙に異なるように思えるが、吉原先生は暗黙の裡《うち》に「先見の明」という論理に依拠しているというのが僕の理解だ。

ある人が何かを始めた。その時点では「バカ」なことに見える。しかしその人には先見の明があった。五年たってみると、その人に時代が遅ればせながら追いついてきた。振り返ってみると、「あの人には先見の明があった」と言われるが、初期の時点では競合他社は「バカ」なことをしようとは思わないから違いがつくれる。しかも、その「先見の明」が本格的な成果を叩き出すようになるまで、誰も真似をしない。文字通り「先見」の明なので、その時点では周囲の人々は「明」だと思っていないわけである。だから、「自分がやっているのに、他の人はやっていない」という状態が一定期間続く。多くの人が「明」に気づいたときには、その人はすでに先行者優位を構築していた、めでたしめでたし……という話である。ようするに「合理性の時間差攻撃」とでもいうべき論理である。

しかし、「バカなる」がこの種の時間差攻撃に基づいているのであれば、僕にとってはちょっと物足りない。もちろん先見の明で成功している企業は多い。たとえば、孫正義さんなどは先見の明大魔王かもしれない。しかし、先見の明といってしまえば、戦略は限りなくギャンブルに近づく。先見の明で成功した人一人の背後には死屍累々というのが普通である。これでは戦略をつくる人にとっての論理としては頼りない。孫さんだって百発百中というわけではない。数からすれば、ハズレのほうがずっと多いはずだ。

そこで『ストーリーとしての競争戦略』では、合理性の時間差攻撃を使わずとも、「バカ」が「なる」に転化する論理を提示することを狙いとした。詳細についてはぜひ拙著を読んでいただきたいが、僕バージョンの「バカなる」は、部分と全体の合理性のギャップをつく、というロジックになっている。いわば「合理性の空間差攻撃」である。

いずれにせよ、『ストーリーとしての競争戦略』の核となる概念の着想は、吉原先生がずいぶん昔に（おそらく何の気なしに）出した『バカなる』に多くを負っている。持続的な競争優位の根幹部分を支える論理として、僕は今のところ依然として「バカなる」が最強だと考えている。

初版が一九八八年なので、事例集としては古い。業界事情も企業をとりまく環境も四半世紀の年月を経て変わっている（もちろん変わらないことも多いが）。だから文字面を追うのでなく、事例から一段抽象化された論理を引き出して、あなたバージョンのオリジナルな「バカなるロジック」を考えてみてほしい。先見の明（時間差攻撃）や僕のバージョン（空間差攻撃）以外にも、「バカ」が「なる」に転化する論理やメカニズムにはまだいくつか面白いものがありそうだ。

『ストーリーとしての競争戦略』を出した後、吉原先生からお手紙をいただいた。そこには「この本でいいところがあるとしたら、それは自分でよくわかっていることしか書いていていないということだ。中途半端にしか理解していないことは書いていない。だからわかりやすい」というような感想が記されていた。僕にとって最高にうれしい手紙であったことはいうまでもない。

第4章　日本の「持ち味」を再考する

『日本の半導体四〇年』菊池誠著――中公新書（一九九二年）

ちょうどこの原稿を書いている最中にエルピーダメモリが会社更生法を申請したというニュースに触れた。日本の半導体が世界を席巻していた一九八〇年代、その勢いにおそれをなした米国企業が国に泣きつき、日米半導体摩擦なる通商問題にまで発展したのが遠い昔のようだ。

この本が出版されたのは一九九二年。ということは、著者は日本の半導体産業の絶頂期のなかで本書を書いているということになる。本のタイトルにある「四〇年」とは、この絶頂期からそれ以前の四〇年間を振り返って、という意味だ。序章で、時間軸を遡って疑似体験できる、それが読書のいいところ、という話をした。『日本の半導体四〇年』はその典型である。今の日本人と日本企業にとって、実に重たいメッセージを投げかけている。

著者の菊池誠《きくちまこと》は、長年にわたってソニーの中央研究所長を務めていた人なので、ソニーの話が中心になっている。なぜソニーが世界的な会社になれたのか。一つの重要なきっかけは、周知のようにトランジスタ・ラジオだった。トランジスタは一九四七年にアメリカで誕生した技術だ。ウィリアム・ショックレー、ジョン・バーディーン、ウォルター・ブラッテンの三人のアメリカ人物理学者が、トランジスタの発明によって、のちにノーベル物理学賞を受賞している。

しかしながら、この技術が花開いたのは、当時の日本の小さな一企業、ソニーの開発したトランジスタ・ラジオの爆発的な普及によってであった。敗戦国の無名の会社がなぜ、世界中の人々の暮らしを一新するような商品をつくることができたのか。同書は技術開発の歴史を追いつつ、その答えを日本社会の「持ち味」や「知的な活力（mental temperature）」に求めている。

イノベーションの三つの条件

菊池はこのトランジスタ技術に出合ったとき、これこそが「イノベーション」であると即座に理解した。なぜなら、この技術は菊池が考えるイノベーションの三つの要素をすべて満たしていたからだ。

一つは「全く新しい概念」であること。トランジスタは「結晶の中の電子」を利用した増幅器である。結晶の増幅作用が発見されるまでは、「真空の中の電子（能動素子）」

を使って信号を増幅する回路をつくっていた。同じ電子といってもこの二つはまるで異なる性質を持つ。シュンペーターの有名な言葉にあるように、「馬車を何台つなげても、蒸気機関車にならない」。イノベーションという以上、変化に非連続性がなければならない。

二つ目の条件は「それが社会生活の非常に広い範囲にわたってインパクトを与える」こと、そして三つ目が「そのインパクトの影響が短い期間に強烈にあらわれる」こと。トランジスタはこれらの三条件をすべて満たしていた。

一九四七年にアメリカで誕生したトランジスタ技術はそもそも軍事技術であったため、重要機密扱いとされた。記者発表されたのは翌四八年である。奇しくも菊池が大学を出て電子技術総合研究所に入った年であった。敗戦からまだ三年、設備も貧弱なこの研究所で、菊池は当時最先端技術であったトランジスタの追試実験に夢中になる。

その実験を通じて、菊池は日米間の技術力の格差を思い知った。日本が「米国に追いつく時がくるだろうなどという楽観を、全く一かけらも持ったことはなかった」と菊池は述懐する。当時の日本にとってのトランジスタ技術は、「真似出来るとしたら、それだけで大したもの」だった。ところが、その後のソニーに代表される日本企業は、その雲の上の技術を使いこなし、エレクトロニクス産業の発展を通じて、日本を経済大国の一員に押し上げたのである。それが可能だった理由は何か。これが菊池の問題意識である。

ここで菊池は二つ重要な指摘をしている。一つはスイスとの比較だ。スイスは高い技術力を備えており、特に機械工学のレベルは抜きん出ていた。なぜスイスがこれほどの技術力を持ちながらトランジスタをものにできなかったのか。それはエレクトロニクスという技術を実際以上に低く見たからだ、というのが菊池の見解である。つまり機械に強かったゆえにエレクトロニクスにそもそも関心が持てなかった。戦後の日本がトランジスタを出発点に、エレクトロニクス技術の発展にのめり込んでいった理由は、「他にこだわるものをもっていなかった」からだと菊池は考える。

なぜ戦後何もなかった日本があれほど飛躍できたのか。「何もなかったからこそだ」というのが菊池の答えだ。強烈な論理である。ひるがえって、今の日本はどうだろうか。こだわるものが山ほどある。ソニーをはじめとする巨大化した「総合エレクトロニクス企業」は、内輪の利害から業界内のしがらみまでがんじがらめになってしまった。

失笑された井深大

もう一つの重要な話は、なぜソニーという「日本の会社」がトランジスタという、純粋にアメリカ製の技術をトランジスタ・ラジオとして商品化し、本家本元のアメリカを出し抜いて大ヒットさせたのかについてである。

ソニー創業者の一人である井深大は、トランジスタの話を聞くとすぐに、「それは自分にとって何だろう？　我が社にとって何だろう？」と考えた。生まれたばかりで使い途もまだよくわからない技術をあくまでも「自分ごと」として捉えていた。そして、技術の詳細を知る前から理屈抜きで「トランジスタは、ラジオだ」と心に決めていた。ラジオをつくることが、多くの人々の喜びなり、楽しみに結びつくのではないかと考えたのである。

痺れるようなエピソードが紹介されている。一九五三年頃、井深がニューヨークに行ったときのこと。当時アメリカのエレクトロニクス産業を代表する企業、ウェスタン・エレクトリックの重役たちに朝食に招かれた井深は、その席で最近、何に関心があるのかと聞かれた。井深は即座にこう答えた。「トランジスタでラジオを作ろうと思って」。するとまわりがいっせいに笑った。素朴な少年の夢物語を大人たちが面白がっているような様子だったという。

トランジスタは最先端の革新的な技術で、それだけにまだわかっていないことも多く、性能は不安定だった。それで民生品のラジオをつくるなんていうのは、どうかしている。これが先進国アメリカの半導体業界の人々の反応だった。やめておいたほうがいい、と井深はアメリカ人から何度も忠告されたという。

アメリカではトランジスタが誕生したあと、四つのプロジェクトを組んで、ガッチリと体制を固めて、研究を進めていた。一つ目は半導体の物理学的な研究、二つ目がトランジスタの性能を改善するための研究、三番目がトランジスタの製法、そして四番目が真空管に慣れた技術者を再教育する研究だ。つまり、アメリカでは大局から方針を立てて、それに合った計画をつくり、予算を配分し、分業して研究活動を行っていた。そんなアメリカからすれば、まだその性能や制御について十分な研究がされていなかったトランジスタをいきなりコンシューマー向け商品のラジオに使うなどとんでもないことだった。

日本はアメリカのように大プロジェクトを機能別に分けて推進するような人材も予算も何もなかった。「トランジスタはラジオだ」と決めた井深とソニーの意志、それがすべてだった。これはアメリカ企業とソニーのどちらが優っていたかという優劣の話ではなく、社会の「持ち味」にかかわることだと菊池は書いている。

これはきわめて重要な指摘である。社会の持ち味の違いがソニーの成功を生んだ。持ち味の異なるアメリカを単純に後追いして、プロジェクトを走らせて研究を段階的に進めていたら、今の日本のエレクトロニクス産業はなく、日米半導体摩擦のようなことも起きなかっただろうと菊池は言う。そのとおりだと思う。

この本の後半に、やはりソニーが世界に先駆けて商品化したCCDカメラ技術の開発の経緯が紹介されている。このときも技術の原理が提唱されただけで、実用化を考える段階にはないときにソニーはプロジェクトにゴーサインを出している。重要で難易度の高い目標に直感的にコミットし、しかもいったんやると決めてからの集中力がすごい。これを菊池は「触発型」の活力と呼んでいる。アメリカの分業型大プロジェクト主義とはある意味で対極にあるやり方だ。

基礎研究から順々に進めていくアメリカ的な技術開発は、最終消費者の姿が見えない。これに対して、日本的な技術開発においては、とくにエレクトロニクス産業の場合、最初から最終消費者が製品を使うイメージが視野に入っていた。面白い商品を期待し、新しいものが出たら使ってみようという日本の消費者の旺盛な好奇心も、高度な技術が短期間に商品に落とし込まれる土壌となった。

菊池はこれを「社会の持つ、知的な活力（mental temperature）」という言葉で表現している。これにしてもどちらが活力に優れているかという話ではない。活力の「出どころ」の違いである。

日本の「持ち味」

日米の「持ち味」の違いについて、僕なりの見解は次のようなものだ。菊池が言うところのアメリカの持ち味は、大きな対象を機能に分解して、それぞれに専門家を充てて、大所高所で計画を立てて実行したうえでそれを事後的に統合するというやり方だ。

たとえばハリウッドの映画づくりは高度な機能専門化に支えられている。撮影、編集、脚本、キャスティング、監督……と各分野のプロがそれぞれに完成度の高い仕事をこなしていきながら、大作をつくりあげていく。プロデューサーは、大所高所から全体の構想を決めて、それを機能別ブロックに切り分け、それぞれの専門家を結集する。きわめて流動性が高い労働市場が柔軟な人材の調達を可能にしている。

ただ、このやり方だと専門化したそれぞれの人々のコミットメントの対象はインプットの枠を出ない。キャスティングの専門家はキャスティングだけ、カメラマンは撮影だけする。キャスティングも撮影もこの場合、映画という全体に対する部分であって、投入要素にすぎない。だから、お客さんが喜ぶ顔とは無関係なところで、「優れたキャスティング機能」や「優れた撮影能力」が定義される。この場合、指定された機能ブロックをきちんと果たせますよ、専門家として実績もありますよ、つきましては私のギャラは〇万ドルです、という成り行きになる。「最終的に映画を見るお客さんがどう喜ぶか」は二次的な問題になる。それを考えるのはリーダー一人の仕事である。

日本ではどうか。黒澤明も、北野武も、ハリウッドのような映画づくりはしない。一人ひとりが個別の機能ブロックに分かれるのではなく、表面的には担当の仕事が違っていても、「ようするにこれは何なのか」を考えながら仕事が進む。完成した作品丸ごとに対して人々がコミットする。ジョブ・ディスクリプションに書いてあることは完璧にやりますが、書いてないことは一切しません、では仕事にならない。「全員が全体を意識して仕事をする」のである。

「私はこれをします」というのがインプットのコミットメントだとすれば、「私たちはこれを顧客に提供します」というのがアウトプットに基軸を置いたコミットメントだ。

このアウトプットへのコミットメントが自然と前面に出てくるということ、これは今も失われていない「日本の持ち味」ではないか。

たとえばユニクロで言う「全員経営」。これは「全員でユニクロの価値を創り、全員で顧客に伝えていこう」という大方針である。この点がジョブ・ディスクリプションでガチガチに固められた店員が顧客接点の最前線にいる「グローバル企業」との差別化になる、という発想だ。

井深大の「トランジスタはラジオだ」というセンス、これは日本の持ち味そのものだ。ようするにトランジスタという技術は何のためにあるのか、その技術を使ってわれわれがお客に提供すべきものは何だろう、と素朴に考えた先にラジオがあった。こうしたアウトプットの発想を会社全体で共有すると日本の会社は強い。アメリカではアウトプットに対してコミットするのはスティーブン・スピルバーグやスティーブ・ジョブズのような特定少数のリーダーに偏っている。あとは機能別のプロがそれぞれの持ち場でベストをつくすというやり方で勝ってきた。

考えてみれば、日本では「うちが提供している価値はこれだ」という軸足がはっきり決まっている専業企業に優れた業績を維持している会社が多い。総合メーカーに従属した子会社だったときには赤字の連続でフラフラだったのに、腰が据わった専業メーカー(たとえば日本電産)が買収したとたんスイッチが入って最高益を出したりする。

メーカーだけでなく、さまざまな日本のサービス企業やインターネット・ビジネスの新興企業をみると、今でもアウトプットへの人々のコミットメントが成果のドライバーとして息づいている（ドワンゴの「ニコニコ動画」はその好例）。「アウトプットにコミットする」というロジックが強く働くのは、依然として日本の持ち味として健在だ、というのが僕の見解である。

日本のように「何にもない」わけではなかったスイスはエレクトロニクス産業で後れを取り、かつては世界で支配的な地位にあった時計産業でもデジタル化、クオーツ化で日本企業に追いまくられた。しかし、その後のスイスの時計産業は、複雑な機械式時計の魅力、それを支える職人のスピリット、斬新なデザイン、機能を超えた摩訶不思議な魅力を顧客に伝えるマーケティング、といった自分たちの「持ち味」に回帰することによって勢いを取り戻した。スウォッチのような革新的なコンセプトも生まれた。

菊池の言うとおり、一義的に「優れた国」などない。問題は「持ち味」の違いである。他の国がそう簡単に手に入れられない無形の「持ち味」が今でも日本にはいくつもあるはずだ。そこを忘れてしまえば未来はない。

日本の持ち味の本質とは何か。『日本の半導体四〇年』からさらに二〇年以上が過ぎた今、菊池の残したメッセージにはまことに味わい深いコクがある。

第5章　情報は少なめに、注意はたっぷりと

『スパークする思考』内田和成著――角川oneテーマ21（二〇〇八年）

情報収集や情報整理の方法論について書いた本は世にやたらと多い。新たな情報整理術の本が毎年のように出版されている。情報を整理する以前に、まず情報整理についての本を整理するべきではないかというのが僕の見解だ。

そこで絶対のおすすめが、「これだけあれば、ほかにはいらない」という二冊、内田《うちだ》和成《かずなり》さんの『スパークする思考』とその続編『プロの知的生産術』である。内田さんの本がよくある情報整理術の本と決定的に違うのは、「情報」(information) そのものではなく、むしろ人間の「注意」(attention) を相手にしているところだ。

情報と注意のトレードオフ

ノーベル賞を取った経済学者、ハーバート・サイモンが素晴らしい言葉を残している。

「情報の豊かさは注意の貧困をつくる」。ようするに情報と注意はトレードオフの関係にあるという洞察だ。情報が増えれば一つひとつの情報に向ける注意量は必然的に減る。情報が減ればそれぞれに向ける注意量は増える。なぜか。肝心の人間の脳のキャパシティがこれまでもこれからもたいして変わらないからだ。

インターネットがいい例だ。ネット上には大量の情報が存在している。しかし、情報はそこにあるだけでは意味がない。人間がアタマを使って情報にかかわって初めて意味を持つ。人間と情報をつなぐ結節点となるのが「注意」。人間が情報に対して何らかの注意を振り向けるからこそ、情報がアタマにインプットされ、脳の活動を経て、意味のあるアウトプット（仕事の成果）へと変換される。

情報の流通はＩＴの発達を受けて指数関数的に増大する。それとパラレルに人間のアタマの処理能力が増大すれば話は単純だ。ＩＴの進歩がそのまま知的アウトプットの増大をもたらす。ところが実際はまったくそうなっていない。人間のアタマのキャパシティは幸か不幸か変わらない（おそらく幸だと思うが）。人間のアタマに限界がある限り、入手可能な情報が増えれば、一つの情報あたりに振り向けられる注意が減少するというトレードオフに突き当たる。当然ですけど。当たり前ですけど。

数多の情報整理本は、人間のアタマのキャパシティが変わらないということ、それがゆえの情報と注意のトレードオフという本質を無視もしくは軽視して、情報の収集と整理の仕方をせっせと教えまくる。情報を効率的に取り込むためのツールが時代とともに変わるにしても、本当に必要なのは「注意の方法論」である。それを教えてくれる貴重な一冊が『スパークする思考』だ。

情報は「集めるな」「整理するな」「覚えるな」

『スパークする思考』は、見出しだけ見てもフツーの情報整理本と一線を画していて面白い。

情報は整理するな、覚えるな
情報は無理に集めるな
思い出せない情報は大した情報ではない
時が情報を熟成させる
脳にレ点を打つ方法
（後略）

つまるところ、情報は整理もせず、覚えず、何か気になることだけ頭の中で「レ点をつけておく」だけにして、あとはほうっておきなさいという、やたらにあっさりした話。なかでも「レ点をつける」というのが独特にして肝心なポイントだ。「いい曲だな」

でも「面白い映画だな」でもなんでもいい。レ点をつける基準は自分のセンス。自分にとってピンときた情報について「とりあえずインデックスをつける」。もちろん脳内で、である。ＩＴもスマートフォンも必要ない。

脳内でレ点を打つというのは、すなわち情報を注意に変換するということだ。レ点を打った情報は、そのまま「引き出し」にしまっておく。これにしても脳内の引き出しであって、物理的な引き出しがあるわけでも、特別のファイリング・システムがあるわけでもない。

内田さん自身は、常に二〇くらいの引き出しを持っているのだという。引き出しにはそれぞれテーマがあり、テーマはときどき入れ替わる。二〇ある「脳内引き出し」にはそれぞれ見出しがついている。これが内田さんの「注意」のフィルターになっている。このフィルターをもって情報のなかに身をおいていると、引っ掛かる情報は自然と引っ掛かって引き出しに仕分けされる。引っ掛からない情報はさしあたって自分には意味のない情報だからどうでもいい。無視するに限る。

あくまでも問題意識をメインにして、それに引っ掛かる情報だけテーマごとにインデックスをつけて頭の中の引き出しにしまっておく。重要なのは一つの情報にいくつでもインデックスをつけられることだと内田さんは言う。すでにある引き出しにしまいこんだ情報でも「これは別の解釈もできるな」と思ったら別の引き出しにも入れておける。どっちにしろ脳内なので、話が早い。いくつものインデックスがついた情報は、ふとしたきっかけ、たとえば人と話していたり何かをちらっと目にしたりしたときに「スパーク」してひらめきを生む。

そんなわけで、この本の内容を一行で整理すると、「二〇ぐらいの引き出しを頭の中に持ちましょう。以上」。情報源はこういうものがいいとか、最新の情報収集テクニックとか、集めた情報はこうやってファイリングしろとか、そういう小手先のテクニカルな話は一切ない。まことにすがすがしい。

仕事の本丸はアウトプット

「注意」という人間の限られた資源を最大限に活用したいなら、この本に書かれている方法論がいちばん優れている、というのが僕の見解だ。その理由は、本書の続編ともいえる『プロの知的生産術』に詳しい。この手の本では、とかく情報の収集、整理に焦点があてられがちなのだが、いうまでもなく仕事の本丸は「アウトプット」にある。知的「生産」というぐらいだから、アウトプットが問題になるのは当たり前。しかし、この肝心のところをないがしろにした議論が多すぎる。

そもそも人が情報をインプットする目的は大きく分けて二つある。一つはインプットそれ自体のため。もう一つはアウトプットを生むため。前者を「趣味」、後者を「仕事」といってもよい。趣味と仕事の違いは明確だ。趣味は自分のためにやること、仕事は人のためにやること。どちらのためのインプットなのかで、情報の意味はまるで違ってくる。

僕は音楽が好きで、普段は音楽を聴いたり、踊ったりしている。ときには自分のバンドでライブもやる。僕の音楽の楽しみ方は垂直統合型で、自分のスキな音楽を聴き、それを演奏し、録音し、またそれを自分で聴いて踊るというサイクルが延々とループするというもの。ただし、これはまったくの趣味である。人の役に立っていない。むしろ人の迷惑になっているというキライがある。ライブをやってもこっちが勝手に気持ちよくなっているだけで（コンセプトは「やっているほうが一方的に気持ちよくなるバンド」）、オーディエンスには（仕方なしに）つきあいでライブハウスにお越しいただいている。申しわけございません。

趣味であるからして、音楽や楽器やオーディオ機器についての情報インプットも自然と旺盛になる。雑誌（たとえばオーディオに関しては『ステレオサウンド』というわりとマニアックな季刊雑誌を定期購読）はもちろん、ネットの記事を検索することも少なくない。結果的に膨大な情報にアクセスしている。単純に楽しいからだ。趣味であれば楽しさに任せていくらでも情報収集すればいい。

ところが、人の役に立つ成果が生み出されなければ、仕事とはいえない。自分では仕事と思っていても、漫然と情報をインプットしているだけで、アウトプットがなければそれは趣味でしかない。

多くのビジネスパーソンが情報の収集や活用に関心を持ち、ツイッターだ、フェイスブックだ、アプリがどうしたのこうしたのとさまざまなツールを使いこなし、せっせと情報をインプットしている今日この頃。ところが、考えてみれば、ほとんどの場合は「趣味」にとどまっているのではないだろうか。本人は「仕事に役立つ」と思ってやっているかもしれないが、アウトプットに変換され、成果につながる「情報」がどれだけあるだろうか。本当に使えるのはごくわずかというのが実際のところだろう。

昔の話でいえばファイロファックスはこう使おうとか、手帳はやっぱりモレスキンがいいとか、最近ではエバーノートはここがいいよね、とかいうのは、ようするにプロセス自体を楽しんでいるのである。一見役に立ちそうな仕事術や情報整理の方法論は、結局は趣味の話に終始していることが少なくない。もちろん悪い話ではない。楽しければどんどんやればよい。ただし、それはあくまでも趣味としてやるべきだ。

その点、内田さんの本は仕事＝アウトプットに徹している。本来の仕事のための情報の方法論であれば、内田さんのこの二冊だけあればいいと思う。というか、この二冊以外に「注意」の問題を真正面からとらえた本を知らない。

仕事での情報インプットは、アウトプットを生み出し、人の役に立つための手段にすぎない。仕事においては、インプットそれ自体がそのまま楽しいということはあまりない。目に触れる情報はそれこそ際限がない。そこで、アウトプットにつなげるために注意のフィルターが必要になる。

内田さんは脳内引き出しは二〇個ぐらいでちょうどよいという。一〇〇や二〇〇のテーマに同時に目を向けて、それが全部人の役に立つアウトプットとして出てくるということは超人でもない限りありえない。生産能力が一〇〇個しかない工場に一万個分の部品を持ち込んでも、情報が過剰在庫になるだけだ。生産する予定もつもりもない製品のために、せっせと部品の供給を受けて喜んでいるだけであれば、それはまごうかたなき趣味の世界。どうぞ家でやってください、仕事場には持ち込まないでください、という話だ。しかし、現実には生産ラインに乗らない部品の在庫を無意識のうちに抱え込んでいる人が世の中には多い。

その典型的なパターンが、「とりあえずの調査」。達成すべき成果、生み出すべきアウトプットの明確なイメージなしに、漠然としたテーマに向けてまずは調査しようとする。インターネットやＩＴを駆使して膨大な情報を収集して分析する。途中で何のために何をやっているのかわからなくなり、挙句の果てに何のメッセージもない調査レポートが出てくる。

こうした不毛の調査分析が横行しているのは、一昔前と比べて、情報収集や調査のコストが極端に低下しているからだろう。二〇年前であれば、一つの情報を手に入れるだけでもわりと努力と苦労を要したものだ。

僕が学生のころは公開されている雑誌記事情報であっても、図書館に行って「雑誌記事目録」とかいう異様に分厚い電話帳のようなものを引きながら、図書館の中を駆けずり回って雑誌のコピーを取らなければならなかった（今であれば同じ仕事が一万分の一の労力でできる）。だから、あらかじめよくよく考えて、取るべき情報を取捨選択するのが普通だった。そもそもアウトプットにとって意味のない情報は極力取らないようにするということに注意を振り向けたものだ。

究極の情報整理は情報遮断

あらゆる仕事はアウトプットを向いていなければならない。本当に自分が達成したいと思っているアウトプットがあり、それが注意のフィルターとなっていれば、改めて膨大な情報を精査しなくても、本当に大切なことはだいたいわかっているはずだ。本当に大切な情報であれば、五個ぐらいレ点がついてとっくにインプットされているわけで、すぐにアウトプットの生産ラインを動かすべきだ。それでもどうしても足りなければ、アウトプットにとって必要な情報がはっきりしたところで、それを取りに行けばよい。

情報のインプットを増やしていけば、自然とアウトプットが豊かになるということは絶対にない。情報と注意のトレードオフを考えると、実態はむしろ逆である。

毎日インターネットとまじめに向き合っていたら時間がいくらあっても足りない。自分の読んだ本や観た映画の備忘録として僕もツイッターを使っているが、タイムラインにバーッと情報が入ってくると読み切れなくて困るので、極力フォローしない。もちろん全部読む必要はないとわかっていても、情報が流れてくれば読んでしまう。目の前の情報を取り込もうとするのはおそらく人間の本能なのだろう。これがインターネットの抱えている本質的な矛盾である。情報の遮断とそのための方法論がこれからのアウトプットのカギを握っていると思う。

内田さんの二冊にしても、情報整理とか活用という話ではなく、本質的には情報遮断の方法論であると考えたほうがわかりやすい。内田さんの言う二〇の引き出しというのは、ようするに「情報遮断装置」である。引き出しに引っ掛からないものは無視する。収納して保存することよりも、排除して遮断することに引き出しの一義的な役割がある。

検索というサービスがある。これにしても、自分の注意や関心から外れる情報をスクリーニングするための作業であり、ある意味では「情報遮断」である。ただ、ごく消極的で緩い遮断にすぎない。情報通信技術が進歩すればするほど、人は注意を犠牲にするようになる。だとすれば、もっと積極的というか攻撃的に情報を遮断する必要がある。人間の脳のキャパシティが向こう一万年ぐらい増大しないとすれば、遮断こそが注意を取り戻すいちばん手っ取り早い方法になる。内田さんの本はこの点でまことに実用的だ。

これからも情報整理の方法論についての本は毎年山のように出版されるだろう。しかし僕はこのテーマについては内田さんの本以外はもういらないという積極的遮断を早速実践する所存である。

第6章 「バック・トゥー・ザ・フューチャー」の戦略思考

『最終戦争論』石原莞爾著――中公文庫（二〇〇一年）【初版一九四〇年】

戦前の陸軍参謀、石原莞爾《いしわらかんじ》は「帝国陸軍の異端児」と呼ばれた有名な人物である。その独特の軍事思想を著した書が『最終戦争論』。タイトルだけであれば聞いたことのある人も多いだろう。しかし、実際に読んだという人はそれほど多くない。僕もそうだった。石原莞爾の評伝は読んでいたし、さまざまな歴史書で頻繁に名前が出てくる。しかし、『最終戦争論』は不覚にもわりと最近まで読まずにいた。

読んでみると、講話をベースにしたコンパクトな本で、想像よりもはるかに読みやすい。しかしその内容はというと、これが戦略構想として空前絶後のスケールである。今の感覚で読むと荒唐無稽にしか思えない。しかし、本書の面白さはそうした「過剰さ」にこそある。

著者の石原莞爾は一八八九年山形県生まれ。陸軍大学を卒業して関東軍参謀となる。満州国の戦略構想をめぐって当時の上官である東條英機関東軍参謀長と対立、一九三八年には参謀副長を罷免されて、舞鶴要塞司令官に任命された。絵に描いたような左遷である。太平洋戦争開戦の直前の一九四一年三月にはついに予備役に編入され、その後は評論の執筆や講演活動にいそしんだ。

『最終戦争論』は石原が現役時代から考えに考え抜いてきた日本の戦略大構想をまとめたものだが、その内容は左遷された後に行われた、一九四〇年の講演に基づいている。

この時期には『戦争史大観』というもう一つの書も出版されている。内容は『最終戦争論』とほとんど重なるが、こちらには彼がこの最終戦争構想を描くにいたったいきさつが詳しく書かれているので、その内容にも触れながら石原の大戦略構想を俯瞰してみたい。

空前絶後のスケール

『最終戦争論』は、文字通り人類の「最終戦争」に向けて日本がとるべき戦略構想を思いっきりぶち上げる。戦争をなくすことは全人類共通の祈念である。しかし、それができないということは歴史が繰り返し証明してきた。そうである以上、絶対平和への唯一の道は、最高の戦術と最先端の兵器で最終戦争を行い、誰が世界を統治するのか、決着をつけるしかないというのが石原の基本的な世界認識だった。

石原に言わせれば、第一次世界大戦（本の中では「欧州戦争」）は、世界大戦でもなんでもない。世界大戦はまだ先の話であり、欧州戦争はせいぜい準々決勝でしかない。その後世界はソ連、ヨーロッパ、アメリカ、東亜の代表たる日本の四強による準決勝を経て、その後にはいよいよ決戦として世界最終戦争が行われる、という筋書きである。

石原はこう考える。確かにヨーロッパには偉大な歴史と文化と知性を誇る国が多い。しかし、地勢的に問題がある。狭いところに陸続きで有力な国がひしめいている。一時的に運命共同体を目指したところで（第一次世界大戦の後の動きを指している）、そのうち戦争を始めて共倒れになるだろう。

スターリン支配下のソ連はどうか。共産主義は理屈としてはよくできている。ただし、人間の世の中がうまく使いこなせるものではとうていない。早晩内部崩壊するだろう。

結局、準決勝を勝ち上がるのは西洋のアメリカと東洋の日本で、この二国で人類最後の決勝戦で雌雄を決することになる。この闘いは「東洋の王道と西洋の覇道の、いずれが世界統一の指導原理たるべきかが決定する」ものであり、それを経て日本の天皇か、アメリカの大統領、どちらかの支配の下で世の中は平和になるであろう。とんでもなく気宇壮大な話である。

この世界最終戦争は、「空軍による真に徹底した殲滅戦争」となり、「老若男女、山川草木、豚も鶏も同じにやられる」凄まじいものになる。しかしそれを耐え、乗り越えれば「人類はもうとても戦争をやることはできない」という境地に達し、本当の平和に達することができる、と石原は言う。人間の闘争本能は決してなくならない。しかし、最終戦争を経験した後では、人間の闘争本能は、戦争ではなく経済、芸術、学問などの文明的な仕事に向けられ、その結果として世界は一つになる、というわけである。

だとしたら一九四〇年前後の時点での日本の戦略はどうあるべきか。石原の考えはこうだ。まずは準決勝を勝ち抜き、東亜の代表選手にならなければ話にならない。そのためには東亜大同が決定的に重要になる。そのうえで、最終戦争に備えた決戦兵器の開発を急ぎ、それと並行して徹底的な防空体制を固める。なぜなら、最終戦争は「無着陸で世界をぐるぐる廻れるような飛行機」と「大都市が一撃で壊滅するような強力兵器」で戦われるものになると石原は考えていたからだ。

そのためには、徹底した国家統制をきかせなければならない。国民にとっては、長くつらい生活が続くことになる。しかし、これはスポーツ選手が決勝戦の前に厳しい合宿生活をしているようなものであり、致し方のないことである。だから今はひたすら我慢をして、世界最終戦争に備えなければならない……。

拮抗するパッションとリアリズム

今聞けば、荒唐無稽かつ迷惑きわまりない話だ。しかし、石原の戦略構想を当時の国際情勢や時代背景の文脈において考えてみれば、気宇壮大なナショナリストの大言壮語で片づけられないものがある。石原はきわめて熱いナショナリストである。しかしその裏側には、クールでロジカル、リアリズムに徹した戦略思考の持ち主という正反対の顔があった。

たとえば、石原の時代に先行する日露戦争に対する彼の見解は注目に値する。陸軍の指導者だった若い時分から、「日露戦争の大勝利はどう考えても僥倖だった」と石原は考えていた。ロシアがもう少し実力を出せていたら危なかったという意味である。根本的な問題は、日露戦争に「全体の構想」がなかったことだと石原は指摘している。日本は日露戦争で『坂の上の雲』に描かれているような歴史的勝利をおさめたわけだが、しょせん現場の作戦計画が当たっただけで、背後に国防の大方針があるわけではなかった。もし第一会戦を落としていたら、なし崩し的に敗北したであろう、というのが石原の見解だ。

彼はさらに考えを進める。大構想をもたずに作戦計画だけで戦った日露戦争で勝ったのは運がよかったにすぎないと結論しつつも、逆に大構想があったら、そもそもロシアを相手に戦争などできなかっただろうとも言っている。勢いや情のような理屈では説明できないものと、歴史から導出された骨太のロジックの両方が常に見えている。この辺、非常に客観的で、醒めた思考をする人である。

石原に限らず、優れた戦略家のなかにはホットなパッションとクールなリアリズムが常に同居している。徹底的にロジカルでなければ、ロジックで説明できないことの輪郭もつかめない。『最終戦争論』でのパッションの大爆発も、その背後に冷徹なリアリストの眼があったからこそではないか。

石原がリアリストであったことは、『最終戦争論』の講話をした一九四〇年当時、つまり日本が大東亜共栄圏だといって盛り上がっている最中に、「現状は東亜大同から程遠い。それが証拠に兄弟たるべき東亜の国々から蛇蝎《だかつ》のごとく嫌われているではないか」と明言していることからもわかる。東洋の王道文明たるべき日本が、勝手な都合で短期の利を求めている、西洋覇道文明にかぶれて功利主義に走りすぎだ、大反省するべきだ、と冷静に認識している。

石原が『最終戦争論』の講演をして間もなく、日本は統帥権が独立していたのをいいことに、天皇を担いで軍部が勝ち目のない持久戦争、太平洋戦争に突入した。石原はこの統帥権独立が持久戦争にとっては仇となるということについても早いうちから警鐘を鳴らしている。統帥権が独立しているほうが有利なのは、短期に相手を殲滅しうる決戦戦争に限られる、持久戦争を遂行するためには政治による文民統制が敷かれていなければならない、というのが石原の持論だった。

石原はさらに興味深い思考実験をしている。統帥権が独立している日本が持久戦争に突入してしまうと、軍部が暴走し、引くに引けないという難局に陥る。しかし、日本に唯一の救いがあるとすれば、ほかのヨーロッパの国と違い、天皇という独特の統治者がいるということだと石原は考えていた。最後の最後には天皇の聖断で戦争に終止符を打つ可能性が残されていると指摘している。太平洋戦争の開戦から終戦に至る経緯として、これは実際に起きたことに驚くほど近い。

最終戦争は最終的には主義（イデオロギー）の戦いになるとも石原は言っている。これは戦後の東西冷戦を予告した言葉である。上記したような石原の共産主義やヨーロッパの地勢的な問題についての洞察は、冷戦終結後のソ連の内部崩壊を見通したものであり、最近のＥＵ問題とも一脈通じるものがある。

興味深いのは、石原の戦略構想がきわめて長期の将来を射程に入れたグランド・デザインだったということだ。「最終戦争論」の演説をぶっていた一九四〇年当時、石原は決戦戦争を一九七〇年頃（！）ではないかと予測していた。

世界平和をもたらすための決戦戦争の条件は、高性能の航空機や、一発で大都市が破壊できるような兵器の登場だった。だから、「陸海軍などが存在しているうちは決戦戦争にはならない」「動員だ、輸送だと生ぬるいことではダメ」なのだ。飛行機の性能や破壊兵器の威力が決戦戦争を戦えるレベルに高まるまでに準決勝を勝ち抜き、国家統制によって国力を整えて最終決戦に備えるというのが彼の戦略ストーリーだった。太平洋戦争は石原の戦略構想からすれば、時期尚早以外の何物でもない。当然、彼は日米開戦に否定的であった。

日中戦争の不拡大方針を唱える石原は、参謀本部で繰り返し東條と衝突、関東軍に参謀副長として左遷される。そこでも東亜の代表になることを直近の戦略課題としていた石原は、満州国を満州人自らに運営させることを重視してアジアの盟友を育てようと考える。ここで東條との確執は決定的になり、自分の戦略構想を理解しようとしない東條を「東條上等兵」「憲兵隊しか使えない女々しいやつ」と面と向かって馬鹿にした。挙句の果てに予備役に編入され、石原の軍人としてのキャリアは潰えた。

「何であるか」は「何でないか」

石原莞爾が想定した決戦戦争は、予想した一九七〇年になっても起きなかった。その最大の理由は核兵器の登場であろう。石原も「原子核破壊による驚異すべきエネルギーの発生」を活用した兵器の破壊力は「瞬間に戦争の決を与える力ともなるであろう」と予測していた。しかしその後現実のものとなった核兵器は、彼の想像以上の破壊力を持つことになった。人類を滅亡させるほど凄まじい兵器であったため、決戦ではなく冷戦になったわけである。現実に起きたことは違っているが、ある意味でその後の軍事史は石原の戦略ストーリーに沿って動いたともいえる。

僕の関心は、最終戦争という構想の是非や、それがどの程度正確に現実を予想していたかということにあるわけではない。石原莞爾という突出した人物が、とんでもなくナショナリスティックで、滑稽なぐらいに壮大な話をしているにもかかわらず、その論理においてはわりと鋭く本質を言い当てている、そこがたまらなく興味深い。『最終戦争論』の中身それ自体は時代のあだ花かもしれない。しかし、この本から学ぶべきことは少なくない。それは時代を超えて通用する戦略を構想する人がもつべき思考様式である。

石原という人が面白いのは、何かを考えるときに、必ずそれが「何ではないか」を考えているということだ。いつも頭の中に「A」と「Aでないもの」の二つの対立する概念があり、それが思考のエンジンになっている。石原の構想の中核には、戦争を「決戦戦争」と「持久戦争」という二つのタイプに分け、それを対比することによって戦略を考えるという思考様式があった。

決戦戦争の目的は敵の殲滅であり、統帥が第一になる。これに対して持久戦争は、文字どおりだらだらと長引く戦争で、その間の要所要所での政治の駆け引きがものをいう。このように、何かを考えるとき、それが「何ではないか」を合わせて考えると、一つひとつの思考がソリッドになり、物事の本質が見えてくる。何かを主張するときに、それが何ではないかがはっきりしている。なぜそうなのかという論理についても、必ず決戦戦争と持久戦争の違いに立ち戻って説明する。決戦戦争と持久戦争という二つの理念型の対比が、常に思考のバックボーンになっている。これが石原の戦略構想を強く太くしている。

歴史理解がもたらす大局観

もう一つ、この本から学べる戦略家の構えとして大切なことがある。それは、戦略思考における歴史的な視点の重要性である。戦争にしても企業経営にしても、戦略は常に特殊な文脈に依存している。だから一般的な法則や「ベストプラクティス」は役に立たない。

特定の文脈の中で戦略ストーリーを構想しようとする人にとって、歴史はまたとない思考の材料を提供してくれる。歴史は文脈に埋め込まれたロジックの宝庫である。歴史上の出来事はすべて「一回性」という特徴をもっている。その時空間の文脈の中でしか起きえない。その文脈でどうしてそのことが起き、なぜそのような結果をもたらしたのかを論理的に考察する題材として、歴史は最高に優れている。

歴史理解という点で、石原はずば抜けている。彼が研究したのは、フリードリヒ大王とナポレオンだった。石原にとっての歴史はあくまでも戦略構想の「手段」でしかなかった。学者のように広範な戦史研究をしているわけではない。石原の歴史研究はこの傑出した二人の戦争指導者がとった戦略の本質を見抜くことに集中していた。

構想のベースにある、決戦戦争と持久戦争という二つの理念型の対比にしても、自分の思考を歴史的な座標軸に位置づけることで出てきた発想である。その時代時代で支配的な戦争のモードが、決戦から持久へ、持久から決戦へ、決戦から持久へ、と切り替わりながら、スパイラル状に最終戦争へと向かっていく。石原の歴史研究から得た洞察である。『最終戦争論』の戦略構想は全面的にこの洞察に依拠している。

ギリシャ、ローマなどの古代の戦争は決戦戦争の色彩が強かった。ところが中世から支配的な戦争モードが徐々に持久戦争に移り、一八世紀から一九世紀は、ほぼ全面的に持久戦争の時代となった。なぜか。石原はその理由を傭兵制度と戦争技術に求める。この辺の論考が滅多矢鱈に面白い。

一八世紀以降の戦争は、君主たちが領土の所有権をめぐって戦う王様同士のゲームのようなものだった。庶民には関係のない戦争なので、戦力は傭兵に依存せざるをえない。傭兵を使うと経費がかさむ。君主は高価な傭兵を惜しんで決戦を回避する。結果、持久戦争になるという成り行きである。

この時代の持久戦争の最大の名手として、石原は七年戦争（一七五六〜六三年）に勝利したフリードリヒ大王に注目する。傭兵時代の戦術は、横隊が主流だった。横隊は非常に指揮が難しい。縦隊で分散的に動いたほうがよっぽど指揮が楽だし、軍隊も動きやすい。しかし当時は戦力の担い手がなにぶん金で雇っている傭兵である。縦隊で戦うと肝心な場面で逃げるリスクがある。だから横一列で統一的な指揮の下に「突撃！」とやらざるをえなかった。フリードリヒ大王は傭兵に依存した横隊戦術の天才だった。

余談だが、昭和の時代になっても、将校が「気を付け！」と言うときに剣を抜いていたのは、傭兵を使っていたときの名残だと石原は指摘している。傭兵に対しては「言うことを聞かないと切るぞ」という専制的な支配が必要だった。敬礼の際、「頭《かしら》、右！」と言って刀を前に投げ出すのも、「刃向かいません」という従属の証で、これも傭兵時代の名残。「イチニ、イチニ」と歩調をとって歩くのも、傭兵の臆病心を抑えつけて、勢いをつけて前進するためのものだった。このように、王様同士の戦争の時代に軍隊のさまざまなシステムが出来上がっている。

持久戦が支配的だった理由として、傭兵と並んで重要な要素は兵器の技術的水準である。兵器の破壊力や精度が十分でないと、必ず戦いは膠着して持久戦になる。

ナポレオンは、持久戦が主流の時代に一気に決戦戦争へ舵を切った。その強さは戦争方法のイノベーションにあった。このあたりの石原の洞察力も冴えまくっている。

フランス革命後、徴兵制を敷いたフランスでは、「自由平等の理想と愛国の血に燃えた青年」たちが軍隊の士気を高めた。しかしながら、先ほども述べたように、横隊戦術は技術的に高度なプロの兵隊向けの戦い方だ。いきなり素人をかき集めてきても実践できない。必然的に軍隊は縦隊になる。また、国民軍となったため、地方物資を徴発することが可能となり、軍がより身軽に動けるようになった。

ナポレオンはその天才的頭脳により、これら三要素を総合して一挙に敵を殲滅させる決戦戦争を展開した。持久戦が当たり前だった時代におけるこの戦略の威力は凄まじく、ナポレオンは軍神としてその名を欧州中にとどろかせた。

時代が下って第一次世界大戦になると、ドイツの意図は決戦戦争であり、それを前提に戦略が立案された。ドイツの戦略意図は当初は有名な電撃作戦として功を奏したが、途中で大戦が持久戦化したため、読みがはずれて敗北する。なぜ持久戦になったのか。兵器（とくに航空兵器）の技術や性能がいまだ十分に強力でなかったため、地上の塹壕戦になって戦いが長引いてしまった、というのが石原の解釈だ。

歴史を重視する石原の戦略思考を一言で言えば、「バック・トゥー・ザ・フューチャー」。将来の戦略を構想するうえでも、必ず大きく過去に遡って、歴史に埋め込まれた一回性のロジックを徹底的に突き詰める。傭兵や兵器といったきわめて実質的な因果論理を縦横無尽に駆使して、戦争とその戦略の本質に迫っている。歴史的考察から「持久戦争」と「決戦戦争」というコンセプトを帰納的に導出し、そこから論理的に構想を組み立てる。こうした石原のスタイルは戦略構想の王道といえる。

歴史的な時間軸に基づいた戦略思考の重要性は企業経営でも変わりがない。現在は必ず過去とつながっているし、現在と切り離された未来もない。戦略というとすぐに「未来予測」となり、「この三年で何が起こるか？」とか「二〇二五年の産業構造は？」とか「二〇五〇年の世界はどうなっているか？」という話に目が向きがちなのだが、これは邪道である。しょせん未来のことは誰もわからない（今までだってわからなかった）。だから「バック・トゥー・ザ・フューチャー」の思考が大切になる。

過去に遡って歴史を知り、歴史的な視点で考える。未来は不確かだけれども、過去に起きたことであれば確かである。たとえば、一〇〇年前の人々が現在をどう見ていたか、何がわかっていて何がわかっていなかったのか、こうしたことを歴史は事実をもって教えてくれる。

この点、『最終戦争論』（および『戦争史大観』）は二重の意味できわめて示唆に富んでいる。まず、石原の歴史的視点のパワーをいやというほど味わえる。それに加えて、今となっては石原の戦略構想そのものも歴史のなかの一ページである。今から遡ること七〇年前に、石原莞爾という天才が何を考え、何をわかっていて、何を間違えていたのかということを彼の著書からはっきりとつかむことができる。

もし石原莞爾が経営者だったら?

もし石原が軍人ではなく、数十年遅れて生まれ、戦後日本の企業経営者になったとしたらどんな人生を送っただろうか。

もちろん戦争とビジネスは別物だ。戦争は「勝つか負けるか」。しかし、ビジネスには複数の勝者がいる。どちらも「勝ち」ということも普通にある。しかもビジネスに決戦戦争はない。持続的な差別化による長期利益を目指すのがビジネスであり、定義からして持久戦になる。

軍人であったのだから当たり前だが、「最終的には敵を殲滅する」という石原の思考は徹底的に戦争向きであり、そのままビジネスに当てはまるわけではない。ただ、彼の知性と心の構え、思考様式をもってすれば、とんでもなくセンスのいい戦略構想が出てきたような気がする。

もう一つの「もしも」として、石原莞爾が失脚せず、戦争指導をしていたらどうなったのか。石原を失脚させた東條英機は、石原よりはるかに格下であり、「担当者」の器量しかない人物だった。冷徹なリアリズムと歴史から抽出された骨太のロジックを併せ持った石原であれば、あのタイミングでは開戦しなかっただろう。開戦を余儀なくされても、機をとらえてすぐに引いただろう。いずれにしても、多くの人が言っているように、東條が石原だったら、歴史は大きく変わっていたはずである。

ただし、それで彼の戦略ストーリーどおりに事が運び、予測したとおりに一九七〇年ぐらい（僕が小学生のころだ）に世界最終戦争が起きていたら、それはそれで最悪ではある。僕もこんな本を書いている場合ではなかったに違いない。

東條と対立していた石原は極東国際軍事裁判では戦犯に指定されなかった。戦後の彼は一転して平和主義者となり、政治にかかわることもなく、一九四九年八月一五日、終戦記念日に六〇歳で死んだ。一見すると極端な戦争主義から平和主義への一八〇度の転向に見える。

しかし、石原の心境としてはそうではなかったはずだ。一九四一年に太平洋戦争に突入した時点で石原の構想した戦略ストーリーはぶち壊しになった。石原の意に反した時期の「準決勝戦」でコテンパンにやられた日本はもはや世界最終決勝戦どころではない。石原にしてみれば、戦争はその意味を根本から喪失した。彼の構想からして、平和主義者になるのが論理的に自然な帰結だったのである。

第7章　経営人材を創る経営

『「日本の経営」を創る』三枝匡、伊丹敬之著――日本経済新聞出版社（二〇〇八年）

経営者と経営学者の対談の書。ここでは経営者である三枝さんの話をメインに取り上げたい。三枝さんの現職はミスミグループの代表取締役会長。ミスミグループの経営にかかわる前は、「ターンアラウンド・スペシャリスト」として複数の企業再生を手がけている。三枝さんは僕にとって優れた経営者のモデルであり、もっとも尊敬する経営者の一人である。

企業再生の現場で奮闘すること一六年。その間に書かれたのが「三枝三部作」とでも言うべき『V字回復の経営』『戦略プロフェッショナル』『経営パワーの危機』の三冊である。経営と経営者、組織の本質を突きまくった名著として今でも多くの人に読み継がれている。内容の濃さ、豊かさはもちろん、読み物としても抜群に面白い。今からでも遅くはないので、ぜひ読んでほしい。経営を見る目が変わること請け合いだ。

経営センスは「月光仮面」

三枝三部作は強烈なメッセージを放っているが、小説仕立てであるため、登場人物に語らせるという「間接話法」をとっている。これに対して、本章で取り上げる『日本の経営」を創る』は三枝さん自身が主語なので、三部作の背後に一貫して流れている三枝さんの経営哲学、行動と思考の様式が「直接話法」でビンビン伝わってくる。そこが本書のたまらない魅力である。

優れた経営人材とはどのような人を指すのか。本書で縦横無尽に繰り広げられる対談から、その輪郭をしっかりとつかむことができる。「経営というのは結局のところセンスの問題でありスキルではどうにもならない」。これまで繰り返し話してきた僕の持論だ。『「日本の経営」を創る』を読んで、この持論は確信となった。

営業とかマーケティングとか人事とか財務とかの特定の機能領域を所与として仕事をする「担当者」であれば、その分野についてのスキルがあればよい。「スキル」として表現される人間能力の特徴をおさらいしておこう。「ファイナンスのプロ」と聞けば、その人がもっているファイナンスについての実務能力の中身はわりと想像がつく。社会的に共通の定義があるし、育成するための方法や教科書が用意されている。

「経営者」の仕事は担当者のそれとは決定的に異なる。仕事の規模の問題ではない。一〇〇〇人の部下を従えた製造部門の部長と一〇人しかいない小さな会社の経営者がいたとする。スケールで比較すれば、製造部門長の仕事のほうが「大きな仕事」である。しかし、その人の仕事が製造という機能の「担当業務」に閉じていたとすれば、どんなに規模が大きくても、その仕事は「経営」ではない。商売丸ごとを動かしていくのが経営であり、それは「綜合力」の勝負となる。スケールは小さくとも、一〇人の会社の経営者には文字通り経営者としての綜合力が求められる。

さらにいえば、「経営者」かそうでないかは肩書の問題でもない。あるチェーン展開をしている小売りの会社に、CFO（最高財務責任者）と小さなチェーン店の店長がいる。肩書としてはCFOのほうが「経営者」で、小さなお店の店長さんは担当者のように聞こえる。

しかし、このCFOは自分の「担当」である財務の分野だけに関心があって、財務にかかわる仕事だけをやっている。一方の店長は小さいながらも利益責任のユニットを背負っており、少しでも売上と利益を伸ばそうといろいろな創意工夫をして店長の仕事をしている。そうだとすれば、このCFOは「担当者」にすぎず、店長のほうがより「経営者」ということになる。

前にも使った比喩でいえば、個々のスキルセットは「国語算数理科社会」といったそれぞれの「科目」に対応している。スキルの多寡は科目別の試験の点である程度まで把握することができる。

一方、経営者が必要とする総合力はつまるところセンスの範疇に属する。能力をスキルとしてしかとらえない人は、「総合力」と言ったとたんにわけがわからなくなる。仕方なしに四科目の総合点や四科目平均点に総合力を求める。とんでもない誤解である。総合の能力はスキルの幅や深さではない。さまざまな科目についてスキルを持っていても、そうしたスキルの足し算では割り切れないのが経営センスである。

どうやったらモテるか。スキルでは解決がつかない。モテない人はスキルが足りないのではない。センスがないのである。もっといえば、「向いていない」。ようするに、センスとスキルでは「種目が違う」のである。教室で先生に習う「国語算数理科社会」は必ずしもセンスを教えてくれない。

総合力とか経営センスというのは、月光仮面のようなものだ。どこの誰かは知らないけれど、誰もがみんな知っている。経営者としてのセンスがある人とない人がいる。その違いは厳然としている。しかし、「じゃあセンスって何？」という話になると、誰も一言では説明できない。

経営センスという月光仮面の正体を、三枝さんはさまざまな角度から言語化してくれている。その一つが「因果律のデータベース」が豊かなこと。経営を構成している多種多様な要素のうち、どこのボタンを押したら、どんなことが起きるのか、それがほかの要素にどのように波及して、次に何が起こるのか。こうした因果律の引き出しの量と質が経営者に求められる資質だと三枝さんは喝破する。

ただし、ここがポイントなのだが、経営における因果律は、自然科学が定立する法則とは異なる。「こうしたら必ずこうなる」という一般性、再現性がない。現実の経営における因果はその企業のそのときに特殊な文脈に埋め込まれている。会社が違えば同じアクションが違った結果を生み出す。同じ組織の中でも、時間が異なれば、以前とは違ったリアクションが出てくる。つまり経営における因果律はあくまでも疑似的にしか存在しない。置かれた文脈に応じてアウトプットが毎回変わってくる。ここに経営の難しさがある。

三枝さんは、因果律の引き出しを豊かにするためには経験を積んでセンスを錬成するしかないと言う。仮説を現場で試し、失敗したらまた仮説を考え直して実行し、まただめだったらもう一回……と試行錯誤していく。仮説と現実のあいだを往復することで、自分のまずかった点を抽象化、論理化できて初めて応用が利くようになる。現実現場の文脈のなかでの具体的な経験に基づいているけれども、最終的には文脈を超えて応用が利くような「論理の束」、これが経営者のセンスを形成している。

柳井正さんも第2章で見た『一勝九敗』で同様のことを言っている。経験を積むだけでは意味がない。一つひとつの経験が論理化されていないと必ず同じ失敗を繰り返す。論理レベルに抽象化できていれば勘がはたらく。目の前に起こっている経験したことのないような事態にも、実は過去にやった同じ方法論が通用する。「勘がいい」とはそういうことだ。

ようするに、直観と論理は表裏一体、コインの裏表の関係にある。直観的な意思決定ほどその背後に深い論理を必要とする。抽象化や論理化という作業は、個別具体の経験を将来に応用するためのタグづけみたいなものなのだ、と三枝さんは言う。タグの量と質を向上させるためには、経営者として場数を踏むしかない。人間が年をとるほど賢くなるというのはそういうことだ。若者に「太刀打ちできない」と思わせるような人物は、因果律のデータベースが尋常でなく発達しているタイプの人である。

「育てられない」、だから「育つ」土壌を耕す

「育成しようとしても直接的には育成できないのが経営人材」というスタンス、ここに三枝さんの話の妙味がある。経営人材は「育てる」ことはできない。当事者が自分で「育つ」しかないのである。だとしたら、経営は何をできるのか。これがミスミの経営者としての三枝さんのテーマである。経営人材を直接育成しようとするのではなく、経営者人材が自ら育つための仕組みなり、土壌なり、文脈を社内に組み込む。ここに経営トップの仕事がある。

経営者の仕事は後継者を育てることだと言う人は多い。しかし、「そのために何をしていますか？」と聞くと、ビジョンだとかイノベーションだとかグローバルだとか、言葉ばかりが先行したありきたりの「リーダー育成プログラム」に終始している会社が多

い。

それでもなかなか経営人材は出てこない、と嘆くのだが、出てこなくて当たり前である。経営人材が「育てられる」ものであれば、スキル育成と同じ方法論で経営者をどんどん輩出できる。英語やITのスキルがある人たちと同じようなペースで、経営人材が増えてしかるべきだ。しかし、話が経営者となるとそうは問屋が卸さない。人事部主導で「経営人材を育てるためにこれだけ予算を組んで、これだけ投資をして、こんな育成プログラムをやっています」という会社、こういうところほど経営人材が育たない。手っ取り早く「育てよう」とするあまり、「育つ」土壌を耕すことに目が向かなくなる。

事業再生の仕事をやっていた頃、三枝さんは「あなた自身が十年前にやっていた仕事の広さ、権限というものを、今の十歳下の若い人たちに与えていますか?」としばしば問うたという。次世代の経営者を育てるというのは、当事者に経験と試行錯誤を積ませる、そのために権限を与えて仕事を任せるしかない。

ここで問題となるのが、権限委譲と一口に言っても、何を「任せる」かである。権限委譲して任せた仕事が「担当者の業務を粛々と……」であれば元も子もない。試行錯誤の場として三枝さんが用意するのは、「創って(開発)、作って(生産)、売る(販売)」という商売丸ごとのユニットだ。「創って、作って、売る」はあくまでも自己完結的なワンセット、一気通貫になっていなければならない。この三つを分けた瞬間に経営の本質は失われ、担当者の仕事になってしまう。

「スモール・イズ・ビューティフル」。三枝さんの唱える題目である。「創って、作って、売る」のリーダーに当事者として自分の任された商売の戦略ストーリーを考えさせる。それを三枝さんがトップ経営者として満足いくまで叩きまくる。いけそうだなと思えるレベルになったら完全に実行を任せる。これを繰り返すことによって、ユニットのリーダーは、戦略立案の方法論を学び、人使いに慣れ、損得責任を負うことの辛さ、成果が出たときの醍醐味を肌で知ることになる。

「創って、作って、売る」を経営の単位とする理由は、「一人の経営リーダーが自分の事業を生き生きと保てる組織規模」を維持することにある。経営が成長を志向する以上、規模の増大は必然である。しかし、大企業になると、事業ユニットが大きすぎて一人のリーダーの手に負えなくなる。「創って、作って、売る」が一気通貫しているはずの商売が担当業務へと分かれてしまう。社長の指示待ちの担当者ばかりになる。俗にいう大企業病だ。ほうっておいたら自然と壊れてしまう「商売丸ごとの塊」を意図的に会社の内部に保持する。ここに三枝さんの「経営人材が育つ経営」の一つの本質がある。

「創って、作って、売る」ユニットは、あくまでもタテの事業ラインでなければならない。「タテ」の意味は、経営の結果責任を負うということだ。小規模でも、経営に必要な機能はすべてそろえる。一方で、自己完結的なユニットを数多く用意すれば、資源が重複し、規模の経済が損なわれる。そのギリギリのバランスをとるさじ加減の絶妙さ、ここに三枝さんの本領がある。

たとえば、こういうことだ。「創って、作って、売る」ユニットをたくさんつくると、これまで一つだった機能部門を分散させる必要が出てくる。そこで生じる非効率は「指示系統では分かれていても、物理的には同じフロアに置いておく」ことで補完する。こうした工夫は枚挙にいとまがない。この辺の手口のユニークさ、手数の多さが三枝さんの「経営者が育つ土壌の経営者」としての真骨頂であり、読んでいて実に面白い。

多くの会社がこれと真逆のアプローチをとっている。その典型が「機能横断的なプロジェクトで横串を刺して……」という類の話。「横串論」が前提としているのは担当業務をこなしていく機能部門である。あくまでも機能担当部門が主。横串は「従」であり、補完的手段にすぎない。「創って、作って、売る」というタテのラインが主軸となっていなければ、経営の経験や試行錯誤も積みようがない。

「創って、作って、売る」のユニットが自己完結しているからこその経営なのである。プロジェクトチームやタスクフォースで横串を刺してみても、商売丸ごとを動かす意思と能力を持つ経営者がいないことには変わりない。担当者が増えるだけで、ますます経営は混乱しかねない。何が主であるかがはっきりしているからこその軸足である。軸足は一つでなければならない。それが「創って、作って、売る」である。三枝さんの思考様式は徹底して明快だ。

「創って、作って、売る」を単位とした商売全体の経験を繰り返し与え、抽象と具体を往復運動させて、因果律の引き出しを増やし、経営センスに磨きをかける。こうして経営人材が育つ。これが自然と起きるのを待っていると、入社して子会社の経営を任せられるような経営者になるまで、大企業なら下手をすれば二〇年以上もかかってしまう。経営者は直接的には育てられないと言う三枝さんは、「創って、作って、売る」を一気通貫させる思想のもとで、普通なら二〇年かかるプロセスを、その半分以下の時間に濃縮して経験できるような会社をつくろうとしたのである。実際、二〇〇八年にはミスミに四五歳の社長が誕生している。急がば回れ、である。

「創って、作って、売る」を単位とする三枝さんの経営は、経営センスが育つ土壌をつくるだけではない。経営センスの有無を見極める仕組みとしても有効である。「国語も算数も理科も社会もできます」というのはスキルの幅が広いだけで、本来の意味でのジェネラリストではない。六カ国語を喋れても、人を動かす大演説ができるとは限らないのと同じである。

繰り返しになるが、経営者に不可欠な綜合力は「なぜかあいつは女にモテる」という類のセンスとしか言いようがない。だとすれば、「国語算数理科社会」の教室を出て、デートをしてみることが大切である。教室で授業とテストを繰り返しているだけでは、誰がモテるかわからない。ところが普通の会社には、たくさんの授業科目が用意されているだけで、デートする場がない。そこで三枝さんは、若いうちからデートができる場を整え、どんどんデートさせる。デートを繰り返していれば、誰がモテるか、一目瞭然になる。

センスの見極めは「センスがない人に経営をさせない」ためにも大切である。四教科の平均点が高いというだけでセンスの欠如した「代表取締役担当者」からは、ビジョンも戦略も出てこない。経営不在で会社がどこまでも迷走してしまう。さあ困った、ということになっても、もうどうにもならない。センスがない人に打つ手はないからである。早く辞めてもらうに越したことはないのだが、当の本人が人事権を握ってしまっているので、それもできない。まわりにとって大迷惑な話だ。

パッションとロジック

三枝さんは個別具体的な経験や事象の論理化を通じた戦略づくりを重視しているが、一方で「熱き心」が経営者には不可欠と言い切る。

GEのジャック・ウェルチがバブル崩壊後の日本企業に向かって、「事業と恋に落ちるな。ダメなものはさっさと売れればいい」とインタビューで語ったのを聞いた三枝さんは、「軽蔑の気持ちでいっぱいになった」。彼は言う。「一体この世でどれほどの新商品や新事業が、それに「惚れ込み、恋に落ちて、人生を賭けた」開発者や事業家たちによって、ときには塗炭の苦しみの中から、最後の成功の陽の目を見たことであろうか」。

三枝さんの話に耳を傾けていると、実行にかかわる人々の熱き心を刺激するということが優れた戦略に必須の要素であるということを痛感する。そのためには、まず戦略がシンプルなストーリーでなければならない。シンプルなストーリーになっていれば、現場の人間が「これならできる」「自分たちも手伝いたい」と思える。ただ、シンプルなだけではだめで、話のスジが通ってないといけない。つまり、論理である。戦略ストーリーは、部署と部署をつなげ、顧客や競争相手といった社外まで到達しなければならない。そのためには誰もが納得するような強いロジックを備えている必要がある。

パッションとロジック、どちらも必要なのだが、要は順番の問題である。起点には人間のパッションがなければならない。しかしパッションだけでは商売は動かない。だから論理が必要になる。しかし、パッション不在の論理だけが先行してしまうと、後からパッションを鼓舞しようとしても無理がある。パッションは後づけがきかないのである。

パッションが起点にあり、それを論理で後押しするのが優れた戦略ストーリーである。たとえば、「勝ちの兆候」を早く見せることができるのが優れた戦略ストーリーだと三枝さんは言う。なかなか成果が見えないと、疲労感や猜疑心が出てきて、実行が頓挫してしまう。そうならないために、ストーリーの中に早いタイミングで一定の成果を全員で体験できるような「仕込み」をしておく。三枝さんの言葉でいう「アーリーウィン」である。

アーリーウィンはサプライズではない。はじめから意図してストーリーに仕込んでおき、それを公言しておく。全員で「有言実行体験」をするのである。「ほら、ストーリーが狙いどおり動いているじゃないか！」「おお、本当だ！」と手ごたえを確認することによって、実行が加速し、ストーリーが前に進んでいくという。この辺は経営者としての長年の経験がなければ決して出てこないコクのある話だ。

「日本」という土壌

『「日本の経営」を創る』というタイトルにあるように、三枝さんと伊丹さんは「真の日本の経営」「強い日本の経営」とは何か、という大きなテーマを射程に入れた議論をしている。

「創って、作って、売る」の一気通貫の経営は日本でこそ活きるのではないか。これが三枝さんの実体験に裏打ちされた主張である。「創って、作って、売る」を丸ごと任せ、自分たちでストーリーを考えてやらせたら、くすぶっていた人々の目の輝きが変わって、すごい仕事をするようになる。目標意識を持つと今まで他人事としてやっていたことを自分事としてやるようになる。三枝さんは事業再生の仕事を通じてそうした瞬間を何度も見てきたという。「入り口では戦略八割、終わってみれば人間関係八割」という因果律が三枝さんの引き出しには入っている。

菊池誠さんの『日本の半導体四〇年』のところでも話したことだが、欧米の経営システムでは、私は会計の仕事をします、僕はマーケティングです、あなたはファイナンスです、というように人々の仕事へのコミットメントが機能インプットで定義されている。

これに対して、日本では「こういうものをつくるために働きます」というアウトプットに人々がコミットして仕事をするという色彩が強い。前者だと「それ私の仕事じゃありませんから」という機能分業の理屈が通るが、後者だと「成果を実現するためには私がそれもやっておきましょう」という柔軟な動きが生まれる。

三枝さんも強調していることだが、アウトプットの実現に向けて自律的に働くという側面は、日本の会社のほうがアメリカの会社よりも強い。そもそもそういう土壌があるところほど、戦略ストーリーが共有されたときの効果も大きくなる。人々がアウトプットにコミットする日本型の経営システムでは、そこに共有された戦略ストーリーがあるかないかで、パフォーマンスが格段に変わってくる。三枝さんの「創って、作って、売る」は、日本という国にもともと備わっている持ち味を活かすための仕組みだといえる。

三枝さんの問題意識の核にあるのは、この日本で経営人材が枯渇しているという危機感だ。経営人材は今の日本にとってもっとも希少で貴重な経営資源である。しばらく前に三枝さんとゆっくり議論をする機会を得たが、そのときも三枝さんはこの危機感を繰り返し強調していた。日本が高度経済成長の真っただ中にあった一九七〇年代には、経営人材の払底による企業の内部劣化がすでに始まっていたというのが三枝さんの見解である。

歴史を振り返れば、日本という国が商売と経営にとって一味違った土壌に恵まれているのは確かだろう。土壌だけではない。タネもわりといいものがそろっている。太陽の光も水もまだまだある。しかし、土壌にタネを蒔き、手をかけて育て、花を咲かせるのは経営者の仕事である。そうした経営人材が十分にいないのが日本の問題だ。もとより経営人材はいつでもどこでも希少な資源ではある。しかし、日本と日本企業にとっては、経営人材の不足がひときわ深刻になっている。

たとえば、グローバル化。言語、法制度、異文化マネジメントといった表面的な問題が本当のボトルネックなのではない。グローバル化が難しいのは、慣れ親しんだこれまでと大きく異なるそれが非連続な状況の中で、一から商売を丸ごとつくっていくという仕事だからである。敷かれたレールの上を走るわけにはいかない。自分で荒野にレールを敷かなければならない。

グローバル化に限らず、経営はさまざまな非連続性に直面することしばしばである。金融危機、技術革新、災害、いずれも非連続な試練である。グローバル化とは、経営が対処しなければならない非連続性が増大するという現象を意味している。ここにグローバル化の正体がある。必要になるのは、とにもかくにも経営人材。英語が話せて異文化コミュニケーションのスキルに長けた担当者がいくらいても、経営者がいなければ、非連続性は乗り越えられない。

そもそも全員が経営センスに溢れている必要はない。綜合のセンスがある少数の経営者がいれば、それ以外の人が担当者であっても会社は回っていく。しかし肝心の「少数のリーダー」が育たないのが問題なのだ。「かつては、いわば企業の戦略を決定づけるような意思決定に近いところで、何人かのサムライみたいな人が大事にされていた。それが今では、そういう優秀な人までが、いわばルーチンの官僚化したような仕事ばかりを一生懸命夜中までやることの方が増えてしまっている」と三枝さんは嘆く。

もちろん、三枝さんは嘆くだけでは終わらない。ミスミの経営者を引き受けたのは五七歳のとき。それまでの企業再生の仕事を手じまいにしてミスミの経営を引き受けた最大の理由は、日本の問題を解決するための一つのモデルとなるような「経営人材が育つ会社」をつくる、ということにあった。社長就任時には「ミスミでは経営人材が育つような経営をする」と社内外に公言している。「このまま再生の仕事を続けると、あと一、二社を手がけたところで自分の人生は終わりがくる」と計算した三枝さんは、経営人材枯渇の危機に対する解決策を身をもって示そうと決意した。それがミスミの経営という仕事だった。

これぞ経営者。強烈な当事者意識。全身経営者を全身で称賛したい。

第8章 暴走するセンス

『おそめ』石井妙子著——新潮文庫（二〇〇九年）【初版二〇〇六年】

僕の仕事は競争戦略についての研究ということになっているのだが、これがわりと因果な話だ。研究という以上、基本的には論理なり理屈を考えるのが仕事の中身になる。ところが、なにぶん相手が「競争」で「戦略」だ。

自然科学者であれば、普遍的な因果関係を発見し、一般法則を定立することを目指してスカッと研究できる。しかし、人の世を相手にした社会「科学」では法則の定立はありえない。話が経営、しかも競争戦略となるとなおさらだ。競争戦略とは「競争がある中で長期利益を実現するための手立て」を意味している。ありていに言って、競争があるなかでどうやって商売をしていくのか、という話だ。いうまでもなく、商売の成功や失敗は論理なり理屈では割り切れない。勝負の八〇％は論理では説明がつかないこと（運や勘）で決まるといってよい。

理屈では説明がつかないことについての理屈を考える。あからさまに矛盾している。

しかし、成り行きとはいえ、自分の仕事。競争戦略論を専門とする経営学者としてどういう構えで仕事をし、世の中と折り合いをつければよいのか。若いころの僕は考えることしきりであった。

紆余曲折を経てたどり着いた僕なりの答えは、「理屈じゃないから理屈が大切」。これをよりどころに仕事をしてきた。確かに現実の商売の八割がたは理屈でないもので動いている。しかし、逆にいえば、どんな商売も二割程度は理屈に乗っかって動いているということだ。理屈がわかっていなければ、そもそも「理屈じゃないもの」もわからない。「色即是空、空即是色」だ。

本質的な論理をきちんとつかんでいるほど、本当のところ「理屈じゃないもの」の輪郭もはっきりする。理屈をわかっていない状態と比べて、「理屈じゃないもの」の正体が見える。正体が見えれば、野性の勘にも磨きがかかる。運もつかみやすくなるかもしれない。

「理屈じゃないから理屈が大切」という方針で自分で自分を無理やり励ましつつ、日夜（一日三時間ほど）競争戦略の論理を考えてきたわけだが、この本を読んでさすがに全力で脱力させられた（ただし、わりと爽やかな脱力）。改めて「商売は理屈じゃない」というどうしようもない真実をイヤというほど思い知らされた。逆にいえば、本書はそれだけ商売の本質を抉り出しているということである。

天性のプレーヤー

主人公、おそめの本名は、上羽《うえば》秀《ひで》。「おそめ」は、祇園の芸妓のときの芸名である。芸者になるまでの話も紆余曲折に満ちた濃い内容なのだが、そこから話し出すときりがないのでここでは触れない。ともかく、上羽秀は京都に生まれ落ち、さまざまな経緯を経て、祇園で芸妓の大スターとなる。その後京都で小さなバー、「おそめ」を開業する。昭和二三年のことだった。

木屋町仏光寺にあった自宅を改装したそのバーは、カウンターに五、六人座ればいっぱいの小さな会員制の店。「一見さんお断り」という花街流のやり方だ。暗闇に「OSOME」とかかれたネオンサインがポツリと一個あるだけで、店の様子も値段もわからない。気軽に入ってくる客はいなかった。

秀に勝算があったわけではなかったが、店は開店と同時に大繁盛。しかも客筋は超一流。当時の著名な知識人、粋人たちのサロンになった。白洲次郎・正子夫妻、川端康成、大佛《おさらぎ》次郎、服部良一、門田勲、大野伴睦《ばんぼく》、川口松太郎、里見弴《とん》……ミッド昭和のスターのオンパレードである。

芸妓時代の秀は売れに売れていた。こういう名士たちですら、ほんのわずかな時間しかその姿を拝めないほどだった。ところが「おそめ」に行けば、その手の届かなかった人にいつでも相手をしてもらえる。秀の店の最大の売りものは、おそめその人だった。

上羽秀はどのような人だったのか。秀の店の常連となった昭和の名士たちは、彼女と彼女の店のキャラクターについてさすがに絶妙な言葉で表現している。たとえば青山二郎。祇園の豪華なお茶屋が唐津焼だとしたら、おそめは「織部《おりべ》の傑作」だ。白洲正子は、おそめを「白拍子《しらびょうし》かお巫女《みこ》のよう」と評している。「どこまでも生活感がなく、それでいて人生をあるがままに受け入れて流れに身をまかす」女であり、飾り立てず、天然にふるまうことで客が吸い寄せられるように集まってくるという意である。秀に直接会って、話をし、取材を重ねた著者の石井妙子は、「薄く触れれば壊れそうな白磁や青磁などとは違う。もっと突き抜けた強さを持っている」と秀の人となりを表現している。

祇園の芸妓時代も秀は仕事を楽しんでいた。しかし、あまりに売れすぎて妬みをかったり、煩雑な約束事があったりして、煩わしさも感じていた。それが独立してみると、自分の魅力と才覚を頼みにすべて意のままに商売ができる。しかも店を開けるだけでお客さんが詰めかけてきてくれるというのだから、水を得まくりやがった魚である。おそめではすべてが秀を中心にまわり、秀もそれを心底楽しんだ。小さいながらも自分の店を持ったことで、秀は「独立自尊の商売人」として商売の醍醐味に全身で覚醒したのである。

先だって東京大学の伊藤元重さんに聞いた話が面白かった。「仕事」に対応する英語の言葉は三つある。一つ目がlaborで、文字通りの「労役」である。遠い昔であれば、人々の仕事はガレー船の底で櫂を漕いだり、ピラミッドの石を運ぶという類の労役であった。レイバーは基本的には強制されてやる奴隷の仕事である。いやでもやらないと生命や安全が脅かされる。

二つ目は、work だ。産業革命以降、大規模な企業組織が誕生した。人々は組織に属してそれぞれ決められた仕事をするようになった。これがワークとしての仕事で、タイピストや電話交換手という二〇世紀のミッドセンチュリーな香りのする職業がその典型的なイメージである。

そして三つ目が、play である。たとえばイチローにとっての野球という仕事がこれに当たる。イチローは野球選手として仕事をしているが、彼を「ワーカー」という人はいない。いうまでもなく「プレーヤー」だ。

秀という人にとって、商売は「プレー」以外の何ものでもなかった。彼女は徹底的に「プレーヤー」であった。店にいて接客していても、働いているという意識はまるでなく、ただ自分の好きなようにやるだけだった。秀が本能の赴くままに「プレー」すればするほど商売も順調に動いていった。人を雇っても経営者と従業員という関係ではなかった。家族や友達のように仲良く楽しく一緒に「プレー」するのである。おそめという店は、秀の類まれな資質と天性のセンスによって、バーの範疇を超えた大発展を遂げることになる。

夜の銀座のチャンピオン

その契機は、京都で開業してから七年を経た昭和三〇年のことだった。おそめが東京に進出したのである。京都のおそめの常連客に伊藤道郎という人物がいた。俳優の早川雪洲とならんで戦前のアメリカ社交界で舞踊家として名を馳せた人である。伊藤と秀とは三〇歳違いで、父子のような間柄であった。伝統と因習の街、京都に窮屈さを感じていた当時の秀は、しばしばプライベートで東京を訪れ、常連客たちと遊び歩いていた。それを見た伊藤が「そんなに東京が好きなら、いっそ商売をしたらどうなんだ」と、事務所の一階を貸してくれた。

秀がこの誘いに飛びついたことはいうまでもない。週の半分は京都、半分は東京で商売をするという、当時としては大胆きわまりない意思決定をする。東京の店も、秀らしい持ち味を最大限に生かして設計された。横文字の名前が主流の銀座で、「おそめ」という日本的な名前をそのまま使う。派手な銀座にあって、京都のお茶屋のような地味な構えの店にする。秀自身は相変わらず「遊ばしてもらっているよう」な天然の感覚で商売をしていただけだったが、京都の伝統である自然で控えめ、ただしきめ細かく尽くす接客スタイルが、期せずして他の銀座の店との明確な差別化をもたらした。

東京出店を機に、秀は東京と京都の店を行き来するようになる。当時はめずらしかった飛行機を「まるでタクシーに乗るような感覚で」使い、「空飛ぶマダム」と言われた秀は、新聞や雑誌でも大きく取り上げられるスターになった。

おそめが銀座に出店した当時の銀座では、最上等の「エスポワール」をはじめ、「ブーケ」「らどんな」「ルパン」など、数多くのバーが覇を競っていた。おそめは後発である。エスポワールのマダム、川辺るみ子は、おそめの銀座進出に神経を尖らせた。おそめとエスポワールの銀座での競争、その背後にある秀とるみ子のライバル関係、この辺の話は、本書の中でもとりわけコクがある部分だ。

エスポワールは初めて入る客が極度に緊張するような敷居の高い店であり、それが売りものだった。川辺は当時三八歳。大正生まれながら一六七センチの長身、派手な顔立ちで、日本人離れした華やかさがあった。プライドが高く、男にもズケズケものを言い、どこかなげやりで退廃的な魅力をまとっていた。「私の店はほかより高い。だって私の店なのだから」という高飛車なセリフも、相手がそのまま納得するくらいの迫力があったという。

その一方で、るみ子はかなりの勉強家であり、英語やフランス語を習ったりと、知性を磨くことも怠らなかった。彼女のモダンな美貌と才気に魅了されて、日本を代表する政治家や財界人、一流文士、新聞社の幹部らが夜ごとエスポワールにたむろしていた。ようするに、エスポワールの魅力もまた、川辺るみ子その人であった。

おそめとエスポワール。この二店は対照的な持ち味ながら、そのコントラストが利いて双方が銀座で大成功した。好対照の二店が競争することで互いの魅力が際立ち、銀座の業界全体が盛り上がった。好敵手同士の競争ドラマは、ベストセラーとなった小説『夜の蝶』に描かれ、映画化もされたほどである。

木屋町仏光寺での開店から銀座出店まで、おそめは一点の曇りもない成功をおさめてきた。秀は彼女の天然の本能が生み出した戦略ストーリーのヒロインであり、客はキャスト。すべてがまるで存在しない脚本に従って動いているようであった。常連客のふるまいを含めた世界観こそがおそめのステイタスであり、信用にもつながった。独特の世界観を愛した常連たちが、希有な社交場としておそめを大切に育てていったのである。

自滅行き暴走特急

秀とおそめの凋落には、大きく分けて二つの側面がある。一つは秀の暴走による自滅である。秀は徹頭徹尾天然モノの天才であり、自分の商売を客観視することがまるでなかった。伊藤の誘いで一も二もなく京都と東京に同時に店を持ち、毎週飛行機で往復するというように、ノリ出すと歯止めがきかなくなってしまう人だった。

銀座のおそめがあまりに繁盛したので、昭和三二年にはもともとの銀座三丁目の店をたたんで、銀座八丁目に大規模な新店舗を開く。もはやバーではなくクラブという構えの店となった。当然、従業員も増やさざるをえない。

おそめはすでに銀座を代表する超一流店になっていた。おそめに行けばいいパトロンが見つけられると見込んだやる気満々の夜の蝶たちが殺到した。遊ぶように店に出ている秀にはもとより人事管理のスキルはない。雇った女たちが客とねんごろになって金銭トラブルを起こしたり、パトロンをさっさと見つけて辞めてしまったりと、手痛い裏切りが続いた。秀は金目当てで客に近づく女を何よりも嫌ったが、皮肉なことに移転した後のおそめは秀の意に反してそういう女たちが群がる店になってしまった。

それでも秀の勢いは止まらない。銀座八丁目に店を移した三年後の昭和三五年になると、京都木屋町の小さな店もたたんでしまう。御池に土地を買い、「おそめ会館」という総面積三二〇坪の豪華なビルを建てる。

「ブレーキがきかんのどす」と自分自身でも言っているように、このころの秀は自滅行き暴走特急に乗っていた。おそめ会館の一階は、ダンスホールとバンドの入るステージまで完備したナイトクラブ、鶴田浩二や美空ひばりなど、当時の大スターが舞台に立つほどの華やかさだった。

おそめ会館への拡張計画を仕切ったのは秀の夫の俊藤浩滋である。この俊藤浩滋という人が猛烈に濃いキャラクターで、この人だけでもとんでもなく面白い長編の本が書けるほどの人物だ。さすがに秀が惚れて添い遂げただけのことはある人で、俊藤はのちに怪物プロデューサーとして『仁義なき戦い』などの任俠映画を何本も大ヒットさせ、日本映画の一時代を画した(ちなみに俊藤と前妻の娘が後の大女優の藤純子。彼女は「緋牡丹お竜」で一世を風靡するスターになる。さらに話は逸れるが、藤純子のデビューはまだ女学生のころで、父親である俊藤のコネで、当時大人気だったテレビのコメディ番組「スチャラカ社員」の女子事務員で出演したのがきっかけ。のちの緋牡丹お竜のイメージのかけらもなかった。さらに余談だが、藤純子は僕が認定する昭和の格好イイ女優第二位である。もちろん第一位は梶芽衣子。当然ですけど。先だって梶芽衣子の代表作『野良猫ロック』シリーズの復刻版DVD五枚組を日活の佐藤社長からありがたく頂戴し久々に観なおしてみたが、そのカッコよさにシビれにシビれた。当たり前ですけど）。

話を戻す。後の大プロデューサー俊藤浩滋も、このころはヤクザと関係したり、怪しい商売に手を染めたりと、単なるゴロツキのような人だった。店で好きなようにふるまう秀と裏方として経営をする俊藤という分業体制ではあったが、これはある意味で最悪の組み合わせだった。ずさんな経営により、大量の従業員を抱え、金は出ていくばかりだった。怪しげな人物が堂々と出入りするようになり、京都のおそめは急速に失速していく。

夜の銀座のイノベーション

このように、おそめの凋落には多分に自滅の側面があるが、もう一つの大きな理由は、銀座に参入してきた新興勢力による水商売の戦略ストーリーのイノベーションである。

昭和三五年、京都におそめ会館ができたのと時を同じくして、銀座では「ラ・モール」という新しいクラブが開店した。

ラ・モールはこれまでと異なる新しい戦略ストーリーを夜の銀座に持ち込んだ。経営母体は三好興産という企業。社長の三好淳之は、戦後の混乱の中で財をなし、大阪近辺でレストランやバーの経営に乗り出した人物だった。そこで稼いだ金を元手に、水商売の頂上である銀座で一番になりたいという野心を抱いて銀座に乗り込む。

三好の構想した戦略ストーリーは、一言で言えば、秀や川辺るみ子のような天才プレーヤーに依存しないで店を回していくというもの。その意味で、ラ・モールはおそめやエスポワールとの差別化を明確に意図していた。

エスポワールとおそめは表面的には対照的であり、銀座の中では相互に差別化された関係にあった。しかし一歩引いてみると、戦略ストーリーとしては似たり寄ったりで、実は基本的に同じ土俵で戦っていたといえる。スター性のあるマダム目当ての顧客を引きつけ、マダムが構築する世界観で顧客を囲い込む。秀とるみ子のキャラクターが対照的だっただけで、基本的にはおそめもエスポワールも同じストーリーで動いていた。

ラ・モールが革新的だったのは、おそめやエスポワールのような「マダムが自分の才気と魅力をもって経営する」というやり方をとらず、花田美奈子という雇われマダムを立て、接客と経営を分離したことだった。天井からシャンデリアを吊るし、大理石の床には分厚い絨毯を敷きつめ、美人のホステスをそろえる。開店の挨拶状は、パリから花田美奈子の名前で出し、そこにはパリのクラブ「ムーラン・ルージュ」と姉妹契約を結んだ店であると書かれていた。

このやり方は、大型のクラブの経営には非常に有効だった。店が広ければ広いほど、マダム一人の魅力では客を集めるわけにいかないからである。これまでは暗黙の了解で禁止されていたホステスの引き抜きも平然とやる。若く美しい女をそろえ、めいっぱい着飾らせる。店の主役はマダムではなく、ホステスたちに取って代わった。

ラ・モールはPRや顧客開拓にも力を入れた。意図的に「銀座一高い店」を謳う半面、店の格を上げてくれるような文壇関係者や著名な文化人からは規定の料金をとらず、優遇した。おそめやエスポワールでは小さくなっているしかなかった新人作家たちも、ラ・モールでは「先生、先生」と持ち上げられた。

「指名制」をいちはやく取り入れたのもラ・モールである。当時、川辺るみ子のエスポワールはチップを箱に集めて頭数で割って日給にしていた。おそめに至っては、チップを弾む客にばかり女給たちがサービスするのはよくないという秀の考えから、チップそのものを廃止し、月給制にしていた。それでも客がチップを払う場合は、頭数で単純に割っていた。

これに対して、ラ・モールは「指名料」という発想で、特定の客から特定のホステスにお金の流れが生まれる仕組みを最初から導入した。そうなると、店の客ではなくホステスの客ということになる。ホステスが従業員から半ば独立した事業者になる。支払いを滞らせる客があれば、ホステスは責任を持って自分で取り立てなくてはならなかった。いわゆる「売り上げ制」である。こうなるとホステスは必死になって、気前のいい男をつかみ、個人事業主として稼ぐようになる。

こうして、マダムのカリスマで客を引き寄せる時代は終わっていった。それは同時に、銀座が「女たちがその細腕で切り盛りする世界から企業をバックに持つ男たちが、利潤を求めて鎬《しのぎ》を削る場へと変わった」ということでもあった。こうした戦略ストーリーのイノベーションが生まれる土壌をつくったのは、皮肉にもおそめとエスポワールの熾烈な競争が、銀座の夜の市場をそれだけ大きなものへと成長させたからであった。

「残したいのは名前だけ」

かくして夜の銀座の競争構造は変わった。ラ・モールの成功を見て、地方から企業資本の店が続々と銀座に乗り込んでくるようになった。ちょうどその頃、さらにおそめを追い詰めるような事件が起きる。店で混ぜ物をした安酒を高給酒として出していた疑いで、おそめのバーテンダーが逮捕されたのだ。

この偽造洋酒事件で、銀座の信用を失墜させたとおそめは大バッシングを受けた。当時はどの店でも洋酒を闇ルートで仕入れていたので、偽造酒をつかまされたのがおそめだけだったというのはいかにも不自然な話であり、ライバルのラ・モールが仕組んだのではないかという噂まで流れた。結局真相は明らかになっていないが、おそめのイメージダウンは避けられず、客の多くがラ・モールに流れた。

この事件を境に、おそめの商売は銀座でも徐々に先細りになっていく。それでも秀は天然の自然体のまま、ノーガード戦法を変えなかった。銀座の競争構造の変化や新しい戦略で参入してくる競争相手に対して、何ら有効な策を打ち出せなかった。当初の戦略ストーリーの一貫性がすっかり崩れてしまった京都のおそめ会館はもちろん、銀座の店も徐々に客足が途絶えて、何度も閉店説がささやかれた。赤字を出しながらも秀は意地で店を続けたが、やがて限界を迎え、昭和五三年、ついにおそめの灯は消えた。

以上で見てきたように、おそめ凋落の原因としては、秀の暴走による自滅と競争相手の戦略イノベーションの二つの側面があるのだが、どちらかといえば、自滅の要素のほうが大きかったと思う。オーナーマダムの秀が、自分のような人材を見つけてきて育て、一貫性を維持しながら拡張していったら、あれほど流行った店がこんなに早く立ち行かなくなることもなかっただろう。また、経営も夫の俊藤に好きにさせるのではなく、プロの経営者に戦略ストーリーをつくらせ、自分はプレーヤーに徹していたら、ラ・モールのような強力な新戦略をひっさげた店が現れても、おそめのブランド力からして十分に対抗できたはずだ。

ただし、である。秀が「戦略の一貫性」や「競争構造が変化する中での競合との差別化」などといったことを客観的に考えられる人だったら、秀は秀その人ではありえない。

おそめのような店はそもそも存在しなかっただろう。

　店が落ちぶれても、相変わらず新幹線の車掌にチップとして一万円を握らせるような、秀の滅茶苦茶な金銭感覚は変わらなかった。さすがに夫が怒ると「物もお金も残す気持ちなんてありまへん」、「うちが残したいのは名前だけです」と啖呵を切る。そこには計算はなく、徹頭徹尾自然体の天才だった。そして、事実として秀は物もお金も残さなかったが、一代限りの伝説を残したのである。

　おそめが閉店してほどなくして、熾烈な競争を繰り広げたかつてのライバル、エスポワールの川辺るみ子も一線から姿を消した。秀は閉店する前に、川辺にだけはそのことを打ち明けていた。夫である俊藤浩滋が映画業界で大成功し、自分もやっと面倒をみてもらえるようになったと告げる秀を、川辺は「よかったわね。おそめちゃん、本当に……」と絶句して、強く抱きしめ泣いたという。川辺自身は若い時分に離婚し、息子が一人いたものの縁は薄く、寂しい晩年だった。一〇年も長患いしたのちにひっそりと亡くなったという。

　秀やるみ子が時代の変化に適応して、最後まで商売としてそこそこ成功していたら幸せだったのかというと、そうともいえない気がする。秀にしてもるみ子にしても、傍から見れば晩年は決して幸せとはいえなかった。しかし、自分のスタイル、自分だけの強烈なスタイルで時代を一気に駆け抜けたというリアルな達成感は最後まで残っていたのではないかと推察する。

おそめの爆発的な繁栄と、意外に早かった凋落が教えてくれるのは、商売の理屈で割り切れない部分の重みである。本書『おそめ』には、理屈抜きの商売の面白さ、楽しさ、美しさ、難しさ、怖さ、深さ、哀しさがすべて詰まっている。筆運びや構成も秀逸で申し分ない。秀の人生を象徴的に描くエンディングも素晴らしい。その哀しくも美しい姿にため息が出る。

商売と競争のすべてがここにある。一読して唸る傑作である。

第9章

殿堂入りの戦略ストーリー

『Hot Pepper ミラクル・ストーリー』平尾勇司著――東洋経済新報社（二〇〇八年）

一連の「寅さん映画」がスキかと言われればそうでもないのだが（渥美清主演の映画では、野村芳太郎監督の軍隊喜劇『拝啓天皇陛下様』がベストだというのが私見。この映画には贅沢なことに藤山寛美が助演で出ていて、渥美とのやりとりがもう最高。とはいっても寅さんシリーズの初期の数本はさすがにシビれる。とくにミヤコ蝶々の怪演と渥美清の持ちネタ全開の演技が火花を散らす『続男はつらいよ』は傑作）、僕は渥美清という俳優を人間として大いに尊敬している。人生の師の一人といってもよい。この国民的大俳優についての評伝は数えきれないほど出ているが、芸論の帝王、小林信彦の手による『おかしな男　渥美清』がなんといっても出色の出来だ（この辺は第21章でも話す）。

『おかしな男』には人間・渥美清についての興味深すぎるエピソードが詰まっているわけだが、彼の本質が「見巧者」にあるという小林の論点はとりわけ面白い。『男はつらいよ』シリーズで大成功した後の渥美清は、若い頃に経験した結核で体力に心配を抱えていたこともあり、これ以外の仕事をほとんど受けつけないというところまで仕事を絞りに絞っていた。時間ができた渥美は、あらゆる映画や演劇を観まくるという、本来大スキなことに集中する日常生活を送っていたという。

「こういうわけか……」「面白いねえ……」

渥美は演技者として一流であるだけでなく、観る側の人としても超一流だった。彼の感想や批評は、どんな評論家のそれよりも秀逸だったと小林は回想している。もちろん渥美が映画評論を書いていたわけではない。観た後に彼が小林に対して喋る話の内容がすさまじく濃いのである。見巧者・渥美清は、面白い作品をありとあらゆる角度から素直に面白がる人だった（その半面、面白くないと途中ですぐに劇場を出てしまう）。

面白そうな映画があると、渥美は観る前から子供のようにワクワクしていたという（「映画を観るのにワクワクしない人を僕は信用しない」というのが小林のスタンス）。小林が渥美と並んで映画を観ているときのこと。よくできたシークエンスにさしかかると、渥美は「こういうわけか……」「面白いねえ……」と独り言をつぶやく。映画が終わった後で場所を移した感想戦でも、「あのシーンはシビれたねえ！　なぜかっていうと……」とか「この監督は面白いことを考えるじゃないの！　あそこの主人公のやり取りが……」とか「あの演技はよかった！　日本にはああいう演技ができる女優がいないんだよ……」とか、微に入り細に入り、身振り手振りを交えた再現つきの論評が炸裂する。とにかく全身を総動員して面白がる。

僕は自分で商売や経営をしているわけではない。これからもすることはまずないと思う。この辺が自身でも一流の演技者であった渥美とまるで違うところなのだが、それでも競争戦略の論理を考えるということを仕事にしている者として、僕は戦略の見巧者でありたいと思っている。そのためには、まず自分がワクワクすることが大切だ。

面白そうな会社に出合う。その戦略を眺めてみる。ときには「面白いねえ！」「よくこんなこと考えたな……」と、思わず唸るような秀逸な戦略ストーリーにぶつかる。理屈抜きにワクワクする。ワクワクすると、その戦略ストーリーが全体としてどうなっているのか、個々の要素がどのようにつながっているのか、なぜそれが成果をもたらしているのか、自分で納得がいくように理屈を解読したくなる。全体像を自分なりに理解すると、いよいよその戦略の面白さの正体がつかめる。で、ますます面白くなる。自分でも面白くて仕方がないので、人にも話したくなる。あらゆる人に話そうとしてもキリがないので（相手にとってもわりと迷惑な話）、文章に書いて読んでもらう。こうしてできたのが『ストーリーとしての競争戦略』だった。

『Hot Pepper ミラクル・ストーリー』は、著者の平尾《ひらお》勇司《ゆうじ》さんがリクルート在籍時に構想し、実行した戦略ストーリーを振り返った書である。「ホットペッパー」の戦略ストーリーは不朽の名作、僕に言わせれば「戦略ストーリーの殿堂入り」の大傑作だ。

「戦略ストーリーって何？」と聞かれたら、即座に「ここに全部ある」と言える。優れた戦略の条件が詰まっている。その解読は僕にとって極上のワクワク経験だった。拙著でもかなり紙幅を割いて話しているので、興味のある方はそちらも併せて読んでいただきたい。

「勝利の方程式」の真逆を行く

平尾勇司さんは一九八〇年にリクルートに入社した。当時のリクルートは、就職から始まって、結婚、家探し……と、人生のビッグ・イベントにフォーカスしたコンテンツを主力商品としていた。

『ホットペッパー』は、ご存知のとおり、全国約五〇のエリア別に発行されている無料の情報誌である。平尾さんのつくり上げたホットペッパー事業は、従来のイベントにフォーカスしたリクルートの事業ドメインを日常的なコンテンツにまで拡張する突破口となった。

出発点にあったのは、平尾さんのユニークな洞察だった。「関東市場」とか「東京市場」などというものは存在しない、という認識である。平尾さんが着目したのは、消費生活における「生活圏」の重要性である。人間の消費の実に八割は半径二～五キロの生活圏で行われている。これだけ交通や通信のインフラが発達しても、人間の行動はそうそう変わるものではない。僕もそうだが、多くの人はだいたい半径二キロの生活圏で日常的な買い物をし、スーパーに行き、蕎麦屋へ行き、床屋に行っているものだ（僕は体質的に床屋に行く必要がそもそもないので、自宅ゼロキロ地点で自分でバリカンで刈るが）。

だから、「東京市場」と一括りにしてしまうと、とたんに消費の八割が見えなくなってしまう、と平尾さんは言う。「東京」というのは銀座、上野、新宿、渋谷、赤坂……と細かく分かれた生活圏の集合にすぎない。衣食住遊働にかかわる消費の八割が生活圏で完結しているのであれば、リアルに存在している消費市場は、「東京」ではなくて「渋谷・恵比寿」という生活圏なのだ。それとまったく異なる市場として「新宿」がある。「下北沢」はまた別だ。そう考えた平尾さんは、半径二キロの生活圏に限って、生活情報を提供するメディアを思いついた。それがホットペッパー事業となった。

ホットペッパー事業の前身として、リクルートには『サンロクマル（360°）』という雑誌があった。サンロクマル事業のコンセプトは「広告付き電話帳」。特定エリアの領域情報をすべて掲載するという意味だ。ところが、サンロクマルは創刊から七年たっても一向に黒字化できないお荷物事業となっていた。

戦略不在の目標先行。これがサンロクマルの敗因だった。「広告付き電話帳」というコンセプトでは、「誰に対して本当のところ何を売るのか」、顧客に対して届けるべき価値が見えなかった。そこから始まる戦略ストーリーにも一貫性がなかった。地域ごとの版は各版元長に任され、家業的に運営されていた。版元長が変わるたびに方針も変わった。明確な売上目標は設定されていたが、サンロクマルはまるで「台本のない芝居を役者が演じている」ような状態にあった。

平尾さんはこの迷走事業の事業部長をいきなり任された。彼がまず手をつけたのは、「広告付き電話帳」というコンセプトの再定義だった。ホットペッパーのコンセプトは「狭域情報ビジネス」。見たままでいえばホットペッパーもサンロクマルと同じ雑誌メディアのビジネスであり、「フリーペーパー」である。しかし、ホットペッパーの本質は「特定の狭い地域に限定された消費情報を、今までにない形で流通させ、その地域の消費を喚起する」ことにあると定義された。ひいては「地元の消費を活性化し、地域を元気にする」。これがホットペッパーの目的となった。言葉としては素っ気ないが、「狭域情報ビジネス」は大義をとらえた志の高いコンセプトであった。

面白いことに、このコンセプトはそれまでのリクルートの「勝利の方程式」のことごとく逆を行くものだった。当時のリクルートで王道とされていたのは、大都市に広域巨大メディアをつくり、大量の広告ページを捌きつつ、媒体としての価値を高め、収益を上げていくという巨艦型のモデルである。必然的に高原価、高経費、高人件費構造となる。その上で、高いコストを上回る価格で広告が売れることを目指す戦略だ。しかし、このストーリーには限界も見えてきていた。

平尾さんが目をつけた「生活圏」は、リクルートの限界を突破するのにまたとない着想だった。地域ごとに数多くのバージョンを出す。しかし、その背後では一つの戦略ストーリーが動いている。共通のストーリーに乗せて、複数のバージョンを展開していく。

当時のリクルートのロジックでいえば、狭域情報を扱う商売は非効率以外の何物でもなかった。しかし、そこに新しい戦略ストーリーを持ち込めば、狭域情報が高収益額・高収益率のビジネスになると考えた。ホットペッパーの戦略ストーリーは、戦略不在で「家業」の集合体にとどまっていたサンロクマルを、リクルートの新しい柱となるような「事業」へと転換しようとするものだった。

「動き」と「流れ」の戦略思考

平尾さんの描いた戦略ストーリーをつぶさに見ていくと、彼がいかに物事の「順番」にこだわっていたかがよくわかる。戦略ストーリーとは個別の意思決定やアクションの綜合（シンセシス）である。

「綜合」というとすぐに「シナジー」とか「組み合わせ」という言葉が出てきがちだ。しかし、ストーリーという戦略思考の神髄は、組み合わせよりも「順列」にある。物事の時間的な順番に焦点を合わせるからこそ、因果論理が明確になり、戦略に「動き」が出てくる。「流れ」を持ったストーリーになる。

平尾さんは、まず半径二キロの商圏で、飲食業者、とくに居酒屋に限定して広告受注の営業をかけた。次に、九分の一ページの広告を三回連続で受注する。そのために一日、一人、二〇件、訪問を実行する（後述するように、のちにこの流れは営業戦略の中核として、全員が唱える「念仏」となる）。このやり方で、半径二キロ圏内でNTTデータに登録されている飲食店件数の一五％を獲得、もしくは一〇〇件を超えたら次の美容院やスクールといったコンテンツに向かう。このように、「手をつける順番」がやたらとはっきり決められていた。

サンロクマルの時代から、飲食コンテンツがキラーコンテンツになるという認識はあった。しかし、サンロクマルはエステへの営業に流れた。とりあえず受注しやすいのがエステの広告だったからだ。その結果、サンロクマルは次第に怪しいエステ本になっていった。

これに対して、平尾さんはホットペッパーではまず飲食業者を何よりも優先して攻めるという規律を明確に打ち出した。飲食であれば誰でも関心を持つ。食事は日に三度訪れるもっとも普遍的な需要である。だから飲食から始めるというのが平尾さんの考えだった。

事業をスタートしたばかりの初期の段階では、このように戦略ストーリーで物事の順番を明確にしておくことがとりわけ大切になる。多くのことが「やってみなければわからない」からだ。とくに初期の段階では、やることなすことが実験の連続になる。時間軸が明確に入ったストーリーになっていれば、きちんと早く失敗できる。構想した戦略がどこでスタックしたのか、何をハズしたのか、どこがまずいのかがたちどころにわかる。平尾さん流に言うと、「誰がバカかわかる」のである。

ネットの時代に紙媒体

ホットペッパーは、二〇〇一年に紙の媒体として出発した。二〇〇一年といえば、インターネットが急速に普及していた時期である。多くの人が「リアルな紙の時代は終わった。これからはバーチャル、インターネットだ！」と叫んでいた。ユーザーは、ネットでタダの情報を得ることに次第に慣れていった。お金を払って雑誌を買う、有料で情報を買うという行動は過去のものになりつつあった。

しかし、平尾さんはあえて紙媒体でホットペッパー事業をスタートさせた。一つには「狭域情報」というコンセプトとの整合性である。インターネットは限りなくリーチが広い。それはそれで強みなのだが、狭域情報という切り口からすると、リーチが広いのはかえって逆効果になる。半径二キロの生活圏の情報が、確実にその生活圏にいる人に届くほうがよいのである。

この狭域への限定性が広告を出す業者にとってのＷＴＰ（Willingness To Pay＝顧客が価値を感じて支払ってもよいと思う水準）の源泉になる。ホットペッパーがターゲットにしている地域密着の事業者からすれば、ネット広告の効果はつかみどころがない。顧客がサーチして、こちらに都合がいいようにスクリーニングしてくれなければ、肝心の広告情報に到達しないで終わってしまう。

だから、まずは地域でターゲティングがしやすく、広告主が広告のリアルな価値を感じやすい紙媒体で始め、ユーザーとクライアントを囲い込む。そのうえでタイミングを見てネットに軸足を移していく。ここにも物事の順番にこだわるという平尾さんの「流れ」の戦略思考が見てとれる。一見時代に逆行するような紙媒体で始めながら、ネットへの道筋がストーリーに織り込まれている。

ユーザー（読者）が情報にお金を払わなくなった以上、ホットペッパーを無料で配るフリーペーパーとするのは当然の選択だった。リクルートにお金を払ってくれる「本当の顧客」は読者ではなく、いうまでもなく、広告を出すクライアントである。彼らがWTPを感じてくれなければ商売にならない。特定の地域内に絞って飲食店情報やイベント情報など「タウン情報」を伝えるフリーペーパーはすでに数多く存在していた。先行する競合と差別化するには、独自の価値を提供する必要がある。その武器とされたのが「クーポン」だった。

クーポンは普通巻末などに付録的についているものだった。ところが、平尾さんはクーポンをメインコンテンツに格上げした。その結果、あらゆる記事は「写真とキャッチコピーとクーポン」というシンプルなフォーマットで統一された。フリーペーパーのおまけとしてクーポンが「ついている」のではない。クーポンそのものが雑誌の主役になった。読者から見たホットペッパーは「クーポン・マガジン」であった。

ネット広告とは違って、紙の雑誌であればいちいちプリントアウトする手間もかからない。ホットペッパーの広告を目にしたユーザーがお店に来てクーポンを使うと、当然のことながらクーポンの実物が広告主の手もとに戻ってくる。クライアントはホットペッパーの効果をクーポンの「戻り枚数」で実感できるのである。「クーポンの戻り枚数、来客数、客単価」で広告効果が売上換算できる。つまり、クーポンはユーザーにとってのホットペッパーの魅力になるだけでなく、広告の対価を払うクライアントに向けても、競合との差別化を打ち出すための仕掛けだった。絵に描いたような一石二鳥である。

太くて長いストーリー

一石で何鳥にもなる打ち手を中心に太いストーリーを組み立てる。優れた戦略ストーリーの条件の一つだ。

平尾さんは一石で何鳥も落とすのが抜群にうまい。クーポンのメリットはこれだけではない。平塚さんの言葉でいえば、クライアントにとってクーポンは「読者に対するギフト」。ギフトなので、「値下げ」ではない。つまり、「定価そのまま」でお得感を増幅させることができる。しかも、「先着○名」とか「○日から○日まで」というように、対象や時間を限ることも自在になる。

デフレの時代、「定価を下げずにお値打ち感を感じてもらう」ことは飲食店にとって切実な課題となっていた。この課題に正面から応えることができる。これで一石三鳥になる。「クーポン文化を醸成しデフレスパイラルを止めて日本の街を元気にする」という狭域情報ビジネスの本領発揮である。

クーポンのよさは、さらにもう一つあった。一石四鳥である。クーポンを前面に押し出すことによって、すでに見たように、「写真とキャッチとクーポン」というフォーマットでコンテンツをつくることが可能になった。このようなフォーマットにすると長い記事を書く必要がなくなる。誰でも原稿をつくることができる。これによって、クリエイティブコストの大幅な削減が可能になった。ベテランの制作マンではなく、営業マンが自分で原稿をつくるという仕組みができた。テンプレートと呼ばれる原稿制作のフォーマット・パターンを用意し、日本全国どこからでも原稿を入れられるウェブ入稿システムも構築された。「どんなに離れた場所で事業を立ち上げてもそのクオリティを決して落とさない」仕組みが出来上がった。

一つのストーリーの先に次々と新しい展開が可能になる。話がすぐに終わらない。この意味でのストーリーの拡張性もまた、優れた戦略ストーリーの重要な条件である。ストーリーの拡張性は「横展開」に根差していることが多い。ホットペッパーの戦略ストーリーはこの横展開のロジックを最大限に活用している。

ホットペッパー事業は生活圏ごとの「版」が単位になっている。スタートした直後から成功したのは、東京から遠く離れた札幌版だった。そこで、平尾さんは札幌版とそれ以外の版の違いを徹底的に検証した。札幌版を基準にし、他の版が「札幌版に学ぶ」体制を明確に打ち出した。これ以降も、どこかの版で成功した施策は、すべての版に共通のフォーマットに採用され、他の地域版へ横展開されることとなった。「版」を単位とした経営は、横展開を通じて戦略のストーリーの絶え間ない進化をもたらした。

さらに、ホットペッパーの戦略ストーリー自体がリクルートの他の事業へと横展開可能であった。その後、リクルートは『タウンワーク』や『ゼクシィ』などのメディア事業を地方都市へと展開していくことになる。この背景には、狭域情報のコンセプトを起点としたホットペッパーの戦略ストーリーの横展開があった。平尾さんがホットペッパーでつくった戦略ストーリーは、最終的には「狭域情報ビジネス」というリクルートを支える柱の一つに成長したのである。

戦略の立案と実行を区別しない

ことほど左様に、ホットペッパーの戦略ストーリーはどこを切っても秀逸なのだが、僕がもっとも感銘を受けたのは、平尾さんの構想したストーリーがその実行にかかわる人々の気持ちに火をつけ、人々を実行に向けて自然とやる気にさせるものになっているということだ。戦略の「立案」と「実行」はしばしば区別して考えられがちである。「戦略は立案よりも実行が大切」という場合でも、両者を区別しているからこそ「立案よりも実行」という話になるわけで、立案と実行を別のフェーズとしていることには変わりがない。

しかし、である。この本を読んでつくづく思う。戦略の立案と実行は本来一体であり、分けて考えられない。戦略の実行を担う現場の人々にとって、自然と実行する気になるように立案されている戦略でなければ、戦略としてそもそも意味がない。実行する人々の背中を押し、前のめりにさせる力を持ったストーリー、それが優れた戦略なのである。

クーポンをコンテンツの主役にすることによって記事作成の標準フォーマットをつくる。この一連の流れにしても、一義的な目的は、クリエイティブコストの削減ではなかった。顧客接点に立つ営業スタッフ自身が、自分で原稿をつくれるようにする。ここに戦略の真意があった。一連の流れを一人のスタッフが丸ごと実行できれば、戦略ストーリーが意図した「つながり」を一人ひとりが現場で体感できる。顧客とも戦略ストーリーを共有できるし、ストーリーが顧客価値へと結実するまでの流れを毎日の仕事の中で実感できる。だからこそ、平尾さんの構想したストーリーが実行する人々に浸透し、組織でがっちりと共有され、その結果として戦略がシームレスに実行されたのである。

こうした考え方を、平尾さんは「一人屋台方式」と言っている。一人の営業が新規開拓、既存顧客リピート営業、電話営業のすべてを行ったうえで入金もフォローし、さらに原稿もつくる。一気通貫の仕事のやり方だ。第7章の三枝匡さんの「創って、作って、売る」と一脈通じる考え方である。分業を断固として排除し、顧客接点を一人にする。

ホットペッパーの戦略はそうした動きを組織的に巻き起こすためのストーリーになっている。

平尾さんの戦略思考の特徴を如実に示しているもう一つの典型的な例が「プチコン」である。ホットペッパーの営業スタッフは、飲食店の料理の中身や店のコンセプトについては素人だ。つまり、本格的な「コンサルティング」はできるわけがない。

この辺のリアリズムが素晴らしい。多くの企業が「これからは顧客の問題解決をするコンサルティング営業がカギ！」とか言っている。しかし、実際はかけ声倒れになっているのがほとんどだ。平尾さんの思考と行動はそうしたフワフワしたかけ声だけの「戦略」と一線を画している。

ただし、本格的なコンサルティングはできなくても、キャッチコピーのつけ方や、おいしそうな料理写真の撮り方といった表現領域に関することであれば、数多くのクライアントに対してそればかりやっている営業スタッフだからこそ、価値ある提案ができる。この表現領域に限定したコンサルティングが「プチコンサルティング」、略して「プチコン」だった。

平尾さんは、プチコンという考え方を導入することで、顧客とともに考え、ともに創っていくクリエイティブなパートナーとしての営業スタイルを目指した。これを組織内に浸透させるために、プチコンのコンテスト、「プチコンコン」なるものも開催する。全国の営業マンが自分の仕事をプチコンとしてまとめ、その中身を競い合う。その内容は冊子としてまとめ、営業マン全員に配る。

一見ノリでやっているイベントに見えるが、決して一過性のイベントとして終わらせない。成功体験はきっちりと体系化し、パッケージ化する。発案したスタッフの個人名をつけて、たとえば「菅波菓子の『新規飛び込み福の神営業』」とか「岡田奈奈恵の『3年契約受注営業』」というように、名前をつけて全員で共有する。

非正社員の力をテコにした総力戦

つくづく感心するのは、こうした戦略を動かす戦略の中心が非正社員だったということだ。当時のホットペッパー事業は、一五〇〇名体制で八五％が非正社員だった。正社員に依存するよりもコスト優位が期待できるのはいうまでもない。しかし、これにしても人件費抑制だけを目的としているわけではない。平尾さんはもし「正社員だけでやっていたら絶対に成功しなかった」と断言する。「資質と想いとスピード」において、むしろ非正社員のほうが優れているというのだ。

なぜか。非正社員は新事業に取り組む際に失うものがない。だから「冒険ができる」。ところが、正社員となると、どうしても自社内の評価が上がるか下がるかを気にしてしまう。保身に汲々としているような正社員は、ストーリー実行の障害物でしかない。非正社員であれば顧客にとって正しいか正しくないかを基準に動くことができる。顧客と正面から向き合ったプチコン、そこで集客のストーリーを提案できるかどうかがクライアント獲得のカギとなる。ここまで見てきたように、ホットペッパーの戦略ストーリーは、平尾さんの下に集まった非正社員の心に火をつけるものだったのである。

一人ひとりが自分の損得勘定にとらわれず、戦略を正しく実行するような組織をつくるため、平尾さんは「人と人との関わり」をスタッフのコアスキルとして強調した。「何をやったかではなく誰とやったかが心に残る」というメッセージである。また「何のためにやっているのか」という「目的コミュニケーション」を日常会話に浸透させた。「何のために」が抜けて「どのように」ばかりが先行する事業は必ず破綻する、というのが平尾さんの見解である。

サンロクマルがまさにそうした失敗をしていた。サンロクマルは営業を外部に業務委託した。委託をされた人間は、営業目標を達成するために「どうやって」ばかり考える。「何のために」が抜け落ち、全体で共有すべきはずの戦略ストーリーはどうでもよくなってしまう。残るのは「お金を稼ぐ」という営業マンのモチベーションだけになる。

外部への業務委託を正当化していたのが、「歩合の報酬体系であれば、委託された人間が自分の報酬を極大化するために、自律的に最適の動きをしてくれるはずだ」という理屈である。しかし、平尾さんに言わせれば金銭だけの動機づけはマネジメントの放棄に他ならない。サンロクマルは「セルフ・マネジメント」の美名のもとに、数字の目標を手っ取り早く達成するための安直な方法に流れていたのである。

そこに一貫したストーリーがあるからこそ、戦略が組織の隅々まで浸透し、人々の心にスイッチが入り、無理なく実行へと移される。戦略ストーリーは誰もが簡単に理解し、行動できるようなものでなければならない。それで初めてビジネスが文字通りの総力戦になる。

これは仕事を誰でもできる作業標準に落とし込む「マニュアル化」とは似て非なるものである。あくまでも、人間の気持ちや判断が入って初めて動くのが戦略であり、そうでなければ人が育たない、と平尾さんは言う。

たとえば「念仏」。「コア商圏・飲食・居酒屋・1／9・3回連続受注・20件訪問・インデックス営業」というのが念仏の中身なのだが、これはようするに戦略ストーリーの構成要素をそのまま並べたものである。これを朝会でも、キックオフミーティングでも、表彰者スピーチでも、飲み会でも、それこそ独り言でも誰もが口ずさむ状態にまで浸透させる。四六時中、口に出しているから「念仏」なのだ。

戦略ストーリーを全員で共有して、実行するためのシンプルな仕組みではあるが、決してマニュアルではない。念仏で戦略ストーリーを意識させることはできるが、あとは一人ひとりがストーリーの実現に向けて何をすればよいのかを考えなければならない。この辺のさじ加減が絶妙である。

建設的悲観主義

本書で僕にとってもっとも印象的だったエピソードを挙げておこう。「提案営業」「プチコン」をいよいよ実行に移すくだりである。「クライアントに提案営業をしてこい、プチコンで広告をとってこい」と指示を出すのは簡単だ。プチコンによる提案営業は戦略ストーリーの最重要な要素ではあるのだが、現実に実行するのは容易ではない。お客さんの多くは飲食店やお店屋さんだ。暇な時間帯を狙って行っても、仕込みだ何だで忙しくしている。まともに話を聞いてもらうどころか、店の中に入れてもらうのもままならないのが現実だ。

優れた戦略ストーリーは、一つひとつの打ち手がしっかりと論理でつながっていなければならない。論理でつながっていれば、無理なく実行できる。論理的であるがゆえに、ストーリーは「強く」なるのである。論理の裏づけがなければ、無理が生じる。無理を承知で、現場の過度のがんばりに寄りかかる。太平洋戦争の日本軍が玉砕した成り行きだ。

平尾さんは実に味わい深いことをしている。まずホットペッパーの「版元長」と呼ばれる幹部社員たちに「銀座で飛び込み営業をやってこい」と命じたのだ。忙しいお店の人たちに「ホットペッパーです」と言ったところで、当然のことながら中に入れてももらえない。ホットペッパーを熟知した、経験のある幹部がやってもそんな体たらくなのだから、普通の営業スタッフが体当たりで飛び込んでもうまくいくはずがない。

提案営業の現場での難しさを体験した幹部社員は、どうやったらお店の扉を開けてもらえるか、お店に入れてもらったところでどうやって意思決定権のあるオーナーに話をさせてもらえるか、どうやったら五分間話を聞いてもらえるか、何をどういうタイミングで話せばいいか、そうした細部に注意を払い、現場目線でストーリーを組み立てていく必要性を痛感する。その結果、実に細かく、丁寧に、具体的に、ステップ・バイ・ステップでストーリーが紡がれることになる。ストーリーの肝になるところについては、超ミクロ、超具体的なところまで目配りが利いている。

現場の人間が物怖じしたり、考え込むことなく、確信をもって戦略の実行に飛び込んでいける背景には、ここまで徹底的に実行を意識したストーリーづくりの姿勢があった。このエピソードを読んだときには、ここまでやるか！　と舌を巻いた。

平尾さんは戦略の実行については「建設的悲観主義」の立場に徹している。「これからはコンサルだ！　ソリューションを売ってこい！」というハッパをかけるだけで、現場でどんなことが起きているのかを知ろうともしないかけ声だけの「リーダー」は、平尾さんと逆の「破滅的楽観主義」に冒されている。そうした人からは現場の人々を突き動かすストーリーは決して出てこない。

戦略の立案と実行を分けて考えられないからこそ、戦略を構想するリーダーは建設的悲観主義でなくてはならない。自分のアタマの中でつながっていても、実行に携わる現場の多くの人々の心と体を突き動かすストーリーになっているとは限らない。コンセプトを創り、ストーリーを起こしていく段階では、平尾さんは基本的に楽観主義者だ。しかし、ストーリーを動かす細部になると、「そうはうまくいかないぞ……」という悲観主義者の視点が必要になる。だから、平尾さんは「普通の人々」の立場に立って、彼らの日常の仕事をイメージし、論理的に自然につながるストーリーをその細部にまでこだわってつくる。この辺、楽観主義と悲観主義の配分加減が秀逸である。

「ストーリーテラー」としてのリーダー

リーダーとはようするに「ストーリーを語る人」だ、と平尾さんは言い切る。「この事業で何を実現したいのか」「実現した時の世の中は、この会社は、あなた自身はどうなっているか」「そこに向けての各自の役割は何か」「一人ひとりの仕事と人間的成長の中身は何か」をシンプルにつなげるストーリーを語る。それがリーダーの役割であり、リーダーだけができる仕事である。起こったことを後づけで説明するのは誰でもできる（僕のような学者でもできる）。しかし、これから何を起こすか、どうやって起こすか、未来への意思を物語れるのはリーダーしかいない。平尾さんは言葉の正確な意味での「ストーリーテラー」だった。

戦略を実行する過程で新しいアイデアが現場から生まれ、もともとの戦略ストーリーが「創発的に進化」するということはありうる。「岡田奈奈恵の「3年契約受注営業」」はその典型だ。むしろ優れた戦略ストーリーであるほど、そうした創発的な進化を引き起こすものだ。

しかし、だからといって、ボトムアップで衆知を集めれば戦略ができるわけではない。「創発的なアイデア」にしても、それをくみ取り、全体のなかに位置づける受け皿としてのストーリーが先行して存在しなければ、戦略の進化はありえない。原型となるストーリーをつくるのは厳然としてトップの仕事。その意味で戦略ストーリーはトップダウンでつくられるべきものだ。

ただし、優れた戦略ストーリーはひとたび動き出せば総力戦を必要とする。全員がストーリーに乗って成果へとひた走る。これが理想的な成り行きであり、ホットペッパーはまさにそうした事例であった。平尾さん自身は強力なリーダー・ストーリーテラーなのだが、全員が強力なストーリーを共有して日々の仕事で走りまくる。結果として、ホットペッパー事業の動きにはきわめてボトムアップの色彩が強く出ている。

平尾さんと当時のいきさつについてゆっくり話をうかがう機会が何度かあった。当時を振り返って、平尾さんがもっとも強調したのは、ホットペッパー事業がいかに人を育てたか、ということだった。「全体を貫く明確なストーリーをつくり、それを組織全体で共有してやっていくと、不思議なぐらいに人が育つんですよ。数字の業績はもちろんですが、部下がどんどん成長するのを実感する。これがいちばんうれしかった……」。
感慨深げに回想する平尾さんはたまらなくイイ顔をしていた。

第10章 身も蓋もないがキレがある

『ストラテジストにさよならを』広木隆著——ゲーテビジネス新書（二〇一一年）

ゴルフの本は読まない。ゴルフをやらないからだ。グリップがどうとか、インパクトがどうとか言われても、わけがわからないし、興味もない。

音楽の本は読む。音楽がスキで、自分でも演奏するからだ。エレクトリックのベースをやるので、ベーシストの演奏についての評論やベースの技術指南書を読むことが多い（ちなみにこの四半世紀ほどBluedogsというロックバンドをやっておりまして、ときどき恵比寿でライブをやっております。御用とお急ぎでない方はツイッターの@kenkusunokiでチェック）。

ベースの専門誌を読むと、亀田誠治（亀田氏は先ごろ解散した「東京事変」のベーシストにして作曲家、編曲家、音楽プロデューサー。玄人好みのとんでもないプレーヤー。ジムでたまたまお目にかかる機会があり、「アタックの強さも大切だが、それ以上にスピードが重要」という貴重な教えをいただき、感激）の弦のアタックとスピードがどうだの、人差し指の角度がどうだの、この曲の二八小節目のフレーズがどうだの、アーティキュレーションがああだのと書いてある。こっちにしてみればわりと重要なことなのだが、ベースをやらない人にとってはひたすらどうでもいい話だ。

「指南書」というのはそういうものだ。ところが、その分野にまるで関心がない人にも面白く読ませてしまう指南書がごくまれにある。個人投資家向けの株式投資の指南書、『ストラテジストにさよならを』はまさにそういう本である。

門外漢にも面白い

僕はゴルフに興味はないが、株式投資にもまるで関心がない。株式にかかわらず、投資や運用といった方面全般に興味がない。銀行の普通預金口座に放置しておくというのが僕の基本戦略である。この戦略の難点はアップサイドがまるでないことだ。ただし、日常の収入と支出、今自分にいくらお金があるのかが、通帳を開けば一目瞭然という強力な利点がある。

四八年の人生で株式を買った経験は三回だけ。一つは創業以来お手伝いをしているある会社からストックオプションを付与され、その権利を行使したとき。その会社はその後上場し、直後はとんでもない高値をつけた。自分の持ち株数に株価をかけてみたらクラクラする金額になった。自分の半径三メートルがいきなりバブル経済に突入。

ところが、キャッシュを手にしたわけではないので、個人的なバブルは単に気分の問題だった。株式投資に詳しい人に「すぐ売れ！」と言われたりもしたのだが、その方面のセンスがまるでない僕は、当然のことながら気分よく目を回したまま全株放置。ご多分に漏れず見る見るうちに株価は急降下。絵に描いたようなとらぬ狸の皮算用状態を何年も安定してキープしている。忘れようとしても思い出せない経験だ。あぶく銭は身につかない。世の中、実によくできている。

あとの二つは自分の考えがあって投資した株なのだが、いずれも古くからの友人が経営している会社。今の株価がいくらなのかも知らない。そもそも投資金額が少額なので、気にもならない（と、ここまで書いたところで、久しぶりに現在の株価をさりげなくチェックしてみた。なんと、二つのうち一つの株価がわりと高くなっていることが判明。イイ気分になったので、引き続き放置することに決定）。

ことほど左様に株式投資に関心ない僕にとっても、『ストラテジストにさよならを』はめっぽう面白い。

考えてみれば、音楽が人間の本性を直撃するのと同じぐらい、お金も人間の本性に深く染み入る分野である。僕にしても、投資や運用には興味がないとはいえ、カネに興味がまるでないわけではない。というか、嫌いではない（正直に言えば、わりとスキ）。株式投資に関心がないのも、それが面倒だということもあるけれど、汗水たらして稼いだカネが自分のあずかり知らない理由で減るのがイヤ（つまりはケチ）だというのが本当のところかもしれない（おそらくそれと同じ理由だと思うが、僕は賭け事もまったく興味がない）。

いずれにせよ、やたらに「人間的」なのがお金である。カネに対する構えにはその人の人となりが如実に表れる。だから、人前でカネの話をすることははばかられる。正論とか建前では割り切れないのがカネである（僕の偏った経験によれば、一見カネに無頓着で恬淡《てんたん》としていそうな大学の先生ほど、実は細かいカネの損得にやたらとうるさかったりする）。稼ぎ方や使い方についての考えや主義は人それぞれだが、そもそもカネそのものがキライ、頼むから勘弁してくれ、なんだったらカネを払ってもいいからあっちに行ってくれ、という人はあまりいないだろう。

カネの話をすると、その人の本性と本能と本質がわりと剥き出しになる。たとえば、ジョージ・ソロス。カネ儲けの現場最前線の修羅場で、一生を懸けて朝から晩までのべつカネ儲けのことを考えてきたという人である。彼の一連の著作、たとえば『ソロスは警告する』や『ソロスの講義録』を読むと、資本主義を論じるにしても、その辺の学者の本とは迫力が違う。話がきわめて抽象的な本質論に向かっていくのだが、資本主義の人の世のメカニズムがずっと深いレベルで理解できる（気分になる）。

もっとあからさまな投資指南書でも、人間の本性を抉り出す快作がある。たとえば土居雅紹氏の『勝ち抜け！　サバイバル投資術』。これはタイトルにあるように文字通りの投資の指南書、ストレートにテクニックを教示する本であるが、その内容は一言で言ってドストエフスキーばりの「人間悲喜劇」で、実に面白い。

バブルはこれまでに一定のインターバルを置いて何度も繰り返されてきた。これからも間違いなくそうなる。しかし、ことカネのこととなると、人の世の中はもう絶対といっていいほど「歴史から学ばない」。絵に描いたように同じ大騒ぎの繰り返しになる。新しいバブルが始まると、投資家の背中を押すような「新理論」が発明され、それを聞いた素人が大挙して買いに走り、相場が下げ始めると政治家が「大丈夫」と根拠のない太鼓判を押す。こうなると、もういけません。早晩バブルが崩壊して、魔女狩りが始まるというお決まりのドタバタ騒ぎになる。

わかっちゃいるけど、やめられない。だとしたら、普段は何をやっても儲からないので静かにしていたほうが得策、一〇年に一回のバブルのときだけ勝負をすべし、というのが土居さんの話だ。氏の提唱する投資術が有効かどうかは確かめようがないが、世の中とはこういうものだ、人間とはこういうものだ、という著者の洞察にはコクがある。これにしても、カネを相手にしている話だからこその味わい。下品な結論ではあるが、やっぱりカネの話は面白いのである。

「投資法」より「投資論」

前置きが長くなった。株式投資を論じた本書『ストラテジストにさよならを』も、人間の本性に対する洞察に溢れたコクのある一冊である。株式投資に関心のある個人投資家を直接のターゲットとして書かれている。どうやったら儲かるかという投資術に関心がある向きは、騙されたと思って読んでいただきたい。騙されること請け合いだ。

そういう人にとっては、肩透かしというか、わりとイラッとくる話が満載。そこがたまらなくイイ。サブタイトルに「21世紀の株式投資論」とあるように、この本は投資「法」ではなく投資「論」を語っている。始めから最後まで骨太なロジックで一貫しており、看板に偽りはない。

多くの専門家が長期投資をすすめるが、そこにはまともな論理はない、と著者は指摘する。「短期投資はうまくいかない」と言っているだけなのが実際のところで、長期投資が本当にいいのか、だとしたらそれはなぜかを説明している人はほとんどいない。マーケット・タイミングは理屈からして当てられない。だから、短期投資はうまくいかない。ここまでは容易に納得できる。

しかし、だからといって「長期投資がいい」と言ってしまえば、それは論理の飛躍である。二つラーメン屋がある。一方のラーメンはまずい。これははっきりしている。だから、とりあえずもう一方のラーメン屋で食べておけ、という話だ。いうまでもなく、そっちのラーメン屋が旨いという保証はない。言われてみると当たり前ではある。

なにぶんカネ儲けである。人々は真剣になる。何とかして儲ける方法を知りたい。だから、いつの時代もいろいろな人がいろいろな投資法や投資技術をひねり出してくる。

しかし、本格的なファイナンス理論はともかくとして（こっちは徹底的に数学言語で記述されているので、フツーの個人投資家はそもそも読むことができない）、やたらとユルい話ばかりが横行する。

その点、本書は一線を画している。出発点となる問題意識は「なぜ個人投資家の多くが儲からないのか」「成功体験が少ないのはどうしてなのか」である。「市場の見通しも株価の予想も半分以上は外れる」というのが、著者の見解だ。いきなり身も蓋もない話だ。

著者はマネックスのストラテジストである。にもかかわらず「ストラテジスト」「アナリスト」「エコノミスト」といった専門家の予想やコメントはまったく当てにならないと言い切る。さらに言えば、著者も含めてこうした専門家は、市場の予測能力という点ではみんな似たり寄ったりだと言う。本当に抜きん出ることができる人がいたとしたら、他人にアドバイスなどせず、自分で相場を張って儲けているはずだ。まことにそのとおり。「それを言っちゃあおしまいよ……」である。

ようするに、「ストラテジスト」という仕事は、ちょっと考えてみただけでも、論理的に矛盾を抱えまくりやがっている仕事なのである。「短期がうまくいかないから長期投資がいいというのは根拠がないユルい話だ」とか「何が儲かるかわかっていたら自分で相場を張ったほうがいい」と言ってしまえば、話がそこで終わってしまう。

本質は盲点にあり

株式投資の世界だけではない。「それを言っちゃあおしまいよ……」というツボがどんな業界にも多かれ少なかれ存在する。「誰もが見て見ぬふりをしている根本的な矛盾」といってもよい。本当に考えるに足る本質は、そうした身も蓋もない話の裏側にあるというのが僕の持論である。「それを言っちゃあおしまい」なので、中にいる人たちはその根本的な矛盾を直視しないようにしている。王様は裸なのだが、正面切って「王様は裸だ！」と言う人はいない。そこにインサイダーの盲点が生まれる。イノベーションは、この盲点を正面から突くことによって生まれることが多い。

拙著『ストーリーとしての競争戦略』にも書いたのだが、ガリバーインターナショナル創業者の羽鳥兼市さんの話である。かつて羽鳥さんが従来からの中古車のディーラーをやっていた時代、毎朝出勤するときに、自分の中古車展示場の入り口に、威勢のいいのぼり旗がはためいているのが目に入る。右側には「激安販売！」、反対側には「高価買取！」。ありていに言って、矛盾である。羽鳥さんにしても、「どう考えても矛盾しているな……」という疑問が頭をよぎる。

しかし、それは一瞬である。中古車業というのは「そういうもの」なのである。だから疑問は一瞬でなかったことにされる。「よし、今日もがんばるぞ！」と日々の仕事が始まる。しかし、矛盾は矛盾である。一瞬だった疑問がだんだん長くなる。そして、あるときついに「買い取り専門」というバイサイドに特化したコンセプトが生まれ、そこから独自の戦略ストーリーが生まれた。

本書が相手にしている株式投資は、身も蓋もないことがことさらに多そうな世界である。カネという本能の中枢部に入り込んでいくほど、「それを言っちゃあおしまいよ……」ということが増えるものだ。カネに限らず、権力とか名誉とか女（男）が絡んでくると、それが人間の本性を直撃する種目なだけに、「わかっちゃいるけど、やめられない」「止めてくれるな、おっかさん」という話が多くなる。

著者の広木氏は、そういう世界のど真ん中で生きる身でありながらも、「王様は裸だ！」と言いまくる。ストラテジストにありがちな言説のスタイルを批判している部分などは、「それを言っちゃあおしまいよ……」のオンパレードで、読んでいて微苦笑が絶えない。

たとえば「レンジ予想」。日経平均が一万円のときに今後三カ月のレンジはと聞かれて、九〇〇〇円から一万一〇〇〇円と答えておけばだいたい当たるわけで、そんなもの予想でもなんでもない。しかし、「ストラテジスト」とはそういう仕事なのである。

それから、「仮定」の置き方がひどいという話。たとえば「中東・北アフリカで起きている混乱が石油輸出国機構（ＯＰＥＣ）最大の産油国であるサウジアラビアに波及すれば大変なことになる」というコメント。社会科を勉強すれば小学生でもわかるような自明の理である。それが専門家のコメントとして堂々と新聞に載っている。

「不確実性は高い」「可能性がある」という逃げ方をする。トートロジーで人を煙に巻く。こうした一連のストラテジストの手口を著者はバッタバッタと切り捨てる。「なんで株価が下がったのか」「市場が円高を嫌ったからだ」とか、「なんで株価が安定しないのか」「市場でも判断がつきかねているからだ」というのがトートロジー、つまり同じことの言い換えである。これでは結局何も言っていないに等しい。「相場は調整局面を迎える可能性がある」というふうに「可能性」を論じる場合、せめて可能性は三〇％とか、可能性は高い（低い）とか、そこまで言わないと意味がない。

なぜこんなおかしな話がまかり通っているのか。ようするに「予想」という「できるわけがないこと」を求められているのがストラテジストだという、身も蓋もない結論である。

人間の本性を直視する

株価を予測する。それを仕事にしている専門家にもできないのだから、素人である個人投資家にできるわけがない。どうやったって株式投資は予測不可能で不確実。だから、いかに勝つかを考えても仕方がない。むしろ「いかに負けを軽微にするか」が勝負の分かれ目になる。これが著者の「投資論」の骨格にある。つまり「大負けしないこと」だ。

そのためには、長期間運用し続け、「マーケットから退出しないこと」が肝要だと広木氏は言う。

ただし、これは「一度買ったら長期で保有しましょう」という話ではない。マーケットから出ないで何度もトライできる状態を維持することが大切なのであり、そのためにはむしろ「こまめに売る」ことがカギになる。なぜか。広木氏は人間の本性を直視する。「損切りは早く、利食いは遅く」、これは投資の王道とされる。しかし、人間の本性からいってその実行は至難の業。できないからである。わかっていながらこの真逆、「損切りは遅く、利食いは早く」になってしまうのが人間である。

カーネマンとトヴェルスキーという二人の経済学者が提唱した有名な理論に「プロスペクト理論」がある。行動ファイナンスの代表的な理論で、カーネマンはのちにノーベル賞を受賞した（トヴェルスキーはその前に亡くなっている）。プロスペクト理論というのは、「ひとは利益から得る効用（満足）よりも、損失から得る負の効用（苦痛）のほうが大きい」という、満足と苦痛の非対称性を数学的に説明するモデルである。

投資に当てはめると、たとえば一〇〇万円儲ける満足より一〇〇万円損する苦痛のほうが大きい、ということだ。一〇〇万円得をした人がそのすぐあとに一〇〇万円損をしたとする。実際はプラスマイナスゼロなのだが、心理的な損得勘定はマイナスになる。だから、利益が出るとすぐに確定したくなる。逆に、評価損を実損にしてしまうような売りの意思決定は先延ばしになる。「利食いは早く、損切りは遅い」に陥るという成り行きである。

だからこそ、「損切りは早く、利食いは遅く」を意識的に実践しなくてはならない。たとえば「一〇%下がったら売る」といった売却基準を事前に設定し、下げ局面でこまめに売っていく。これは短期トレーディングでは常識だそうだが（この辺は僕には馴染みがない話なので「だそうだ」としか言えない）、長期投資では必ずしも重視されず、むしろ下げ局面で買い増す「逆張り」が推奨されてきたという。

しかし、大きな含み損を抱えたくない個人投資家にとっては、こまめに損切りしつつ、「市場にとどまり続けること」が大切なのである。一方で、値上がりしている銘柄はそのまま持ち続けるか、買い増す。このように細かい手数を繰り返すことで長期的に銘柄を絞り込んでいき、じっくりとポートフォリオを最適化していく。もちろん、「このとおりやっても成功するかどうかは（当然のことながら）わからない」とつけ加えることを著者は忘れない。

投資において理論はとても重要である。これが著者に一貫したスタンスだ。著者がいう「理論」というのは、「相場に対する構え」なり「投資哲学」「大局観」を意味している。そういうものが背後にあって判断を繰り返していくのと、まったくのドタ勘勝負を重ねるのとでは、長期的に見て結果は違ってくる。究極的には「株式とは何か」「市場とは何か」を自分のスタンスで突き詰めるしかない。

この本には「儲かる！」「最強！」「革命！」「今すぐ！」といった「！」つきの言葉

はまったく出てこない。投資に挑もうという人の傍らで、「投資というのは考えてみると、こういうことなんじゃないかな」「市場というのはこのようにとらえることができるのではないかな」という著者なりのロジックや哲学を静かに語っている。飛び道具、必殺技はいっさい出てこない。僕のような門外漢にも、素直に腑に落ちる話ばかりだ。

こちらがブレなければ相手が勝手にブレてくれる

本書の白眉は最後の章、「投資とは不確実性を相手にするゲーム」にある一節だ。僕がいちばん感銘を受けたのは、「自分はブレず、当たり前のことをきちんとやっていけばいい」というくだり。

投資においては常識の背後にあるロジックをきちんと理解して、現実主義に徹することがもっとも大事だと著者は繰り返し強調する。そう言うと、「こんな普通のことをやっていていいのか」とか、「ひとと違うことをやらないと儲からない」のではないかという反論が出てくる。でもそれでいい。堅実で常識的なスタンスで投資をしていれば、そのうちに相場のほうが勝手にブレるからである。つまり、逆張りは狙ってやるものではない。自分の原理原則に忠実に行動していれば、期せずして「逆張り」になる。戦略の要諦をついた、まことにシビれる話である。

地に足をつけて、謙虚に、現実的に市場とつきあう。大負けすることを避けながら投資というゲームに参加し続ける。それを続けていけば、相場が勝手にブレる。結果的に独自のポジションがとれるようになる。これが、著者の考える「長期投資」だ。

商売にしても同じことだ。当たり前のことを普通に、しつこくやり続けているということが大切。無理に裏をかいたりしても、「策士策に溺れ」てしまう。戦略の本質は違いをつくることにある。しかし、それは奇を衒《てら》うということではない。

「株式投資なんかで夢は見るな。夢は仕事で追え」と広木氏は釘を刺す。株で何億儲けた、資産を何倍にしたといった一攫千金の話は聞き流せ。ゆめゆめ投資で夢を見てはいけない。株で儲けたら豪邸を建てるとか、海外移住をするという妄想はハナから持たないほうがよい。なぜか。そんなことは実際にはほとんど起きないからである。株式投資で夢を見るのは、交通事故で死ぬのを心配して外に出ないというのに等しい。

身も蓋もない話である。しかし、みんなが身も蓋もないことに蓋をして、見て見ぬふりをしているのが株式投資の世界。そのなかにあって著者は、あっさりと蓋をとり、身の中にある実をつかみ出し、核心部分を手にとって見せてくれる。まわりが全員背脂ギラギラの濃厚とんこつチャーシューメン（煮卵追加）をがっついているなかで、一人淡々とせいろそばを食べているかのような別境地。しかし、このせいろそばにはキレがある。つゆのダシにもコクがある。味わい深い一冊である。

第11章　並列から直列へ

『レコーディング・ダイエット　決定版』岡田斗司夫著――文春文庫（二〇一〇年）

前章に引き続き、一見「指南書」の体裁をとっている本を取り上げる。前章でも話したことだが、「指南書」というのは定義からして特定の興味や関心を持った人に向けて書かれている。その関心領域から外れた人が読んでも面白くもなんともない。

僕は音楽を演奏するのもスキなのだが、聴くのもスキであり、音源だけでなく音響装置（いわゆる「オーディオ」）にもわりと関心がある。この方面はとりわけマニア濃度が高く、『ステレオサウンド』というマニア誌を見ると、興味がない人にはほんとうにもうどうでもいいことが延々と真剣に論じられている。これがバカバカしくも面白い。というか、普通の人からすれば、ほとんどビョーキ。二本で六〇〇万円のスピーカーや一台で三〇〇万円するアンプなどは序の口だ。一〇〇〇万円近くするアンプの試聴記事で「これは素晴らしくいい音がする」とか書いてある。当たり前だ（この辺の常識から逸脱しまくりやがったところにツッコミを入れつつ読むのがこの手の本の醍醐味）。

戦略ストーリーに「飛び道具」なし

岡田斗司夫《おかだとしお》氏の『レコーディング・ダイエット　決定版』。ダイエットに興味があるかと言われたら、ゴルフよりはあるけれども音楽よりはない、という微妙なところに僕はいる。身長一八二センチ、体重七七キロというギリギリ標準体型ではあるが（←嘘。実は八〇キロで、軽いデブ）、なにぶんハゲなので、デブ&ハゲのナチュラル・バイブレーションだけは避けたいと祈念している。その意味で「本気でダイエットするところまではいっていないけれども、関心はわりとある」というのが僕のポジションだ。

ということで、何の気なしに読んでみた。で、よどみなく衝撃を受けた。そこで語られているのはきわめて洗練された「戦略ストーリー」であり、全編これ戦略づくりのお手本ともいえる内容になっているのである。

本書が優れた戦略ストーリーのお手本になっている、とはどういうことか。小学校の理科の時間に、乾電池の直列と並列ということを習ったのを覚えているだろうか。世の中にあふれているダイエット本のほとんどは「並列」になっている。これは大切、あれも大切、これはやるべき、あれはダメ……というように、箇条書きのリストが延々とつづく。

さらに質の悪いダイエット本になると、箇条書きどころか「飛び道具」「必殺技」の一発モノになる。「この器具をつけて寝ているだけで……」とか「これを飲むだけで……」という類の話だ。成果が出ないのはいうまでもない。

どこを探しても、一撃でダイエットが実現できるような飛び道具はない。これだけ多くの人が依然としてダイエットに関心を持っているということそれ自体が、その種の飛び道具が存在しないということの何よりの証明である。そんなに虫のいい必殺技があれば、ダイエットを必要とする人はとっくの昔にいなくなっているはずだ。

優れた戦略ストーリーはさまざまな要素が「直列」でつながっていなくてはならない。直列だからこそ豆電球の光が強くなるのである。著者の提唱するレコーディング・ダイエットは、徹底して直列のストーリーになっている。やるべきことが箇条書きで並列されるのではなく、時間の流れの中でしっかりとつながっている。だから、実際の効果の点でも画期的なダイエット本として多くの支持を集めている。ダイエットを必要としない人でも、読んでいるだけで面白い。

目から鱗のコンセプト

「レコーディング・ダイエット」が戦略ストーリーとして秀逸なゆえんを、いくつかのキーポイントに注目してみていこう。第一に、コンセプトがいい。戦略ストーリーのコンセプトとは、「ようするにあなたの戦略を一言で言うと？」という問いに対する答えである。その戦略ストーリーの本質を一言で凝縮して表現する言葉、それがコンセプトだ。

レコーディング・ダイエットのコンセプトは「太る努力をやめる」、この一言に尽きる。単純にして明快、しかも独創的。秀逸至極なコンセプトである。

なぜ単純明快なのか。このコンセプトが「何ではないか」がはっきりしているからである。「太る努力をやめる」ということは「痩せる努力をするのではない」ということだ。言葉の上では当たり前に聞こえるが、「痩せる努力をする」から「太る努力をしない」への転換、ここにレコーディング・ダイエットの独創性がある。これまで人々がいいと思って目指していた方向を所与として、そのさらに先に行きましょうという話ではない。そもそも拠って立つ次元が異なる。文字どおりの新機軸であり、言葉の正確な意味でのイノベーションであるといえる。

岡田氏に言わせれば、現代人というのは、毎日毎日しゃにむに太る努力をしているようなものである。自分の過去を岡田氏は総括する。彼は大いに太っていたが、「痩せられないダメなデブ」ではなかった。むしろ「太る努力を惜しまない、根気も実行力もあるデブ」だったのである。「日々の太る努力をやめれば、自然と痩せる」というのが彼の戦略のコンセプトであり、このコンセプトに忠実にストーリーが組み立てられている。

レコーディング・ダイエットは、どの側面をみても必ずこのコンセプトとつながっている。だからストーリーとしての一貫性が高いレベルで維持されている。たとえば「食べたものを記録する」というレコーディング・ダイエットの中核となる行為。これにしても、最大の目的は摂取カロリーの抑制にあるわけではない。食べ過ぎを反省するためのものでもない。あくまでも、大して好きでもないのに食べているという「太る努力」を自覚し、その努力をやめるための手段なのである。

このコンセプトは人間の本性を的確にとらえているという意味でも秀逸である。戦略の実行に向けて人々の気持ちに火をつける力がある。ダイエットを「痩せる努力をする」ことだと考えると、体重が減らないと自分を責めてしまう。しかし、太っているのは「努力の結果」と再定義すれば、無理な努力をやめればいいのだから、やたらとポジティブな話になる。

理想に走り、無理難題を掲げ、「がんばろう！」というようなコンセプトでは人々は動かない。「太る努力をやめる」は、どこにも威勢のいい言葉が入っていないあっさりとしたコンセプトに聞こえるが、岡田氏の経験や試行錯誤に裏打ちされた、実に奥深い思想の凝縮である。このコンセプトがなければ、レコーディング・ダイエットは存在しえなかった。逆にいえば、この秀逸なコンセプトをものにした時点で、戦略ストーリーの半分はできたも同然だっただろう。

物事の順番にこだわる

第二に、何をやるかよりも、それをやるタイミングと順番、そしてその背後にある論理にこだわっているのがいい。物事が起きる順番にこだわる。前にも述べたように、これがストーリーという戦略思考の肝である。戦略ストーリーの本領は時間展開にある。

岡田氏はレコーディング・ダイエットを、飛行機になぞらえて、次の八段階に分けている。助走、離陸、上昇、巡航、再加速、軌道到達、月面着陸、月面リゾートでの生活（こうなるともう飛行機を超えているが）。助走の期間では、ガマンは禁物だ。むしろ、瘦せよう、食べるものを減らそうなどとは思わずに、「ダイエットしたくなるのをガマンする」くらいでちょうどいい、精神的にきついことは一切するなというわけだ。

岡田氏の場合、実際に書き出してみると、自分は深夜、ひどいときには一〇分おきに何かを口にしていたという。さすがにこれには岡田氏も愕然とする。いかに「太るための努力」を続けてきたかという話である。

このことを意識するだけで生活のパターンが少しずつ変わっていった。食べたものを記録してみると、ほかに何もしなくても五カ月で一〇キロ瘦せた。摂取するカロリーを制限するよりも、無意識のうちに太る行動を避けるようになること、これが助走フェーズではもっとも大切になる。ただ、これをダイエットの終盤でやると致命的だ。戦略ストーリーが時間展開であり、それは順列の問題だというのは、そういうことである。

助走を経て、離陸という第二段階になると、食べたもののカロリーを実際に計算し、体重と体脂肪を毎日計らなければならない。そして、どうやれば総カロリー数を減らせるかを想像する。しかしこのフェーズではまだガマンは禁物である。物事の順番として、まずは何キロカロリーとっているかを「知る」ことが大事なのだ。その先の上昇期に入って初めて「一日の摂取カロリーを年齢・性別にあわせて決め、それを守る」というダイエットらしい項目が登場する。ところが、ここでも岡田氏は「ダイエットは意志力ではない」ことを改めて読者にリマインドする。意志があれば痩せられるという話じゃない。仮にそうなら、最初から太ってはいないのである。だから意志ではなくて、知恵で乗り切るのだと諭す。痩せる努力をするのではなく、太る努力をやめる。このコンセプトがストーリーのあらゆるフェーズに一貫して流れている。

たとえば、「無理な運動はしないこと」。この段階で欲張りすぎて二兎を追うのは絶対禁物、好きでやるなら勝手にやればいいが、食べた分だけ運動しなくてはと考えてはいけない。「痩せるための努力」として運動すると、お腹が余計に空くし、今日はこれだけ運動したからとつい食べ過ぎてしまう。ストーリーの文脈に置いてみれば、この段階での運動はコンセプトからの逸脱を招き、ストーリーの一貫性をむしろ壊してしまう。ここでのターゲットは何よりも総摂取カロリーの抑制にある。食べ過ぎたと思ったら、急いで痩せるための運動をするよりも「今以上太らない」ように、数日間食事を抑えたほうがいい。

ことほど左様に、レコーディング・ダイエットは、何をどういう順番で手をつけるべきか、そしてそれはなぜなのか、構成する要素をつなぐ因果論理が実行している本人にとって手に取るようにわかるように組み立てられている。きわめてロジカルなのである。

人間は時間の流れからは逃れられない。時間展開についての洞察が深いほど、戦略ストーリーを実行する人間に対する洞察もまた豊かになる。レコーディング・ダイエットは人間の本性をとらえたストーリーになっているので、実行しているうちに「好循環」のスパイラルに乗ることができる。行動の変化（記録する）→心理的変化（メモをとるのが面倒）→行動の変化（むやみに食べない）→物理的変化（痩せる）→心理的変化（楽しくなる）→行動の変化（工夫する）→物理的変化（痩せる）→心理的変化（もっと楽しくなる）……という螺旋《らせん》的発展をしながら「ごく普通に生活をしながら、太ることもなく体重を維持できる」というゴールに到達する。戦略ストーリーと実行する人の中で起きるプロセスとがシンクロしているところが素晴らしい。

第三に、このダイエット法が素晴らしいのは、これまでの話でもわかるように、飛び道具にまったく依存していないところだ。カロリーを抑える夢のような食品や薬品、お腹をへこませる強力なマシンといった類のものは一切必要ない。紙と鉛筆と体重計だけあればできるようになっている。優れた戦略ストーリーは決して必殺技に頼らない。

ものすごくお腹がいっぱいになって、体にもよくて、栄養バランスも申し分なく、でも太らない、といった画期的なダイエット食品を前面に押し出す類のダイエット法にしばしばお目にかかる。こうしたダイエット法には、最初から戦略ストーリーが欠如している。効果も疑わしいと考えてよい。ストーリーがないから必殺技に依存してしまうのだ。どこにも飛び道具はない（あったとしても、とてつもなくコストがかかるか、健康を害してしまうというようにほかの要素にしわ寄せがかかって元も子もなくなる）、だから一見なんでもないような打ち手を時間的な文脈に置いてつなげていく。その配列の因果論理で勝負するというのが優れた戦略ストーリーに共通の特徴である。

因果論理を強く太くするために必須となるのが具体的な物事の背後にある本質を抽象化してつかむという思考である。飛び道具が出てこない代わりに、本書では要所要所で抽象化された説明が頻繁に出てくる。たとえば、「食欲には、頭と身体の二通りがある」という二分法。「美味しそうだから食べたくなる」という〝欲望〟が頭の食欲で、「身体が必要としているから食べたくなる」という〝欲求〟が身体の食欲、という区別である。

岡田氏によれば、レコーディング・ダイエットの折り返し地点（再加速期）においては、「欲望型人間として生きていた自分を、欲求型人間に近づけること」がカギとなる。具体的な話をする前に、まずはそれが立脚している論理を抽象レベルではっきりさせる。その上で、欲望を欲求に変えるためには、寒い、暖かい、気持ちいい、といった身体の欲する欲求のサインをよく聞きなさい、そのためにはこうしたらよい……という具体に立ち戻る。岡田氏の戦略ストーリーはこうした抽象と具体の往復運動の産物である。

要素に目が向くと失敗する

企業経営や競争戦略に対するインプリケーションという意味で、僕にとってもっとも興味深かったのは、岡田氏がこの本を書いた動機である。ご存知のように、この本に先行して出版された『いつまでもデブと思うなよ』は、ダイエット本業界空前のベストセラーとなった。テレビや雑誌でもバンバン取り上げられた。

ところが、ベストセラーとなったことの弊害もあったという。本来の戦略ストーリーの時間展開がバラバラにされ、断片的に紹介されてしまった。ストーリーの文脈から引き剥がされて、「レコーディング・ダイエット」という言葉が一人歩きし始めたのである。

「ようするに一日一五〇〇キロカロリーってことか」といきなりカロリー制限を始める人。「食べたものを書くだけで痩せる」と信じて何日分かまとめて書く人。「食べたものを忘れないようにすればいいのか」と食事を写メで撮る人。ひたすら運動に力を入れる人。「カロリーが高いものはダメだから」と好きなものをガマンする人。その挙句に挫折する人。こうしたことは本来のレコーディング・ダイエットとはまったく無関係どころか、かえってやってはいけないことばかりである。

これは岡田氏にとって由々しき事態であった。勝手に誤解して、勝手に挫折して、「やっぱレコーディング・ダイエット、ダメじゃん」となる。この言葉を商標登録までしている岡田氏は、正しい理解を普及させることが使命と考え、本書『レコーディング・ダイエット　決定版』を書くに至った。

誤解をとりわけ加速したのがテレビや雑誌、ブログなどの大小さまざまなメディアであった。こうしたメディアではワンフレーズで伝わるようなごく短い話が好まれる。本来は流れをもつストーリーとして構想された戦略であっても、目につく構成要素のつまみ食いで消費されてしまう。

レコーディング・ダイエットでは「無理な運動はしないこと」とされているのだが、それはすでに見たように、下手に運動をすると食べ過ぎるからであり、短期間で相当の体重を落としているさなかに運動をすると体に負担がかかりすぎるからである。ある程度体重が落ちて自然に動きたくなる欲求が出てきたら運動すべし、という展開になるのだが、テレビで紹介するときには「運動はしなくてもいい」の部分だけが強調されてしまう。

雑誌のダイエット特集では、「カロリーも大切だけど、栄養のバランスも大切。もちろん運動も！」といった、幕の内弁当のような話になる。これでは練りに練られたせっかくの戦略ストーリーが、凡百のダイエット法と同じ「静止画の並列」になってしまう。

これだけのダイエット本が出され、数え切れないくらいのダイエット法が編み出されてきたにもかかわらず、痩せられない人はなぜ相変わらず痩せられないのか。最強のダイエット食品や究極の運動器具を手に入れられないからではない。必要な要素はすでに出揃っている。やるべきことは当たり前のことばかりでよい。それらをしっかりとした因果論理でつなげ、時間展開へと配列するストーリーがないからうまくいかないのである。ストーリーがないと、新しい飛び道具や必殺技を試しては挫折し、次に行くという愚行に終始する。

こうした成り行きは企業の戦略の失敗や挫折とまさしく相似形にある。こうすれば成功するという「ベストプラクティス」や最新の「経営手法」は次から次へと提案される。メディアを見れば「将来予測」や「成功事例」が満載だ。新しい経営手法に飛びついて会社をぐちゃぐちゃにしてしまう経営者は、新しいダイエット法に飛びついては挫折する人と似ている。

ダイエットをしようという人は「わかった」と早く言いすぎる、というのが岡田氏の見解だ。経営や戦略もそれと同じである。戦略を一貫したストーリーとして打ち出せない経営者は、往々にして「わかった」と言うのが早すぎる。本当に効果のある戦略は、一分で片づくような「短い話」ではありえない。

岡田氏の本にしても、いくつかの章を拾い読みするだけでは意味はない。じっくりと全編を読み、ストーリーを丸ごと理解しないと効果は期待できない。優れた戦略は、ワンフレーズでは表現できない「長い話」なのである。

ただし、である。いうまでもなくダイエットとビジネスは異なる。一つの決定的な違いは、ダイエットではオーナーシップが初めから明確なところである。主体は自分であり、対象は自分の体。始めから終わりまで一〇〇%自分ごととして取り組める。ところが、現実の商売は組織の総力戦を必要とする。多くの人が実行にかかわる。しかも、ダイエットと違って、自分自身で閉じた活動ではない。競争相手や顧客といった、直接的にはコントロールがきかない相手がある話である。

個人が明確な目的意識を持ってやるダイエットですら、当たり前のことを当たり前にできないのが人間だ。だからレコーディング・ダイエットのような精緻な戦略ストーリーが必要になる。それでも、「ああ、メモしただけで痩せるってやつでしょ」とか「一日一五〇〇キロカロリーに抑えるんだよね」というように、せっかくのストーリーが静止画の並列になりがちなのである。これがビジネスとなると、推して知るべし。経営者が戦略を流れのあるストーリーとして構想し、しつこく語り、組織に浸透させ、全員で共有する努力がダイエットの何倍も求められる。

「ソーシャル！」とか「グローバル！」とか「クラウド！」（これはもはや旬を過ぎた？）とか、ワンフレーズのかけ声を戦略と勘違いしている人が少なくない。そういう人は、まずはレコーディング・ダイエットをそれが意図するストーリーに忠実に実行して成果を出し、戦略における時間展開の大切さを身をもって実感してみることをおすすめする。

第12章　俺の目を見ろ、何にも言うな

『プロフェッショナルマネジャー』ハロルド・ジェニーン、アルヴィン・モスコー著
――プレジデント社（二〇〇四年）【原著初版一九八四年】

かれこれ四半世紀以上前の本である。本書の著者、ハロルド・ジェニーンはすでに故人、本書執筆当時に彼が経営していた巨大コングロマリット、ＩＴＴもすでに存在しない。しかし、「経営」という経営者の仕事の本質は変わらない。内容はまったく古びていない。率直かつ苛烈なメッセージ。プロの経営者の肉声がビンビン伝わってくる。経営者を志す人は絶対に読むことをおすすめする。この本を読めば、自分が経営という仕事に向いているかどうか、経営者を目指していいものかどうか、たちどころにわかるだろう。

「セオリー・俺」

のっけに出てくる「セオリーG」という話がいきなりビリビリくる。ようするに「セ

オリーなんかじゃ経営できない」という話である。経営はやったことがない（今後もやる予定はまったくなし）が、経営について利いたふうな口をたたいている僕のような口舌の徒（世の中の超間接業務従事者、ありていにいってゴクツブシ）にはシビれる話だ。

セオリーGのGは、ジェニーンのG。つまり「セオリー・俺」である。ご存知の方も多いと思うが、これにはちょっとした背景がある。前世紀の半ばにダグラス・マグレガーという経営学者がいた。彼が提唱した「セオリーX・セオリーY」は一世を風靡した。簡単にいえば、前者は「人は本来サボりたい生き物である」という性悪説の経営で、後者は「人は本来すすんで仕事したい生き物である」という性善説の経営。経営の前提となる人間観の違いである。

XとY、どちらの前提に依拠するかによって、あるべき経営はまるで変わってくる。二〇世紀前半までのセオリーXの前提は過去のもので、これからはセオリーYの立場に立った経営が求められる、というのが当時のマクレガーの主張だった。

ところが、しばらくたつと、これにかぶせるかたちで「セオリーZ」というのが出てきた。ウィリアム・オオウチ（日系三世のアメリカの経営学者）が書いた『セオリーZ』は、一九七〇年代の日本的経営ブームの流れと重なってベストセラーとなった。今の中国のように、当時の日本経済は青春真っただ中の高度成長期。自動車、カメラ、テレビなどが怒濤のようにアメリカに輸出された。それまでは低コスト・低価格の象徴だった「メイド・イン・ジャパン」が、その優れた品質を武器に、「ハイテク分野」でも米国市場を席巻した。元気いっぱい、伸び盛りの日本企業からの挑戦を受けて、米国企業はタジタジとなる。

アメリカから見た日本企業のマネジメントの「不思議な特徴」は、いつの間にか「日本的経営」として注目されることとなった。チームワークを支える和の精神、所属する企業への従業員のコミットメントと一体感、毎日朝礼で社歌を歌う、職場全員で旅行、秋には家族も一緒に運動会。会社は「家」であり、組織は「家族」。

今から考えれば、日本企業が当時の文化的、時代的文脈の中でやっていたことが、普遍的に有効な経営モデルとして安易に強調されすぎているように思う。しかし、当時の日本企業（とくに製造業）の勢いを考えれば、セオリーZにはそれなりの説得力があった。

余談開始。今の時点で青春真っ盛りの中国企業はどうか。中国という国に固有の条件や特徴についてはありとあらゆる話が飛び交っているが、「中国的経営に学べ」という議論はあまりない。「サムスン式経営に学べ」という話はあっても、「韓国式経営」という言葉はあまり聞かない。韓国人の経営学者で、今はシンガポール国立大学で教えている友人のセジン・チャンさんは、「「韓国的経営」なんていうものはそもそもないし、シンガポールでも「シンガポール的経営」という言葉を聞いたことはない。「日本的経営は是か非か」とか「日本企業のものづくりは大丈夫か」とか、日本という国を単位にこれほど活発に経営が議論されている国は日本だけではないか」と言っていた。ことほど左様に、「日本」というのは、その中にいる日本人にとってはわりと濃い文脈を持つ国だといえる。考えてみれば興味深い傾向だ。この傾向にはイイところとわりとヨクナイところがあると思うのだが、話が長くなるのでこの辺で。余談終わり。

いくつかの「セオリー」を振り返って、著者のジェニーンは吐き捨てるように言う。「趣味や服装の流行のように、つぎつぎに現れては消えていく「最新の経営理論」を当てにしていては、経営なんかできるわけがない。どんな理論も複雑な問題を一挙に解決してくれるということはありえない」。ジェニーンが皮肉たっぷりに掲げるセオリーGである。

現実に経営者が直面する問題は、単に複雑なだけではない。それぞれの会社の文脈に大きく影響を受けるものであり、しかも前例のない一回性のものである。そもそも、そんなものを単純な公式で解けるわけがない。だとしたら、「経営理論」なるものを生業とする経営学者とは、何をする人なのだろうか。ジェニーンの本は経営者と経営者を志す人に向けて書かれているが、僕にとっては経営学者の仕事とは何なのかをよくよく考えさせてくれる本でもあった。

ジェニーンさんは一九九七年にお亡くなりになっているので、現世ではかなわないことなのだが、拙著『ストーリーとしての競争戦略』は、彼に読んでもらったと仮定して、「学者の戯言《たわごと》には変わりないが、ま、これならある意味アリかな？」と言ってもらえるような本を書きたいというスタンスで書いた本である。来世で機会があったら感想を聞いてみたいという気もするが、「このクソ忙しいのに、何が悲しくてテメエの長々とした世迷言《よまいごと》につきあわなきゃいけないんだ？　おととい来やがれ！」と一蹴されることは間違いなさそうだ。

地に足がついたリアリスト

話を戻す。ジェニーンがこの本を書いていたころは、「セオリーZ」に象徴されるような、日本的な経営が大流行りだった。大企業は、家族主義的な経営、終身雇用、バランスのとれた経営者の教育、労使協調などを通じて、従業員に国や家族に対するのと同様の忠誠心を会社に対して持たせる。こうした精神的インフラがあるから、不断の品質改善が進む。みんなせっせと働く。

これに対して、その頃のアメリカは「セオリーZ」の正反対とされていた。短期雇用が基本で、職業の専門化が進み、個人的な忠誠が優先して、会社への忠誠心が犠牲になっている。こんな対比がまことしやかに論じられたものだった。

こうした当時の論調に対するジェニーンのリアクションは実にスカッとしている。「思いやりのあるバラ色の日本の職場と、寒々としてストレスに満ちたアメリカの職場」という対比は単純すぎる。仮にそのとおりだったとしても、アメリカには個人の自由と機会の平等の伝統がある。これを温情主義や謙譲、無私といった日本に固有の価値と本当に交換したいと思うアメリカ人がどれだけいるだろうか。

確かに日本には優れた点が多々ある。だから日本は産業の発展と繁栄を成し遂げた。しかし、日本人の価値観は何世紀にもわたって培われた文化的文脈の中で、ほかにはありようのない発展の仕方で形成されたものだ。アメリカの価値観もまたしかり。自己の能力に応じて学び、成長し、稼ぐ自由こそがアメリカを支えてきた価値観であり、それのどこがいけないのか、とジェニーンは言い切る。

一〇〇％賛成だ。これは「社会の持ち味」の問題である（これについては『日本の半導体四〇年』を取り上げた第4章でも強調した）。マネジメントの手法やツールは選べる。しかし、持ち味は選べない。その時点で目を引く「ベストプラクティス」にとかく注目しがちだが、本当の経営者はどうやっても変えられない「持ち味」のほうを重視する。

一方の日本の成り行きも似たり寄ったりだ。一九九〇年代になると、「セオリーZ」はどこへやら、バブルがはじけて日本的経営はもうダメだ、お先真っ暗だ、それに比べてアメリカの経営はなんと進化していることかという論調が幅を利かせた。実際に、アメリカの真似をして「経営革新」をした企業もあとをたたなかった。それでどうなったか。セオリーGでジェニーンが指摘していることを裏返せば、そのまま近年の日本の経営の迷走ぶりを反省するいい材料になる。

ジェニーンはさらにシビれる話を続ける。セオリーZだの日本的経営だのいっても、それはアメリカから日本へ出掛けていった観察者たちが、グループ討論とか、社歌の合唱とか、工場の笑顔といった表層的なものを見て、「オーマイガッ！　これこそ日本的経営の秘密だ！」などと興奮しているだけなのではないか。実務の意思決定の部分では、日本もアメリカも同じ企業経営、さして違わないはずだ。品質管理、生産計画、市場調査、財務管理といった部分で、日米の実務家がやることはほとんど変わらないはずだ、というのがジェニーンの醒めた見解である。

非常に客観的でロジカルかつリアルで素直なものの見方をする人だということがよくわかる。流行のセオリーに惑わされることなく、本質を視よというシンプルなメッセージに僕は大いに感動をおぼえた。

ジェニーンという人は、絶対にフワフワしたことを言わない。地に足がつきまくっている超リアリストである。英語でいう「ハンズオン」、現場主義、実務主義の人である。表面的なキレイごとに振り回されず、自分のアタマで一〇〇％納得できることしか話さない。

何かにつけて「求む！　社内起業家」とか「大企業にも起業家精神を！」といった言葉を口にする経営者は多い。しかし、ＩＴＴのような大企業の経営には起業家精神は必要ない、とジェニーンは断言している。この辺がジェニーンの真骨頂である。

大きなリスクを取って一発当てる仕事と、何十万、何百万ドルという資産を委託されて、公開された大企業を動かしていく仕事とは、その性格や求められる資質、能力が根本的に異なる。大会社の経営者であれば、何か一つの試みに会社を賭けたりすることはできない。起業家精神は、大きな公開会社の哲学とは相反している、というのがジェニーンの考えだ。起業家は革新的で、独立独歩で、大きな報酬のために、常識的な限界以上のリスクを進んで冒す。一方で、大企業の経営者は、比較的小さな報酬のために、漸進的な、比較的小さなリスクを冒すことしか許されない。大企業の経営者は過ちを起こさないことが大切であり、そこに評価がかかっているというわけである。

ジェニーンが退任してから、ITT内で「創造的マネジメントに対するハロルド・S・ジェニーン賞」という制度が設けられた。社員三〇万人のうち、創造的な働きをした人を五、六人表彰して賞金を出すというものだった。

ここでもジェニーンは受賞者について「創造的ではあるが、企業家的と呼ぶのは至当でない」と念押ししている。なぜこれほど優秀な人たちが、何もかも独力でやって、利益を一人占めにしようとせず、会社のために富を創造することができたのか、という問いを立てたうえで、ジェニーンは、それは何よりもパーソナリティの問題だと答えている。ほとんどの会社員は、会社が与えてくれる挑戦と報酬に満足している。必要とあらば残業もするだろう。しかし、過大なリスクをものともせず、独力で事業を起こして成功したりすることには、そもそも多くの人はあまり関心がないというのである。

「起業家精神が大切だ！」とか「シリコンバレーに学べ！」というような浮ついたことをジェニーンは決して口にしない。それどころか、ITTのマネジャーには、起業家精神に溢れた人は必要ないとまで言っている。この欺瞞のなさ。率直さ。ジジイのこういうところに僕はシビれる。

人間に対する深い洞察

こういう話をすると、まるで機械みたいに成果を追求する経営がジェニーン流なのか、と早合点するかもしれない。しかし、実際はその真逆である。この人の話がきわめて説得的なのは、冷徹な経営哲学の根本に、人間に対する深い洞察があるからだ。ジェニーンの経営哲学はセオリーYやZ以上に「人間主義」といってよい。

彼は「すべての良い企業経営の最も重要かつ本質的な要素は情緒的態度である」と断言する。経営の「理論」は社会「科学」の産物である。社会科学は自然科学のアナロジーで動いている世界。だから、とかく人間という変数を軽視しがちである。その最たるものが第二次世界大戦後にもてはやされた「時間動作研究」だ。これは、工場での流れ作業や、オフィスでの事務仕事に含まれる動作と手順を計測・分析して能率向上のための作業標準をつくるための研究である。

ジェニーンは、これを「科学まがいの大騒ぎ」で「無意味の一言」と切って捨てる。その手の「似非科学的」な手法は、低いレベルの反復的な作業にしか適用できない。そんな「科学」はなくても、職長や監督が有能な人間であれば、それぞれの仕事の現場で能率を上げさせることなどいくらでもできる、というのが彼の主張だ。

ジェニーンの人間主義をうかがわせるもう一つのエピソードが、PPM（プロダクト・ポートフォリオ・マネジメント）に対する彼の反論だ。今でこそ古典的な経営分析手法だが、PPMは当時としては「最先端の経営理論」だった。ご存知の方も多いと思うが、かいつまんで言うと、その事業の市場成長率と自社のシェアを軸に、自社が保有する複数の事業を「スター」（花形）、「キャッシュ・カウ」（金のなる木）、「クエスチョンマーク」（問題児）、「ドッグ」（負け犬）に分類し、会社全体の資源配分を最適化していくという手法である。

ジェニーンは、こんなものにはとてもついていけないと、なかば呆れて書いている。「そんな方式はうまく行くはずがないばかりでなく、われわれが二〇年間ITTで築いてきたもの――合意された一連の目標にむかって全速力で前進する、全体がひとつのチームとなった経営への信頼――を台なしにしてしまうだろう」。

たとえば、成熟した市場で高いシェアを持つ事業はキャッシュ・カウと位置づけられる。そういうレッテルを貼られた事業部で、自分たちが上げる利益をよそに持っていかれるのを見ながら働いている従業員が面白いわけがない。ドッグ（負け犬）がドッグになったのも、経営者の失敗の結果だ。それを低成長・低利益とみるや見切って売れというのは、経営責任の放棄に他ならない。なぜその事業が負け犬なのかを突き止めて、犬は犬でも優秀なグレイハウンドに仕立てる努力をするのが経営だ、とジェニーンは言う。

こういう人間中心の考え方こそが、ジェニーンの経営の根幹にある。彼はITTを当時としては世界最大のコングロマリットに育て上げた。しかし、着任したときのＩＴＴについての知識はゼロ「以下」だったと告白している。つまり、それまで自分が外にいてＩＴＴについて読んだり聞いたりしていたことは、間違いだらけであったというわけだ。組織図を見ただけで会社なんてわかるものではない。生きた人間の日常的な相互作用がＩＴＴという会社の正体であって、その八〇％まではマネジメントの顔を突き合わせての会議によって生じたものだった、としみじみ振り返っている。

組織の枠組みよりも、そこで働いている人たちの気持ちが会社を動かす。情熱こそが事業の推進力となる。考えてみれば当たり前のことだが、この本のメッセージは古臭くなるどころか、書かれた当時よりもむしろ今日的な示唆に富んでいるといえる。ジェニーンが経営をしていた当時と比べて、現代は情報技術も飛躍的に発達し、仕事のほとんどのやりとりをメールですませることが可能になり、電話会議もテレビ会議もやりたい放題。その結果、「人間こそが主役」というこの当たり前の真実が希薄になって、組織を機械的に動かせるかのような誤解がますます広まっている。

本書の巻末近くに、ジェニーンが「経営についての個人的な勧め」として自らの経験を通じて確信するに至った原理原則を簡潔にまとめている。柳井さんの『一勝九敗』を論じた第2章でも述べたように、原理原則とは経験を煎じ詰めたものなので、字面だけ読むと当たり前のことなのだが、これを読むだけでも、いかにジェニーンが「人間主体」の人であったかが感じ取れるだろう。

・物事がいつでもなされるやり方に自分の想像力をとじこめるのは大なる誤りである
・本来の自分でないもののふりをするな
・事実そのものと同じぐらい重要なのは、事実を伝える人間の信頼度である
・本当に重要なことはすべて、自分で発見しなくてはならない
・組織の中の良い連中はマネジャーから質問されるのを待ち受けている
・物事の核心を突く質問をされるのをいやがるのはインチキな人間にきまっている
・とりわけきわどい決定は、マネジャーが、そしてマネジャーのみがおこなわなくてはならない

経営は成果、実績がすべて

誤解のないようにお断りしておくが、僕はこの人が「いい人だった」とか言う気はさらさらない。はっきりいえば、お世辞も言い訳も一切通用しない、経営の裏も表も知り尽くした、とにかく「おっかないジジイ」である。人間主義の人である半面、仕事につ

いてはいたってドライでプラグマティック。彼にとって、経営とは成果以外の何物でもない。経営論とはつきつめれば三行で終わると喝破している。

本を読む時は、はじめから終りへと読む。
ビジネスの経営はそれとは逆だ。
終りからはじめて、そこへ到達するためにできる限りのことをするのだ。

本書の最終章は、「やろう!」と題されたわずか一ページ足らずの文章。ジェニーンの話はこんな言葉で締めくくられている。

言葉は言葉、説明は説明、約束は約束……なにもとりたてていうべきことはない。だが、実績は実在であり、実績のみが実在である。——これがビジネスの不易の大原則だと私は思う。実績のみが、きみの自信、能力、そして勇気の最良の尺度だ。実績のみが、きみ自身として成長する自由をきみに与えてくれる。おぼえておきたまえ。——実績こそきみの実在だ。ほかのことはどうでもいい。

本書の原題は、そのものずばりの *Managing* である。経営とはつまり、成果をもたらすことであり、マネジャーとは成果をたたき出す人間である。これがジェニーンのシンプルかつ不動の信念だ。

徹底して人間主義だからこそ、こういうことが言えるのだと思う。表面的な経営者は、測定だの分析だのに執心して、どんどん人間の要素を排除し、機械のようにあるインプットをすれば約束されたアウトプットがなされると考えてしまいがちだ。そのほうがなにか「上等な経営」をしている気になるし、なにより経営者にとって楽だからだ。

ジェニーンはその逆を行く。測定や分析では本質はつかめない。自らのセンスこそがものをいう。「ビジネスの世界では、だれもが二通りの通貨――金銭と経験――で報酬を支払われる。金はあとまわしにして、まず経験を取れ」という彼の言葉。これこそ彼の生き様そのものである。

本書の素晴らしいところの一つに、エピソードがとても豊かなことが挙げられる。本質的な原理原則であるほど、ともすると当たり前の話として受け流されてしまう。よほど文脈の部分を手抜きなく丁寧に説明しないことには人の心に響かない。これでもかというほどきっちり文脈を押さえたうえで諄々と問いかけ、語りかける記述のスタイルは、類書にはない迫力で五臓六腑に染み渡る。推測だが、ジェニーンは在籍中からITTのマネジャーや社員にこういうスタイルで言って聞かせていたのではないだろうか。いいかお前ら、そこに座ってよく聞け。経営ってものはな……というように。

そういう細やかなエピソードのなかでもとりわけ秀逸なのが「エグゼクティブの机」の話だ。きれいな机のエグゼクティブと、散らかっている机のエグゼクティブ、どちらが仕事ができるか。ジェニーンに言わせると、机の上がきれいに片づいているエグゼクティブはダメ。机の上がきれいなのは、やるべき仕事をやっていないから、というわけである。

「エグゼクティブとしてすることになっている仕事を本当にやっているなら、彼の机の上は散らかっているのが当然」とジェニーンは言う。「なぜなら、エグゼクティブの職業生活そのものが〝散らかった（雑然とした）〟ものだからである」。

ビジネスとは、前例のない、予想もできないことの連続であり、あらかじめ狙いを定めて取り組めるものではない。経営者の仕事は担当者のそれとは異なる。担当者であれば、自分の仕事の領分が決められている。これに対して、自分の仕事はここからここまで、と区切れないのが経営者の仕事。経営者に「担当業務」はない。必要とあらばあらゆることに突っ込んでいかなければならない。

ジェニーンはきっちり将来の計画を立てて、そのとおりに経営しようとするやり方を、軽蔑的な意味をこめて「狙撃方式」と呼んでいる。たとえば、こういう成り行きだ。これから何がいちばん重要になるか。それはエネルギー分野だ。だとしたら油井掘削事業が有望だろう。それをやっている会社のリストをつくって比較検討し、いちばんいいX社を買収しよう……。

ところが交渉に乗り出してみると、ほかの会社の戦略家たちも同じ理由からX社に狙いを定めている。外的な機会をひととおり調べるだけでは、みんなだいたい同じことを考えているのである。その結果、買収価格はどんどんどんどん吊り上げられる。よしんば買収できたとして、それを何年で回収できるのか。その間に石油不足という問題自体が片づいてしまったらどうなるのか。ようするに、経営というのは、誰にも等しく降りかかる機会をとらえて入り口を定めるだけではだめで、達成するべき成果、最終的な出口を見きわめて、そこから逆算して考えなくてはならないということだ。

ジェニーンは対照的な事例として、ハイスクール出のトラック運転手が築いた工作機械の会社の話をしている。この運転手は、会社をつくりあげていく試行錯誤のなかで、縁があったスクラップ集積場を安値で購入して多くの利益を上げた。このくず置き場が稼ぐ一ドルも、石油掘削会社が稼ぐ一ドルも、同じ一ドルである。ならば投資利益率の大きいのはどちらのほうか。これを考えるのが経営である。

ジェニーンに言わせれば、このトラック運転手は、たまたま訪れた機会を捉え、誰も目をつけていなかったビジネスに参入した。一方、きれいな机のエグゼクティブは、机上で最大の投資収益をもたらしそうな買収などの「ビッグ・イベント」にこだわるあまり、今そこにある潜在的な好機を見逃してしまう。ようするに、いついかなるときでも商売の本筋を自分の目と頭で見きわめる姿勢こそが大切で、その姿勢をキープしようと思えば机の上はおのずと散らかってしまうということだ。

俺の背中に書いてある

ジェニーンはたしかに厳しい人だが、自分にも大変に厳しい。その職業生活は徹底した自己献身に貫かれている。自らを犠牲にしてでも成果を出す。冒頭にも書いたが、経営者を目指す人は、絶対にこの本を読むべきだ。そして、彼のような仕事が自分にできるだろうかと自問してほしい。

まるで芸能人のようなスター経営者にスポットライトが当たる昨今、そうした「セレブ」をイメージして経営者を目指す輩が少なくない。地味な黒子型経営者のジェニーンはそうした手合いが憧れる経営者とは一八〇度異なる。しかし、今も昔も経営者というのは、ジェニーンが本書で強調しているように、「割に合わない」仕事だと考えたほうがよい。

ジェニーンは「傑出した結果を達成することに成功するマネジャーになるために、自分の人生のどれだけを捧げる気があるか?」を自らに問うべしと言う。「人生の多くの快適な面を放棄する決意と高邁《こうまい》な職業意識が自分にはあるだろうか?」と。

経営とは孤独で自己犠牲を伴う仕事である。しかし、それでも、それだからこそやりがいのある仕事だ、とジェニーンは言う。「もしもう一度人生をやり直すとしたら、違ったようにするか？　私はそうは思わない。今、自分の過去のすべてをかえりみる時、私は自分がビジネスの世界で過ごしたすべての歳月を楽しんだと断言できる」。

ハロルド・ジェニーンは、58四半期連続増益という偉業をなしとげた名経営者だ。にもかかわらず、この本には驚くほど「自慢話」の要素がない。虚飾がない。ひたすら地味である。無私といってもよい。将来の経営者に対して、経営者とはこういうものなんだとわかってもらいたいというピュアな気持ちが伝わってくる。

本書を読んでいると、ジェニーンの執務室で散らかった机を挟んでご本人に相対しているような気分にさせられる。「俺の目を見ろ、何にも言うな」とばかりに、ジェニーンはこちらを直視する。目力がすごい。彼は多くを語らない。ビシビシと本質だけを突いて話はおしまい。で、ジェニーンは次の仕事に向かって執務室をさっさと出てしまう。その後ろ姿を見るだけで、プロの経営者がどのようなものか、どうあるべきか、大切なことがすべてわかる。「俺の背中を見ろ、大切なことはそこに全部書いてある」というジェニーンの声が脳内で響く。

理論なんかで経営はできない。優れた経営にアメリカも日本もない。流行りもすたりもない。経営者の仕事というのは、誰かの成功事例や、学校で習った知識がそのまま役に立つような甘いものではない。人間への洞察がものをいう。国も時代も超えた本質をつかみ取ってほしいという一筋の思いだけでジェニーンはこの本を書いたに違いない。

僕は経営者の評伝や自伝、回想録を人よりずいぶん多く読んでいる方だと思うが、これほど無私な本にはお目にかかったことがない。自慢でもなく、記録でもなく、懐古でもなく、自分の経験を凝縮した経営の教科書としてこの本を書いている。自分の経験と思考を後世の経営者に役立ててほしい、よい経営をしてほしいという一念で書いている。怖いけれども偉いジジイである。

この本を読めばいい経営者になれるわけではない。当たり前である。しかし、自分がはたして経営者を目指していいかどうか、それだけの覚悟があるかどうかは、この本がいやというほどわからせてくれる。その意味で、本書は経営者にとって「最高の教科書」である。

僕はどうかといえば、自分は絶対に経営者にはなれない、向いていない、なろうと思わなくてよかった、と一読して痛感したのはいうまでもない。これからも口舌の徒としてユルユルと生きていこうという決意を固めた次第である。

第13章　過剰に強烈な経営者との脳内対話

『成功はゴミ箱の中に』レイ・クロック、ロバート・アンダーソン著 ──プレジデント社（二〇〇七年）【原著初版一九七七年】

前章の『プロフェッショナルマネジャー』とぜひペアで読んでいただきたい本があるので、本章ではそれを取り上げる。マクドナルドの創業者、レイ・クロックの自伝『成功はゴミ箱の中に』である。世界最大の外食企業、マクドナルドを創った経営者の自伝。掛け値なしに面白い。

コワいジジイとウザいジジイ

ジェニーンとクロックの自伝、いずれも経営と経営者の本質を生身の人間の直接経験（のみ）からとらえようとしているところは共通している。しかし、そのスタイルは大きく異なる。この好対照が面白い。

ジェニーンが無私で冷徹な必殺経営請負人、プロの大企業経営者だとすれば、クロックは典型的な創業経営者。ジェニーンも言っているように、公開大企業の舵取りをまかされたプロの経営者と、リスクをとって新しい事業を起こす創業経営者とはパーソナリティやモチベーションが違って当たり前。性格も、ジェニーンはわりと暗く、無駄口は一切叩かない人だと想像する。クロックはひたすら明るく饒舌だ。

僕の勝手な想像だが、クロックはマクドナルドの店でハンバーガーを食べながら三〇分だけ話を聞くぶんにはものすごく楽しい人だが、一緒に仕事するとうんざりすることもしばしばありそうだ。それでも、いなくなると妙に寂しいというのがクロック。逆にジェニーンは辛気臭くて一緒に仕事をするのはつらそうだけれど、深いところでじわじわとくる。目は口ほどにものを言い、男の背中が物語るというタイプだ。

クロックの本は、ビッグマックとマックフライポテト（もちろんLサイズ）を口いっぱい頰張りながら、「このとき俺はこう思ったんだよね。なんと！　そしたらさあ、これが驚きの……」などと自分の話（わりと自慢話が多い。というか、ありていに言って自慢話と武勇伝のオンパレード）を、相手の気分はお構いなしにわんわんとがなり立てているようなテイストに仕上がっている。

かなり脱線もする。中年過ぎの脂っこいおっさんの恋と冒険。ジェニーンが「コワいジジイ」だとしたら、クロックはどうしようもなく「ウザいジジイ」である。しかし、これがやたらと天真爛漫で、西海岸の青い空のようにスカッとしている。

僕にとってのいい本の基準の一つに、「著者と脳内で対話できる本」というのがあるのだが、この本は対話どころではない。

おそらく実際に横にいたら「もう勘弁してよ……」と言いたくなること請け合いの強烈なパーソナリティの経営者、それがレイ・クロックである。創業経営者として大成功する人というのは、タイプはいろいろあるにしても、多かれ少なかれ「過剰に強烈」なものだ。その典型を、もうやめてくれというぐらいお腹一杯味わえる一冊である。

この強烈な経営者の本質を八つの切り口から解読してみたい。

ハンズオンの人

今日のマクドナルドの前身は、ロサンゼルス郊外、サンバーナーディーノでマクドナルド兄弟が経営していたハンバーガーショップだった。レイ・クロックがこの店に興味を持ったのは、ほんの偶然だった。

当時のクロックは「マルチミキサー」という飲食店向けの機械のしがないセールスマンだった。このマルチミキサーという機械をマクドナルド兄弟の店で見て「同じものがほしい」と注文してくる客があとをたたなかった。調べてみるとこの店では、マルチミキサーを一店舗で八台も所有している。よっぽど繁盛しているらしい。いったい彼らはどういう店をやっているのか。それを確かめるためにレイ・クロックはすぐさま現地に赴いた。このひょんなことからの訪問が世界のマクドナルド誕生のきっかけとなる。

現地に着いてからクロックがとった行動が面白い。マクドナルド兄弟の店は一一時開店だった。クロックは車をとばして一〇時頃には到着し、しばらく店の外観を観察する。とりたてて目立った特徴はない。開店時間が近づいてくると、車を降りて、スタッフの働く姿を観察する。全員、パリッと糊のきいた白いシャツとズボンに、紙製の帽子をかぶって、清潔ないでたち。彼らが建物の裏の倉庫から、材料や備品やらを運び出して、仕込みを始める。どんどん働くピッチが上がっていく。そうこうしているうちに車がひっきりなしにやってきて、客の行列ができ、次々にハンバーガーを買って、車に戻っていく。

クロックも自ら列の最後尾に加わる。行列の前にいる男になんでこんなに人気なのかとたずねると、「一五セントにしては最高のハンバーガーが食えるのさ。待たされてイライラすることもないし、チップをねだるウエートレスもいない」という答え。

その後クロックはまた列から離れて裏手に回る。そこでハンバーガーにかぶりついている客に、週に何回ぐらい来ているのか、ここのハンバーガーの何がいいのか、いちいち聞いて回る。そうしながらも目はいそがしくあたりを見回していて、暑い日なのに全然ハエが見当たらないとか、駐車場にもゴミ一つ落ちてないとか、細かいところもチェックしている。とにかく落ち着きがないおっさんである。自分の足で動き、自分の眼で見て、自分の手で触って理解しようとする。

ジェニーンの『プロフェッショナルマネジャー』と違って、この本は女性に関する記述が多いのが特徴なのだが（いうまでもなくクロック氏は肉食系オヤジ）、ここでもストロベリー・ブロンドの女の人が登場する。駐車場に停まっているコンバーチブルに乗って上品にハンバーガーとポテトを食べていたこの女性に、クロックは交通調査しているなどと嘘をついて（肉食系だけにこの辺の反射神経は抜群）、「ここへはよくいらっしゃるのですか？」と話しかけ、冷たくあしらわれる。しかし、駐車場に戻る途中にはもうすっかり気持ちが切り替わっていて、「これは、私がいままでに見た中で最高の商売だ！」と鼻息を荒くしているのである。

クロックは思い立ったら即実行する。客がひける午後二時三〇分ごろになってあらためて店を訪れ、マクドナルド兄弟に自己紹介する。そして二人をディナーに誘い、根掘り葉掘り聞き出す。実にシンプルで効果的な商売だと感動する。バーガーのメニューはハンバーガーとチーズバーガー二種類だけで、価格はハンバーガー一五セント、チーズバーガー、四セント増し。その日クロックはモーテルに泊まるのだが、翌朝、起きたときにはもうマクドナルドを大きく展開する具体的なプランが出来上がっていた。

このエピソードのポイントは、そもそも新しい商売を始める計画が先にあって、そのための視察に行ったのではなかったということだ。マクドナルド兄弟の店に行ったのは、あくまでもマルチミキサーの営業のためだった。店の評判を聞いて、マルチミキサーの商売相手としてよいのではないかと見込んでとりあえず見に行っただけなのである。そこで頼まれもしないのに観察力、取材力、企画力をばりばり発揮して、一人で勝手に大興奮している。

商売勘が抜群である。マクドナルド兄弟の店の観察で、クロックは即座にフライドポテトに注目している。フライドポテトはハンバーガーのつけあわせと考えられていた。しかし、マクドナルドの評判のカギはフライドポテトにあると、クロックは見抜いていた。すぐにピンときたクロックは、マクドナルド兄弟に「あなたがたはポテトにこだわっていますね」と水を向ける。マクドナルド兄弟にしてみれば、我が意を得たりという言葉だった。実際、二人はフライドポテトには溢れんばかりの情熱をそそぎ、アイダホ産の最高級ポテトを使って、専用の油で揚げていた。クロックは、本職でもないのに、そういう商売全体のキモの部分に直観的に目が行ってしまう人だった。

レイ・クロックは当時五二歳。この日ばかりではなかったはずだ。この年に至るまでのセールスマン生活で、こんなことばかりやっていたに違いない。現場を自分で直接見て、聞いて、触って、手足を動かしながら考える。商売勘に火がつけば、即座に動いてみる。こうした徹頭徹尾ハンズオンのスタイルは一朝一夕に身につくものではない。マクドナルドの店に行くはるか以前から、この人の芸風として確立していたに違いない。

全編を通じてこうしたエピソードは枚挙にいとまがないのだが、もう一カ所だけ挙げておきたい。本のタイトルにもなっている話である。「競争相手のすべてを知りたければゴミ箱の中を調べればいい。知りたいものは全部転がっている」。

競争相手にスパイを送り込んで儲かるアイデアを盗めばいいのではないか、というアイデアに対し、そんな必要はないと烈火のごとく怒って吐いた言葉である。実際クロックは「深夜二時に競争相手のゴミ箱を漁って、前日に肉を何箱、パンをどれだけ消費したのか調べたことは一度や二度ではない」と告白している。スパイなんて送らずとも、自分の目と手で取ってくることのできる情報はいくらでもある、というわけだ。

この姿勢はマクドナルドがアメリカ全土に四〇〇〇店を展開する巨大企業になってもまったく変わらなかった。ある役員が地図の上に店舗の売上別に色違いのピンを刺しているのを見て、自分にはそんな地図は必要ないと豪語している。「どこにどういう店があるか、フランチャイズオーナーは誰なのか、売り上げはどのくらいか、問題点は何か」といったことはすべて頭の中に入っている。

クロックは、店舗候補地を探すのがとにかくスキ（もう一つの大好物は商品開発）で、いつも現地で店舗を視察し、状況を細かく把握していた。出店候補地開拓のために、会社のヘリコプター五台を使い、それまでの方法でどうしても見つからなかったような出店立地を探し出したりする。

本社のコンピュータには、出店立地調査専門のプログラムが入っていたが、そんなデータはクロックには不要だった。彼はマクドナルドがいくら巨大になっても、最初にサンバーナーディーノのマクドナルド兄弟の店に行ったときと同じハンズオンのメンタリティで同じことをやり続けているのである。周辺を車で回り、近所の人が行くスーパーに足を運び、地元の人と言葉を交わし、あれやこれや観察する。そのうえでマックがその地域でどう成長するか、即座に頭の中でストーリーを組み立てる。

「もしもコンピュータの言うことを聞いていたら、自動販売機がずらっと並ぶ店になってしまうだろう」とクロックは言う。「我々は決してそのような店はつくらない。マクドナルドは人間によるサービスが売り物で、オーダーを取るカウンターの店員の笑顔が我々の大切なイメージなのだ」。

クロックにとっての店舗とは、人間が人間を相手にモノを売る舞台である。どんな暮らしをしているどんな人を相手にするのか、その理解なしに商売はできない。コンピュータや調査会社に教えてもらうものではなく、自分で見て、感じて、自らの手でつかむ。レイ・クロックは最初から最後までハンズオンの経営者だった。

好き嫌いの激しい人

レイ・クロックは仕事を心底楽しんでいる。子供が好きな遊びに熱中しているかのようだ。当時のアメリカの国民的な娯楽はなんといっても野球だったのだが、クロックは「野球をして得るのと変わらない喜びを仕事からも得ていた」と書いている。

五十代でマクドナルドに出会うまで、クロックはセールスマンを生業とし、たまにバンドマンをやったりしていた。大成功までの長過ぎる回り道だった。しかし、そのころから彼は仕事をひたすら楽しんでいた。母親から教わったピアノの腕は相当なもので、営業の仕事に嫌気がさすと、当時流行っていたチャールストンのバンドに入って、縦縞ジャケットにカンカン帽という格好で演奏したりもした。ちなみに彼の最初の妻、エセルは、このときの常連客だった。

マイアミのナイトクラブでピアノを弾いて暮らしをたてていたこともある。ごく短期間の仕事だったが、このクラブがどうやって密輸酒を売っていたか、どうやってより多くのチップを獲得したかなど、クロックは具体的な詳細を覚えていて、まるで昨日あった出来事のように書いている。

この本は全編が「どうだ、俺の話、面白いだろう？」というクロックの「俺の話を聞け」モードなのだ。マクドナルドを創業し、いざフランチャイズビジネスをスタートしようという当時、クロックがあまりに夢中になって話すので、彼の元秘書であったマーシャル・リードは「あのときは、クロックの頭がおかしくなったのかと心配した」と語っている。

すでに述べたように、マクドナルドのビジネスのなかでクロックがいちばん好きだったのが、メニュー開発と店舗開発だった。本の中でも何度となくその話が出てくる。そうした仕事の実際を知らない僕にしてみれば、正直なところ、何がそんなに面白いのかいま一つついていけないのだが、「だって、スキだからスキなんだよ！」という思いだけはビシビシ伝わってくる。

レイ・クロックは、マクドナルドで成功してから、サンディエゴ・パドレスという野球チームを買収する。観客が楽しめるようにとエレクトリック・ワンマンバンドを設置し、現金つかみ取りのようなイベントをやったり、ポップコーンやクッキーを販売するなどのアイデアを次々に打ち出す一方で、幹部スタッフの給料を上げ、選手も補強するなどして強いチームをつくった。その結果、来場客はうなぎのぼりに増え、窮乏していた球団が息を吹き返した。

クロックはこの成功を満足げに振り返りながら「パドレスのオーナーになったことは、概して、非常に価値のあることだった。なかでも、サンディエゴの進取の気性に富む精神を発見できたことがいちばんの収穫だった」と悦に入っている。それは結構なのだが、この人、実はサンディエゴ・マリナーズというホッケーのチームも買収していて、そちらのほうはあっさり手放している。理由は「ホッケーゲームにあまり関心を持っていなかった」から。単なる好き嫌いである。無名のときも、成功してからも、ひたすらスキなことをやっているのがレイ・クロックという人だ。「マネジャーは自己犠牲をもって旨とする」といつも自らを戒めているハロルド・ジェニーンと正反対である。

好き嫌いの話でいうと、この人は、大金持ちになってからは、病気の子どもとその家族を支援するための基金をつくるなど、さまざまな慈善活動を行っている。しかし、大学だけは意地でも支援しないと公言していた。なぜですかと問われると、学生は「金稼ぎについては何も学んでいない」「学士号だらけで、肉屋が少なすぎる」（そりゃそうだ……）、インテリが嫌いなんじゃない、「いんちきなインテリが嫌いなだけだ」と、イチャモンに近い答えを返している。

そうかと思えば、「私には博士号がある。一九七七年六月に、ダートマスカレッジが私を人文学の名誉博士にしたのだ」と自慢する。まったく理屈もなにもあったものではない。この大いなる「矛盾の自己肯定」に、創業経営者に特有の強さがみてとれる。

クロックがマクドナルド兄弟のもとを初めて訪れたのが一九五四年、この本を書き終えたのが一九七七年。その後亡くなる一九八四年まで、クロックはマクドナルドのために働き続けた。クロックは死ぬまで大好きな仕事をやめることができなかったのだ。いい加減にしてくれと夫人に懇願されながらも、メニュー開発や店舗開発を嬉々として続けていた。彼の頭の中には「引き際」などという文字はなかった。仕事に対する異常なほどの愛情と執着、理屈抜きのスキスキ精神がマクドナルド帝国の基盤にあった。

デカいことが好きな人

レイ・クロックは、とにかくデカいことが好きである。エレガントなアイデアを創造するといったことにはまるで関心がない。ゼロから一を生むよりも、一を一〇〇〇にすることにモチベーションをかきたてられるタイプである。

クロックは、マクドナルド兄弟が編み出した画期的なハンバーガーショップの原型はそのままに、そのよさを最大限に生かしてもっとデカくするための仕組みづくりに集中した。人はそれをオリジナリティがないと言うかもしれない。しかし、クロックはまったく気にしない。「いや、マクドナルド兄弟の発想はホントによくできている」と絶賛して、「あとは私がデカくしましょう！」という話だ。

クロックは、その性格からして、おそらくずっと自分でデカい事業をやりたいと思っていたのだと思う。しかし、五二歳になるまで何もモノにしていない。ひたすらマルチミキサーとペーパーカップを売っていただけだった。しかも新しい事業のアイデアを探して回っている節もない。たまたま日々の営業のプロセスで出合ったのが「金鉱を掘り当てるのと同じ」くらい魅力的なアイデアだったというわけだ。

創業の引きがねはよく「新しい市場」「新しい技術」「新しいアイデア」などといわれるが、マクドナルド兄弟の店を訪れるそのときまで、クロックにはこの三つのうち一つも持ち合わせがなかった。このタイプの経営者にとって何よりも重要な成果は、独創性というようなフワフワしたことではなく、ずっしりと手ごたえのあるインパクトなのだと思う。いちばん手ごたえがあるのは、なんといってもスケールのデカさ。一を一〇〇にも一〇〇〇にも一万にも一〇万にもしてやるぞ、という話である。スケールがデカいからこそ、世の中を変え、人々の暮らしに影響を与え、それを経営者として実感することができる。

この本の巻末にはファーストリテイリングの柳井正さんとソフトバンクの孫正義さんの対談が載っている。このお二人もまた、レイ・クロックと同様に、スケール志向の経営者である。とにかく事業をデカくして、世の中にインパクトを与え、人々の生活を変える。経営者としてのストレートなモチベーションが伝わってくる。

勝ち負けのモノサシがはっきりしているクロックは、プロセスの美学などにはこだわらない。クロックは子供のころ学校が退屈でしかたなかったクチだが、唯一の例外がディベートだったという。みんなの注目を集め、「自分側の論理に引きずり込んでいく感覚」にシビれていた。ディベートは、PRO（賛成）かCON（反対）かを議論して勝敗を決める競技であり、聴衆を説得すれば勝ち。

「喫煙は撲滅されるべきか」というディベートに参加したレイ少年は、例によって少数支持側にまわり、「喫煙支持派」につく。自分の意見の中身はどうでもいい。少数派意見を支持してディベートで勝てば、インパクトがある。それが彼の狙いだった。もちろんこのディベートでもレイ少年は難なく勝利を収めている。

話を「デカいことがスキ」に戻そう。ブレント・キャメロンという店舗設計の代表が、通常規模のマックの店舗を維持するほど集客が見込めない立地向けに、「ミニマック」を展開するというプランを提唱したことがあった。ようするに、小型のマクドナルドである。

クロックは、こんなチマチマしたアイデアには我慢がならない。クロックにとって、たとえ立地条件からして「合理的」であったとしても、座席が三八しかない店とか、席自体がない店などは「ありえない！」のである。

しかし、ミニマックのプランはクロックの意に反して成功した。それなりに合理的な戦略だったわけである。しかしながら、ミニマック・プロジェクトはすぐに打ち止めになる。担当者がクロックの反論を聞くのにうんざりしてしまったから、というのがその理由だった。当のクロックはこう言い放っている。「後悔はしていない。なぜならミニマックはその後、標準規模のマクドナルドに姿を変え、大いに賑わっているからだ」。

クロックはこれでも気持ちがおさまらず、改築と座席を増やすキャンペーンをひたすら繰り広げた。「私が八〇席必要だと思ったところには五〇席しかなく、私が一四〇席だと思ったところには八〇席しか置いてなかったからだ」というのが彼の主張。「思考のスケールが小さいと、その人自身も小さいままで終わってしまう」というのが彼の信念だった。

彼も経営者である。一四〇席あれば、全席埋まるのは昼食時の一時間半だけで、それ以外は半分以上空席になることも認めている。それでも「ビジネスは施設を目いっぱい使って拡大していく」という考え方がとにかくスキで、それだけは譲らない。

合理的で成果も上げたプランをつぶされたブレント・キャメロン以下、クロックの部下には、大将の意思決定に釈然としない向きも少なからずいただろう。しかし、このレイ・クロックの理屈抜きのスケール志向がなければ、マクドナルドはマクドナルドでありえなかったのもまた確かである。

仕組みづくりの人

もちろん、むやみに規模を追求していたわけではない。商売を「可能な限りデカく」するためには、デカいオペレーションをぶん回す仕組みがカギを握る。当時の外食業界で、クロックほど仕組みづくりにこだわった人は皆無だった。「特定の店舗やフランチャイズオーナーのクオリティに依存していては話にならない。特定のお店やメニューのリピーターではなく「マクドナルドのシステムのリピーター」をつくらなければならない」と、マクドナルドの草創期からクロックは明言している。

マクドナルドで独自に開発されたシステムのなかで、レイ・クロック自身が初期に取り組んだものとして、パンのオペレーションがある。開業当時は「クラスターパン」という、四個とか、六個のパンが一塊になっているものを一個ずつ切り分けていたが、これが大変な作業になる。そこで、あらかじめ切り目を入れたパンを仕入れるように改良した。さらに、頑丈で、繰り返し使用できるパン専用箱を開発し、製パン所の梱包費用を削減してパンの代金を下げさせた。

構想はひたすらデカいのだが、クロックの天才はこういう細かいシステムづくりでこそ発揮される。ハンズオン、現場主義といってもいろいろなタイプがある。自分一人ですべてを抱えてしまっては、スケールの拡大はできない。今より一〇倍、一〇〇倍、一〇〇〇倍の規模でやるとしたら、どういう仕組みを導入すればいいのか。クロックは何を見てもこの視点で考えている。

クロックは、パンのみならず、肉のパティにも細かいこだわりをみせた。マクドナルドでは一ポンドあたり一〇枚のパティを作ると決め、それはすぐに業界標準となった。さらに、パティを包むのにいちばん適した包装の方法を考えた結果、適量のワックスがかかっている紙だとパティがはがれやすくてよいという結論に至る。高く積み重ねると下のパティがつぶれるので、最適な積み上げ方も研究して、パティ納入業者の箱の高さもそれに合わせるよう改良した。ことほど左様に、クロックは「仕組みづくりにおいてハンズオン」なのである。

システム化の目的は仕事を簡素化し、能率を上げること。各店舗の利益を搾り出すことが一義的な目的なのではない。すべての店舗で同じようなサービスを展開する。真の目的はここにある。これもスケールの追求のためである。標準化ができて初めて急速な多店舗展開が可能になる。すべてをスケールから逆算して考える。この発想がマクドナルドの戦略ストーリーに強靭な一貫性をもたらしている。

すぐ実行して、失敗するとすぐやめる人

標準化したシステムに乗せてフルスケールでぶん回していくという戦略ストーリーの

強みは、失敗と成功の見極めが容易になるということにもある。少しずつ拡大していくという手法は、一見リスクがないようだが「もう少し待てばなんとかなるのでは」「いやいや、ここからが本番」と自分に言い訳がきいてしまう。そして気づいたときにはだらだらと損を重ねている。そこまで続けてしまうと、埋没コストが大きくなり、これが心理的な退出障壁となり、失敗が泥沼化する。

クロックの場合、ありとあらゆることをすぐに実行して試してみるのだが、システムに乗らないなと思ったら即、手を引く。早めに失敗すれば、そこから学んで再チャレンジできる。

なぜ実行に踏みきるのが難しいのか。それは失敗の基準がないからだ。事前に失敗の基準さえはっきりさせて、その基準に触った時点ですぐに手じまいにすれば、致命的な失敗にはならない。すでに述べたように、クロックは商品開発が大スキな人で、当然のことながら味覚の鋭さには自信をもっていた。

しかし、あるとき「フラバーガー」なるものを考案して、大失敗している。二枚のスライスチーズと焼いたパイナップルをトーストしたパンに載せる、というものだ。なぜこれを売り出したかというと、自分の「大好物」だったから。フィレオフィッシュより成功すると確信していたが、たいして売れなかった。このときも、システムにうまく乗るだけの売上にならないことを確認すると、即座にひっこめている。これは後年までなにかと話題に出されてからかわれるほどの、フルスイングでの空振りだった。

クロックはほかにもいろいろやらかしており、「失敗について、おそらく一冊分の本がかけるだろう」と、いくつかエピソードを紹介している。高級ハンバーガーレストラン「レイモンズ」もその一つ。ビバリーヒルズとシカゴに出店したものの、高品質にこだわりすぎて「売れば売るほど破産に近づく」ビジネスになってしまった。これも「システム化できなかったから失敗した」例である。

いずれの失敗においても、失ったもの以上の教訓を得られた、失敗したけどやってよかった、と結んでいるのがクロックらしい。

直情型肉食系の人

ここまで読んでいただければもうおわかりかと思うが、レイ・クロックという人はとてつもないエネルギーにあふれた直情型の人間である。すぐ怒り、すぐ怒鳴る。

先に球団を買収した話をした。自分のチームであるサンディエゴ・パドレスがホームゲームでピリッとしない試合をしていたときのことだ。怒り心頭のクロックは、一人で勝手に音響ブースに駆け上がり、実況中継をしていたアナウンサーのマイクを奪い取るやいなや「こちらレイ・クロックです」と、観客に直接呼びかけた。そして一方的にまくしたてる。「良いニュースと悪いニュースがあります。この球場より大きいカバス・レヴィン球場でロサンゼルス・ドジャースの開幕式が数日前に開催されたときより、一万人多い来場者数となりました。これが良いニュースです。悪いニュースとは、我々がひどいゲームをお見せしているということです」。

ここでドジャースの開幕戦より客が多く入った、と数字でしっかり自慢しているところがいかにもクロックなのだが、自分のチームの体たらくにはとにかく我慢がならない。「謝罪します。私はうんざりしています。これは私が見た中でいちばん下らない、最悪の試合です！」と大音響で絶叫した。観客は突然のオーナーの絶叫にただ驚くばかり。還暦を過ぎてこのエネルギー。年をとっても枯れることなく、喜怒哀楽がストレートに出る。

このエネルギーは恋愛にもいかんなく発揮される。肉食系オヤジ、クロックは生涯で三度の結婚をしている。バンド時代に出会った最初の夫人エセルには、仕事ばかりしていたせいで愛想をつかされ、三五年つれそった後に離婚している（エセルはマクドナルドを始めることにも大反対していた）。

この離婚が避けられないものとなっていた頃、クロックはジョニという女性に出会う。人妻である。初対面で「彼女の美しさに驚いた」と書いているが、このときクロックはすでに五十代後半。しかも「彼女も私も既婚者だったので、目が合った瞬間のときめきは打ち消さなければならなかった。だが、それは私にはできなかった」と恥ずかしげもなく回想している。人妻に惚れた話など、自伝には書かないのが普通だろう。たとえばハロルド・ジェニーンだったら絶対に書かないはずだ（というか、彼だったらそもそもういう「仕事の邪魔」になることには手を出さないはず）。

クロックはエセルと離婚し、「ふたりが夫婦になること以上に正しいことなどこの世にあるものか」とすっかり舞い上がって、ジョニが離婚するのを待った。ところが、そうこうするうちに、ジェーン・ドビンス・グリーンなる女性があらわれ、またもや速攻で恋に落ち、出会って二週間後に即結婚。そのときの言い草が「彼女はとても可憐で……ジョニと正反対のタイプだった」。あっさり書いているが、この厚かましさは尋常ではない。

しかもそこまでして結婚したのにジョニにたまたま五年ぶりに再会して、恋心に再び火がついてジェーンと離婚し、ジョニと一緒になるのである。このときクロックは六六歳。一〇年越しの本命ゲット。「ついに彼女を手に入れた！」と大はしゃぎである。勝手きわまりない話なのだが、本人はまったく反省していない。「自分の心に正直に行動することのどこが悪いのか」と開き直る。返す言葉がない。

顧客視点の人

私生活ではこのように勝手きわまりない横紙破りの人なのだが、不思議なことに、レイ・クロックという人は、こと商売となるとまったく自己中心的ではなく、徹底的に顧客視点になる。彼の言葉でいえば「セールスマン魂」。これはペーパーカップを売っていた若い頃からたたき上げた彼の仕事哲学だ。

ペーパーカップのセールスマンだった当時の主要顧客はソーダ・ファウンテンだった。ソーダ・ファウンテンのオーナーたちは使い捨ての紙よりもグラスを洗って使うほうが安上がりだと考えていたので、クロックは何度も門前払いを食らう。しかし彼は、グラスを洗う作業が厄介で、熱湯を大量に使用するため、いつも店内が湯気に覆われて視界が極度に悪いということを見逃さなかった。ペーパーカップを使えばこれを解決できますよ、と売り込んだ。今でいう「ソリューション提案型営業」である。

ソーダ・ファウンテンは、人々が冷たい飲み物を欲しない冬になると客足が落ちてくる。クロックは冬場になると無理やりペーパーカップを売ることは絶対しなかった。「私の仕事は、顧客の売り上げを伸ばすことで、顧客の利益を奪うことではない」。一九二四年、レイ・クロックがまだ二二歳のころのエピソードだ。

他人の妻に横恋慕の挙句に結婚してしまうような横紙破りの人なのに、顧客に対しては無理を通すことは絶対しない。まず客を儲けさせる。その結果として自分が儲かる。これが二十代の頃からクロックが厳守していた商売の原理原則だ。

大手ドラッグストアチェーンのウォルグリーンに、ペーパーカップでドリンクのテイクアウトをやってはどうかと提案したとき、最初は店員に大反対された。店としては同じものを売っているのに余分にカップ代を払わなければならないからだ。クロックはそこで諦めず、一カ月分のペーパーカップをタダで提供するから、ためしにやってみろとけしかけた。クロックの発案したウォルグリーンのテイクアウトビジネスは、面白いほど儲かった。その結果、ウォルグリーン本社と契約を結ぶまでになる。

こうした顧客視点は、マクドナルドのフランチャイジーについても向けられた。マクドナルドはフランチャイジーに対してサプライヤーを兼ねない。クロックの下した明確な意思決定である。なぜか。自分たちがサプライヤーになると、どうしてもその取引における自分の利益に目が向いてしまう。フランチャイジーのビジネスが二の次になる、それではパートナーとはいえない、というわけだ。

また、クロックは店にジュークボックスや自販機を置くのも禁じている。お金にならないお客が増えたり、店が不良の溜まり場になって店が荒れたり、自動販売機ビジネスに絡んでいて犯罪組織が無用のトラブルを起こしたりするのを避けたかったからだ。これもまたフランチャイズオーナーの商売を気にかけた顧客目線の判断だった。

ワンマンな人

この本の第13章には、「トップは孤独である」というタイトルがついている。しみじみとしたイイ話なのかなと期待して読んでみると、やはり他の章と変わらない手前勝手な話の連続だ。

ハリー・ソナボーンという創業期からの財務担当重役がいた。メニューや店舗開発など「攻め」をクロックが、財務会計などの「守り」をソナボーンが担当し、それまで二人三脚でうまくやっていた。

ところが、クロックが愛してやまない新店舗建設に対して、「景気の動向を考えれば、出店を一時凍結し、現金を蓄えたほうがよい」とソナボーンが反対したからもう大変。二人の間に亀裂が走る。クロックは激怒し、ソナボーンは会社を去る。彼が辞めたあとも、店舗建設は地域経済が活性化するのを待ったほうがよいというのが社内の意見の主流だった。クロックは「ばか野郎！　景気の悪いときにこそ建てるんだ！」と怒り狂い、慎重派の意見を叩きつぶした。

創業期からのメンバーであるソナボーンはマクドナルド株を大量に保有していた。自分がマクドナルドを離れれば企業価値が下がるだろうと考えたソナボーンは、マクドナルドを去るときに全部持ち株を売り払っている。彼はそれを資金として、新たに金融業に参入しようと考えていた。しかし、彼が辞めた後もさらに株は上がり、当時のほぼ一〇倍になった。

こうした成り行きについて、クロックは「マクドナルドに対する信頼感の欠如は、彼に大きな犠牲を払わせることになった」とわざわざ本に書いている。大人げないといえば大人げない。さらに、ソナボーンの辞職を聞いてトップ管理職の一人が「万歳！　マクドナルドはハンバーガービジネスに戻った」と言って喜んだという話まで大得意で披露している。邪魔者が去って、社内の雰囲気が明るくなったと言わんばかりである。

ようするに、「トップの孤独」というよりも、クロックのこの激情的でワンマンな性格ゆえに、まわりの人間が離れていったというのがジッサイのところだろう。しかし、商売の根幹部分は誰にも反対させないというくらい、過剰な意志の持ち主でないと、これだけの商売を創り上げることは無理だったに違いない。

今もクロックの声が聞こえる

本書の巻末に収録されている対談で、ソフトバンクの孫正義さんが「レイ・クロックは五二歳という年齢から大きな仕事を始めている」、「日本で五〇歳を超えた人が道端のレストランを見ても、なかなか起業には踏み出さない」とコメントしている。

こんなに年をとってから起業するというのは確かにすごいバイタリティーだ。しかし、「五二歳なのに……」ではなく、「五二歳だからこそ」の成功だったのではないかというのが僕の見解だ。酸いも甘いも経験しつくすようなキャリアがあったからこその偉業なのではないか。

五二歳になるまでずっと営業一筋。そのなかでクロックはありとあらゆる商売にとって大切なものを、半ば無意識のうちに蓄積し、発酵させていたに違いない。マクドナルド兄弟の店に出合ったのは、それまでの蓄積の起爆剤にすぎない。五十代になるまで火薬をたっぷり仕込んでいた。そこに火がついたからこそ、これだけの大爆発になったのではないかというのが僕の感想である。創業後に経験して、学習したこともももちろんあるだろう。しかし、商売のスタイル、たとえば仕組みづくりとか、顧客志向とか、早めの実行・早めの失敗といった部分は、三〇年以上にもなる営業マン生活の経験によって錬成されたものである。

起業は若い人だけのものではない。日本でも、濃い経験を積んだベテランが新しい事業に乗り出す例がもっとあってもいい。たとえば、第19章に登場いただくライフネット生命社長の出口治明さん。クロックとはパーソナリティもスタイルも全然違うが、還暦を過ぎて保険会社を起業し、「一〇〇年後に世界一」を目指して飛び回っている。

レイ・クロックは、功なり名を遂げた後、一九七〇年代になって、古巣のシカゴに戻り、ダウンタウン・シカゴで店舗開発を始める。これがもううれしくてたまらない。シカゴは自分が知り尽くしている土地だ。店舗候補地までの輸送路、歩行者数、不動産の所有者、所有期間……そういったものがすべて頭に入っていた。三五年間も同じ町でペーパーカップとマルチミキサーを売り歩いていたのである。

もしあなたが不動産屋で、「客に、より良いサービスを行う気があるのなら、地下のレイアウトや、脇道のアクセスがあるのかなど微細に至るまで調べるのが普通だろう」とクロックは言う。それは彼がいつも実践してきたことだった。セールスマン時代に積み重ねた知識の結集を、巨大企業となったマクドナルドの店舗開発で駆使し、成果へと還元する。クロックにとってはさぞかし「男子の本懐」だったことだろう。

クロックは本書の最終章でこう結んでいる。「自分の仕事にこのような姿勢で向かえるのなら、人生に打ちのめされることはない。これは取締役会長から皿洗い長に至るまで、すべてのビジネスマンにいえることだ。「働くこと、働かされること」を楽しめなければならない。……幸福とは約束できるものではない。それはどれだけ頑張れたか、その努力によって得られる、その人次第のものなのだ」。腹から出ているイイ言葉である。

軽めのデブの僕にとってはカロリーが気がかりなのだが、マクドナルドのハンバーガーは嫌いではない。というか、わりとスキである。クロックが出会い頭に感動したように、マックのポテトはつくづくおいしいと思う。この年になっても、一個だとちょっと物足りない。それで、絶対満足できるような量を一度は食べてみたいと、この前Lサイズ三個を大人買いして一気に食べてみた(当然ながら、気持ち悪くなった。二個が限界)。それぐらいスキなので、どうしてもやめられない。食べ始めると止まらない。

とある休日、家の者はそれぞれ遊びに出かけてしまい、一人で朝からこの原稿を書いていた。空腹を覚えたので、自宅近くのマックにランチに出かけた。休みの日でいつもよりも混んでいる。「チーズバーガーのセット、ポテトはLに変更だな……」と企みながら注文の行列に並ぶと、展示されていた昔のマクドナルドの広告ポスターの復刻版が目に入った。いつの時代のものかはわからないが、「ハンバーガーが一五セント!」とある。創業期のものだろう。

そのポスターの隅には、"OFTEN IMITATED, NEVER DUPLICATED" という文字が太い書体に下線付きで誇らしげに書き込まれていた。これぞレイ・クロックが丹精込めて構築したマクドナルドの強みの本質である。

「お前もカロリーがどうとかこうとか言ってるわりにはしょっちゅう来るじゃないか。どうだ、俺の創った商売は？　マクドナルドは安くてうまくて早くて便利で、もう最高だろ!?」。レイ・クロックの大声が耳元で聞こえた気がした。彼が創った商売の原型は何十年たっても変わらない。僕は確かに彼の戦略ストーリーのリピーターなのだ。

第14章 普遍にして不変の骨法

『映画はやくざなり』笠原和夫著——新潮社（二〇〇三年）

著者の笠原和夫《かさはらかずお》は東映任俠路線映画の花形ライターだった人物。初期には『日本俠客伝』シリーズなどでヒットを連発、その後いったんヤクザ映画は下火になったものの、任俠モノを実録路線に転換した深作欣二監督の『仁義なき戦い』シリーズで、笠原は再び一世を風靡した。この「日本映画界のプロ中のプロ」として尊敬を集めた人物を僕が知ったのも、『仁義なき戦い』シリーズがきっかけだ。

話は逸れる。一連の『仁義なき戦い』では、菅原文太や松方弘樹もイイが、僕がたまらなくスキなのは、脇役で異様な存在感を発揮する成田三樹夫。あの眼光、あの声、シビれます！　この人は数学を勉強しようと思って東大理学部に進学するのだが、「学風が合わない」というナイスな理由で一年で中退。山形大学の人文学部に浪人して入学する（将棋がスキだからか？）ものの、ここも中退。俳優座養成所を経て二八歳でプロの俳優になる。この遍歴もまことに上品で興味深い。数々の名演で名を馳せた後、一九九〇年に五五歳で死去。誰か成田三樹夫の評伝を書いてくれないだろうか。もう手遅れかもしれないが。

話を戻すと、笠原和夫は僕にとって「プロとはどういう人か」に対して丸ごとの答えをいただけるモデルである。

彼に関する本でいちばん読み応えがあるのは、なんといっても『昭和の劇』だろう。膨大な資料と濃厚な対談を通じて一流のプロ意識がダイレクトに伝わってくる。とはいえ、六〇〇ページ以上の大著で、四五〇〇円もする。これはどちらかというとマニア向けなので、笠原和夫初心者におすすめの一冊、『映画はやくざなり』を取り上げる。この本の前半を読むだけでも、プロ意識の何たるかを十分に味わっていただけると思う。

本書以外にも、笠原和夫の著書はどれも面白い。『映画はやくざなり』を気に入っていただけた方には、『破滅の美学』『「妖しの民」と生まれきて』の二冊をおすすめする。本人が書いたものではないが、小林信彦の例によって例のごとくの傑作芸論、『天才伝説　横山やすし』も笠原のプロとしての凄みをよく伝えている。

「作品」と「商品」の狭間で

駆け出しのころは美空ひばり映画の脚本を書くなどしていた笠原和夫は、はじめからヤクザ映画に関心があるわけではなかった。笠原を任俠映画へと引き込んだのは、プロデューサーの俊藤浩滋である（第8章の『おそめ』の主人公、上羽秀の夫）。この不思議な男が不思議な成り行きで映画プロデューサーになり、一九六三年に『めくら狼』という映画をつくることになった。そこで「お前、ちょっとこれ、書いてみないか」と声をかけたのが笠原だった（それにしても当時のこの辺の日本映画界のネットワークは眩暈がするほど濃いものがある）。

こうして自分の意思とは関係なくヤクザ映画の世界に入った笠原は、時流に乗って次から次へと任侠モノの脚本を手がけていく。そのなかでも、本人として納得のいく作品が名作、『博奕打ち　総長賭博』だ。当時の日本映画はもう衰退期に入っていた。しかし東映という会社は依然として「映画＝娯楽の王様」時代のやり方を引きずっていた。プロデューサーの俊藤浩滋も相変わらず「とにかく客がいっぱい入る映画がいい映画」という考え方全開で映画を製作していた。

笠原の力作である『総長賭博』、本人はその出来栄えを自負していたが、商業的にはあまり成功しなかった。しかも、公開が終わってしばらくたってから三島由紀夫（当時は旬の旬の人）が絶賛したりしたものだから、岡田茂（東映撮影所の名物所長）が、「ゲージツでは客は入らんぞ！」とかえって怒り出し、笠原はさんざんな目にあった。こうした成り行きの中で、笠原は会社には「すみません……」と謝る姿勢をみせる。しかし、実際は、監督の山下耕作と目配せをして「してやったり」とほくそえんだという。

それでよかったのである。「たまにはこうやって会社を騙《だま》して自分の作りたいものを作る必要がある」と笠原は言う。この人のプロフェッショナリズムの核にはこうした考え方がある。

プロは一筋縄ではやっていけない。前にも出てきた話だが、仕事と趣味は異なる。趣味は自分を向いた活動だ。自分のためにやればよい。しかし、それでは仕事にならない。自分以外の誰かのため、人の役に立たなくては仕事とはいえない。仕事で自己実現を果たす。仕事で世の中に貢献する。いずれも結構なのだが、自分の内発的な動機と自分以外の誰かのためにならなくてはならない仕事との間にどういう折り合いをつけるのか、ここに問題がある。

脚本家である笠原には、自分の基準で心底よいと思える、書きたいホンがある。しかしそれだけで突っ走ってしまえば、商売にならない。「作品」なのか、それとも「商品」なのか。このジレンマが商業映画のプロには終始つきまとう。

話は変わるが、ひょんなことから知り合った友人に磯﨑憲一郎さんがいる。『終の住処』で芥川賞を取った小説家だ。先だって読んだ磯﨑さんの小説『赤の他人の瓜二つ』は本当に素晴らしかった。時間が不思議な流れ方をする小説で、上等な夢を見ているような気持ちになる。「これが文芸の力か！」と思わせるものがあった。

ただしエンターテイメント的な意味で「面白い」小説ではない。磯﨑さんも読んだ人から「面白くない、よくわからない」という感想がよく寄せられるという。しかし、それが純文学というものだろう。「ま、別に面白いものとかわかりやすいものを書こうというわけではないんで……」と磯崎さんは言う。

作品なのか商品なのか。磯崎さんのスタンスは徹底して「作品」に軸足を置いている。彼は純文学以外やるつもりはないようで、仕事としては商社できちんと管理職の重責を務めている（仕事でも何度かご一緒する機会があったが、こういうときの磯崎さんは普通に真っ当なビジネスマンで、「小説家」という感じがまるでしないのが面白い）。一つの折り合いのつけ方である。

小説や映画に限らず、どんな世界でもプロは需要と供給の狭間でこの種のジレンマに直面する。このジレンマを手練手管で克服し、その葛藤のなかから成果を生み出すことができるのが一流の仕事人だ。一見して矛盾するものを、矛盾のまま、矛盾なく扱う。笠原はそのことを身をもって教えてくれる。

磯崎さんとは逆に、笠原和夫は軸足を「商品」に置く。しかし「作品」を忘れるわけでは決してない。会社は言う。「売れる映画がいい映画で、脚本なんて客が入るかどうかだけ考えて書けばいい」。しかし、そのとおりやっているだけではプロとはいえない。目の前の需要を全面的に受け入れてしまえば、結局のところどこかで軽んじられるというのがプロの世界だ。笠原はこのことを見抜いていた。会社のほうも、「お前ら、身勝手な「芸術」作るなよ」と言いながら、どれだけ骨がある奴かを観察しているものだ、と書いている。

プロを志す以上、どんな仕事にもそういう面はある。すべてが矛盾なくぱっぱっと正しいほうを選択できれば話は簡単なのだが、世の中そうは問屋が卸さない。だから、プロには二枚腰がいる。会社に反旗を翻してばかりいたら干されてしまう。それでも、たまには会社の意向に逆らってでもおのれの腕前のほどをきっちり見せておく。そうしないと、プロとしての自分の真価や本領が相手に伝わらない。笠原は「これは映画屋の鉄則」と言っている。

自分が何かしら乗っかれるもの

笠原のキャリアも紆余曲折に満ちたもので、やたらとコクがある。日本大学を中退し、志願して海軍に入隊するが、その年に終戦。軍隊から戻ってくると、日本は敗戦直後の混乱の真っただ中にあった。銀座の連れ込み宿のマネジャーを振り出しに、仕事を転々とする。

昭和二八年ごろから東映の宣伝部に出入りするようになり、宣伝プレスのストーリーづくりの仕事を与えられる。映画のストーリーそのものではなく、出来上がった脚本をプレスシート用にまとめていく仕事だ。笠原はこの仕事を毎週二本、四年で四〇〇本やったという。

これが意図せざる下積みになる。社内のシナリオコンクールで一席になり、だんだん脚本家として飯が食えるようになっていく（この辺のいきさつは『「妖しの民」と生まれきて』に詳しい)。のちに昭和屈指の映画脚本家と称された人も、出だしは連れ込み宿のマネジャーである。案外どんな仕事もこんな感じで、偶然の出会いの延長にキャリアなるものが築かれていくのではないかと思う。

本人はもっと抒情的な映画をつくりたかったらしい。しかし、依頼がくる仕事の一つひとつに真剣に取り組んでいるうちに、いつの間にか任俠映画の脚本家として名前が売れていく。やがて実録路線でヤクザ映画に新風を吹き込み、『仁義なき戦い』でその名を映画史に刻むことになる。

「やくざ映画のライターという仮面をかぶってやってきた。最初は、生活のために引き受けただけだった」と、笠原は明言している。その一方で、「ほんとうに面白いものを書くために、自分が何かしら乗っかれるものを探す必要があった」。

笠原の初期の主要な仕事に『日本俠客伝』がある。ヤマ場に来る流れ者の殴り込みのシーンで有名な作品だ。その流れ者の心情に笠原は流れ流れてヤクザ映画のライターになった自分自身を重ねた。「自分が何かしら乗っかれるもの」がシナリオに力を与え、歴史に残る名場面となった。作品と商品のジレンマのなかで、笠原はときにはこのように自分の心の奥底にある芯を剝き出しにして脚本に叩きつけた。

『映画はやくざなり』は引退後の回想録であり、この時点では「映画界には未練は持っていない」と笠原は言い切っている。「脚本はしょせん仕事……」というスタンスを感じさせる。こういう割り切った感じというか、突き放した感じがないと、どんな仕事も長くは続けられない。その一方でしかし、仕事に対して何かしら自分の中から湧き上がってくるものがないと続かないのもまた事実だ。一見すると仕事に対してクールで覚めている。ところがその奥底にはやたらにアツい情熱がある。かと思うと仕事の渦中でもどこか自分を客観視している。このバランスというかコントラストが絶妙だ。ある道のプロや一流の経営者に共通の特徴である。

まずはコンセプト、書くのは最後

僕が自分の仕事で『映画はやくざなり』からもっとも影響を受けた部分は、映画の脚本を書くという仕事における「何をどういう順番で考え、モノにしていくのか」という仕事の順序の重要性だ。

これまでも強調してきたように、優れた戦略の本質は因果論理の時間展開にある（だから戦略は「ストーリー」になっていなければならない）。「組み合わせ」だけでは優れた戦略になりえない。むしろ本質は「順列」にある。時間軸に沿った「物事の順序」が肝心だ。

たとえば野球のピッチャーの戦略で考えてみよう。あるピッチャーがいる。この人の手持ちの球種には三つしかない。ストレート、カーブ、シュートだ。ストレートはせいぜい一四〇キロのスピードしか出ない。しかし、シュートの切れはよく、大きく曲がるスローカーブのコントロールにもなかなかのものがある。

バッターを打ち取るために、このピッチャーがとるべき戦略は何か。「順列」という考え方がないと、戦略の焦点は個別の構成要素に向けられる。一四〇キロのストレートを一五〇キロにしろ（既存の要素の強化）、フォークボールもマスターしろ（新しい要素の追加）、という話になる。挙句の果てに、大リーグ養成ギプスをはめろ、消える魔球（専門用語でいう「大リーグボール2号」）をマスターしろ、という話になる。これでは戦略として話にならない。肩を壊してしまう。そもそも「消える魔球」がないのがビジネスだ。

だから、自然に考えてピッチャーの戦略は順列の問題となる。球種はシュートとカーブとストレートだけでいい。スピードもメチャメチャ速くなくていい。ただ、一球目に内角をえぐるようなシュートを投げる。バッターの腰が引けたところに二球目は外に流れるスローカーブ。バッターは体が泳いで打ち損じ、ファールになる。で、三球目に、スピードはないが内角ぎりぎりにビシッと決まるストレートを投げて打者を詰まらせ、内野ゴロで打ち取る。これが「物事の順番で勝負する」ということであり、戦略ストーリーの本質である。

映画づくりもこれと似ている。「誰もが思いついてない目の覚めるような斬新なプロット」などそもそも存在しない、というのが笠原のスタンスだ。普通の人間が面白いと思うストーリーはすでにすべて出尽くしている。どこを見渡しても、「日の下に新しきものなし」なのだ。

笠原は「書く」という作業を仕事の最終段階と定めている。「書く」のはストーリーづくりの最後にくる一要素でしかない。笠原は脚本を書くという仕事の「順列」を次のように定めている。ここに笠原の戦略のカギがある。

①　コンセプトの検討
②　テーマの設定
③　ハンティング（取材と資料蒐集）
④　キャラクターの創造
⑤　ストラクチャー（人物関係表）
⑥　コンストラクション（事件の配列）
⑦　プロットづくり

実際にプロットを書くのは最後の最後。まず考えるべきはコンセプトとテーマ。それができて初めて、資料を読み込み、背景となる土地に足を運び、人と会い……というハンティングに移る。そこからキャラクターを創り、キャラクター同士の人間関係を決めたうえで主な事件を配置し、いよいよプロットづくりにとりかかる。

笠原はストーリーづくりの最初にくるコンセプトとテーマをきわめて重視している。

笠原のいうコンセプトとは「戦略の凝縮した表現」。

『総長賭博』というタイトルで新作を書けと命令されたとき、ヤクザ映画はすでにマンネリ化しつつあった。そこに新風を吹き込むにはどうするか。それを考えることこそがコンセプトである。たまたま酒を飲みながらテレビで観ていた『アンタッチャブル』のメリハリがきいたリアリズムに笠原はヒントを得た。そこからセミドキュメンタリータッチのヤクザ映画というコンセプトが生まれる。

テーマとは、コンセプトに沿って客に伝えるべき映画の「観念」である、と笠原は定義する。最終的には人物のセリフや、モノローグや、ナレーションに落ちるわけだが、テーマをあからさまに表出するのは邪道で、客に以心伝心するものでないといけない。

コンセプトとテーマが固まったら、取材と資料蒐集《しゅうしゅう》である。ここで一気に仕事が具体に飛ぶ。このように、笠原にとって創作とは、具体と抽象をいったりきたりするなかで進めていくものだ。ストーリー、プロットをつくる前に、モデルとする土地に行ったり、人物を調査したり、閲覧可能な文献を集めたりして、ネタをとにかくいっぱい仕込む。テープに頼るにせよ、メモを取るにせよ、集めてきたものはノートに整理して家で見直す。そうすることで聞き流していた大切なポイントや、話の食い違いが見えてくる。

データを頭に叩き込むと、コンセプトとテーマが一層リアリティを帯び、深みを増してくる。しかし、だからといって、調査や資料の読み込みがコンセプトづくりに先行してはならない。先にあるべきはあくまでも本質を粗括りにするコンセプトとテーマでなくてはならない。

僕が尊敬する経営者の一人に日本マクドナルドの原田泳幸さんがいる。原田さんがよく言う言葉に「リサーチから始まる戦略はモノにならない」というのがある。いきなり客観的で具体的なデータから始めてしまうと、戦略ストーリーの細部や断片に走ってしまい、一貫性のあるストーリーにならない。笠原の話と一脈通じる考え方だ。

さて、ハンティングが終わり、具体的な素材がふんだんにそろった。ここで初めてキャラクターとキャラクター同士の人物相関図（ストラクチャー）に着手する。コンセプト、テーマ、ハンティングと順番にやってくれば、おおよそのストーリーは見えている。しかし、そこですぐストーリーに入り込むと人物がストーリーに都合よくつくられてしまう。それでは「引っ掛かりのないノッペラボーなドラマ」になる。それを避けるために主人公含め主要人物数名の「履歴書」を改めてつくってみよ、と笠原は言う。ここにも「具体と抽象の往復作業」がある。

笠原が脚本を書く作業のなかでいちばん好きだったのが、この「ストラクチャー」を考えることだった。ストラクチャーが弱いと緊張感がなくダラダラした印象になるが、あまり複雑にして収拾がつかなくなってもいけない。『総長賭博』という映画は、「音楽的なストラクチャー」を目指した。音楽のように観客を高揚させたうえで解放し、最後は交響曲を聴き終ったときのようなカタルシスを味わわせる。そのためにはどういう人間関係がいいかを考えていったという。

ストラクチャーが空間的な配置図だとすれば、時間軸でのストーリーの流れが「コンストラクション」である。話のなかに大小の事件をどう配列するかという問題だ。笠原は、「起・承・転・結」のそれぞれの区分のなかで、山場を「序・破・急」のリズムで刻んでいくことを心がけていた。そうやってラストに向かって、テンションが高まるようにもっていく。

このコンストラクションができてから、ようやくプロットづくりに入る。映画の世界だと、プロットはだいたい二〇〇字詰め一〇枚くらいでできるという。これが「何がどうしてどうなった」というストーリーの骨格となる。情緒的な修飾は不要。この枚数に収まらないときは、ストーリーがきちんとできていないということであり、逆に一〇枚に満たない場合はドラマの組み方が浅いのだと笠原は指摘している。この辺、いかにもプロのセンスを感じさせる。

パターンでも、テンプレートでも、ジャンルでもない

『映画はやくざなり』には「秘伝　シナリオ骨法十箇条」と題する章がある。拙著『ストーリーとしての競争戦略』でも、結論めいた部分で、この「骨法」という言葉を使っている。これは笠原の影響だ。

優れた戦略ストーリーは組織的な分業ではつくれない。戦略は「部署」でつくるので

はなく、「人」がつくるものだ。つまり、商売全体を動かせる特定少数の「経営人材」だけが戦略づくりの担い手になりえる。

この本で再三再四話してきたことだが、「経営者（経営人材）」と「担当者」、「スキル」と「センス」には決定的な違いがある。担当者であれば、それぞれの担当分野、専門分野のスキルの有無がものをいう。ＩＴのスキルがあれば、ＩＴ部門の担当者が務まる。財務部門のスタッフであれば、ファイナンスや会計のスキルが欠かせない。

しかし、話が戦略ストーリーを丸ごとつくるような「経営」となると、担当者の手に負えない。担当者が力を発揮するのは、担当分野や仕事の範囲が事前に定義されている場合に限られる。しかし、「担当範囲」が決められないのが経営だ。戦略をつくる経営者の仕事は、スキルだけではどうにもならない。センスとしか言いようのない何かが大切になる。

スキルには標準的な定義があるのに対して、センスは千差万別だ。「経営センスがある」といっても、その中身は人によって大きく異なる。異性にモテるかモテないか、結果においてはわりとはっきりしている。それでいて、モテる人はみな同じではない。それぞれにモテている。

戦略ストーリーをつくる能力にしても、「こうしたらできるようになりますよ」というスキルめいた答えはそもそも存在しない。それでも優れた戦略の基準なり条件を提示することはできる。これが『ストーリーとしての競争戦略』の意図だった。

その意味で、僕の仕事は絵画や映画や小説や音楽などの芸術作品の評論に近い。自分で優れた絵を描いたり映画をつくれるわけではない。どうしたら優れた絵や映画をつくれるか、スキルを伝授することはもとよりできない、しかし、優れた作品の本質部分をつかむことができれば、「こうすればよい」という方法論を示すことができないにしても、「こう考えたらどうでしょうか……」というかたちで、実務家の何らかの役に立てるのではないか。これが僕の仕事のスタンスだ。

そうはいっても、経営者や経営者を目指している人を想定して書いた本である。「優れた戦略とはこういうものです。あとは各自でよしなにどうぞ。以上、ありがとうございました」というスタンスで押し通してしまおうかとも思ったが、「こういうことを考えると、より優れた戦略ストーリーができるんじゃないでしょうか」という勘所を、多少なりとも議論できればそれに越したことはない。

そこで最終章を加えることにした。ところが、使う言葉にはたと困った。自分なりに適当な言葉をいくつか考えてはみた。たとえば「パターン」。しかし、「パターン」とか「型」といってしまうと、いくつかの戦略の「テンプレート」があるかのようなことになってしまい、僕の主張とそりが合わない。たとえば、『プロフィット・ゾーン経営戦略』(エイドリアン・J・スライウォツキー著)という本がある。高収益をあげている企業の「勝ちパターン」を整理して紹介するもので、これはこれでとてもよい本なのだが、「ストーリー」はこの本が提示しているような「パターン」ではない。

かといって、「TO DOリスト」みたいなものとも違う。あえていえば「勘所」とか「基本姿勢」とか「構え」といった言葉かな、と悩んでいたところ、ずいぶん前に読んだ笠原和夫の本に「骨法」という言葉があったことを思いだした。

笠原も僕の意図とほとんど同じ意味で「骨法」という言葉を使っている。つまり、骨法は「パターンではない」。パターンは時代や作品によって変わっていくけれども、骨法は不変かつ普遍である。「天の岩戸の前で踊った天鈿女命《あまのうずめのみこと》の舞も『ターミネーター』のシュワルツェネッガーの迫力も、おなじ骨法に沿っている」と笠原は言う。

さらに、骨法はラブストーリーとかサスペンスとかいったジャンルでもない。戦略づくりでいえば、フレームワークでも、勝ちパターンでも、ビジネスモデルでもないもの、それが「骨法」である。このような次第で、この言葉を僕の本の締めにありがたく使わせていただいた。

『映画はやくざなり』の話に戻る。笠原が骨法を書いた動機は「怒り」だった。その対象は北野武監督の『あの夏、いちばん静かな海。』。評判がいいというので観てみたら、あまりにつまらなかった。いったいどういう脚本なんだととりよせて見たら、八八のシーンのタイトルのみが列挙されているだけ。それに簡単な説明を加えたメモの羅列だった。

それを見た笠原は「こんなのはシナリオじゃない！」と怒り心頭に発し、シナリオをつくるというのはこういうことだと前々から考えていたことを一気に言語化した。これが本書に収録されている「シナリオ骨法十箇条」となったという成り行きである。

「シナリオ骨法十箇条」はそのすべてが笠原のオリジナルではない。彼が昭和二八年に東映に入って以来、いろいろな時と場所でいろいろな人から聞いたことを取捨選択して、「観客から金が取れる映画」を書くために必要な「基本中の基本」として練り上げたものだ。すでに話したように、シナリオを実際に「書く」のは、ストーリーづくりの最後にくる仕事だ。「シナリオ骨法十箇条」は、プロットができた後、脚本をいざ書き始めてから使うものとして提示されている。「骨法」というだけあって、簡潔にまとまっているが、さらにエッセンスだけ以下に抽出する。

・骨法その一　「コロガリ」
これからなにが始まるのかと客の胸をワクワクさせる展開の妙。英語でいえばサスペンス。不自然な展開やご都合主義の話の運びは「コロガリが悪い」といい、本筋だけがどんどん先に行ってしまう展開は「コロガリ過ぎる」という。観客との間で適当に駆け引きをしながら意表をつくカードを次々に見せていくのが最良のコロガリ。

・骨法その二　「カセ」
主人公に背負わされた運命、宿命。「コロガリ」が主人公のアクティブな面を強調するのに対し、「カセ」はマイナスに作用するファクター。たとえば身分違いの恋は「カセ」であり、そこから生じる波乱が「アヤ」。ドラマの楽しさは「アヤ」にあるが、適切な「カセ」がないと「アヤ」が生まれない。技術的にいちばん難しいのが「カセ」。「カセ」「アヤ」の双方が効果的に効いたドラマは文句なしに面白い。

・骨法その三「オタカラ」
主人公にとって、なにものにも代えがたく守るべき物、または獲得すべき物。主人公に対抗する者にとっては、そうさせまいとする、葛藤の具体的な核。サッカーのボールのように、絶えずとったり奪われたりすることで、多彩に錯綜するドラマの核心が簡潔明快に観客に理解される。とりわけアクション・ドラマの場合に「オタカラ」は必須。

・骨法その四「カタキ」
敵役。「オタカラ」を奪おうとする側の者。メロドラマにおける「恋（色）敵」。一目見てすぐ〈悪〉とわかるような「カタキ」は時代劇以外では浮いてしまう。トラウマや劣等感など、内部から主人公の心を侵害するものも「カタキ」になりえる。

・骨法その五「サンボウ」

「正念場」のこと。光秀が盃を載せた三方（台）をひっくり返して「敵は本能寺にあり！」という『絵本太功記』の場面に由来する。進退ギリギリの瀬戸際に立った主人公が運命なり宿命に立ち向かう決意を示す地点。複雑多彩に膨れたドラマの中心部で「サンボウ」の芝居をつけることで、観客にドラマがどちらを目指しているのか気づかせることができる。

・骨法その六 「ヤブレ」
破、乱調。たとえば失意の主人公がボロボロになって酒に溺れたり暴れたりする芝居。役者にとってもやり甲斐のある見せ場となる。

・骨法その七 「オリン」
バイオリンのこと。母子物の映画で、別れの場面にバイオリンをかき鳴らして観客の涙を誘ったことから、感動的な場面を「オリンをコスる」と呼ぶようになった。「ヤブレ」のあとにくることが多い。

・骨法その八 「ヤマ」
ヤマ場、見せ場。クライマックスのこと。本筋、脇筋を含めたあらゆるドラマ要素が結集し、人物たちは最大限に感情を爆発させ、衝突し、格闘し、一大修羅場を呈する。観客が抑制してきた興奮の発酵を、ここぞとばかりに一気に解き放つもので、作者自身がまず感動し、我を忘れるようなボルテージの高い場面にしなくてはならない。

・骨法その九　「オチ」
締めくくり、ラストシーン。予測と期待通りに終わる場合と、予測に反しながらも期待は満たして終息する場合の二種類がある。メロドラマは前者、ミステリーは後者が多い。予想ができて期待外れ、予想できなくて期待も満たされないオチは厳禁。思い切り楽しみつつ細心で丁寧な気遣いを持って書き上げる。

・骨法その十　「オダイモク」
お題目。テーマ。書き始める前に定めたテーマと書き進める過程で湧き上がってくるテーマの間に差異が生じたら、当初のテーマを捨てる。脚本を書き上げたところで、伝えようとしたテーマが十分に示されたかどうか、もう一度「オダイモク」を唱え直して検証することが肝要。

長々と並べたのは、笠原和夫の「骨法」が、パターンでもジャンルでもない、しかし「面白い映画」に必要な、確かに「骨法」としか言いようのないものになっているということをわかってもらいたいからだ。素人の僕でも、『ロシアより愛をこめて』『グッドフェローズ』『ゴッドファーザーⅡ』（パートⅡも。パートⅢとなるとちょっとアレだが、それでもアンディ・ガルシアの〝ヴィンセント・マンチーニ〟がジョー・マンテーニャ演じる〝ジョーイ・ザザ〟に復讐するところはカッコよすぎ！　中盤の「ヤマ」として最高だ）といったスキな映画を思い浮かべると、どれも笠原の骨法十箇条にきっちりと即していることに驚く。

この骨法を基準にすると、『あの夏、いちばん静かな海。』は脚本が話になっていない、というのが笠原の不満であった。しかし、だからといって笠原は北野武を全否定しているわけではない。骨法十箇条は笠原自身のキャリアの中で練り上げたものだ。北野武もまた、まったく違う経緯とキャリアの中で、自分とは違う彼なりの「骨法」をもって映画をつくっているのだろうと認めている。ことほど左様に、「センスは千差万別」なのである。

「正しさ」よりも「切実さ」

この本の最後の最後でだからといって、「骨法などに捉われて、自分の「切実なもの」を衰弱させてはならない」と笠原はクギを刺している。いちばん大切なのは「体の内側から盛り上がってくる熱気と、そして心の奥底に沈んでいる黒い錘《おも》りである」。

先にも書いたが、笠原が必ずしも自分の本意でないヤクザ映画の世界で一流といわれるようになったきっかけは、『日本俠客伝』の殴り込みの場面の流れ者の心情に「自分の何ものか」を乗せることができたからだった。

「シナリオ骨法十箇条」のその十の「オダイモク」のところでも、実際にドラマを書き進めるうちに湧き上がってくるテーマと、最初に決めたテーマに差異が生じたら、そのときは最初に考えた観念的なテーマを捨てよ、という一節がある。書くことを通じてつかんだテーマのほうが、血が通っているものだからだ。ただ、脚本を書き上げたときに、本当に自分が伝えようと思ったテーマが、十分に示されただろうかというのは確認する必要がある。つまり、「お題目」を唱え直してみるのである。

その映画の持っている「志」や「切実なもの」といった言葉にならないもの、それが「お題目」だ。それは特定の場面やセリフだけでは伝えられない。映画は笑わせたり、ハラハラさせたりするのも大切だが、見終わってそれだけだとどこか物足りない。「笑わせるにせよ、ハラハラさせるにせよ、その中に一つ『切実なもの』が貫通していなければ、観ている側の腹は一杯にならない。二度目になると莫迦にしだして、三度目はもう観にいかない」のである。結局、「本当に売れる」ためには、言葉にならない切実なものが入っていなくてはならない。

ビジネスの戦略ストーリーもこれとまったく同じだと思う。映画は観てもらってなんぼだし、商売も儲からなければ意味がない。しかし、やはりそれだけでは片づけられない何かがある。それは内面から湧き上がる「切実なもの」だ。それが結局は商売の原動力になる。

「切実なもの」、それはきわめて主観的なもので、「利益」とか「成長率」といった客観的な事象ではありえない。つまり、「良し悪し」ではなく「好き嫌い」の世界である。好き嫌いに中立で、良し悪しだけでできている戦略というのは、結局は長続きしない。

優れた経営者といわれる人には、仕事の話をしていても、好き嫌いがバンバン伝わってくる人が多い。前章のレイ・クロックはその極端な例だ。逆に、仕事の局面だと、何が好きで何が嫌いで何が楽しくて何がイヤなのか、さっぱりわからない「ツルっとした人」がいる。そういう人からは優れた戦略ストーリーは出てこない気がする。

会社の中でものを決めるときに、好き嫌いや個人の主観だけでは正当性を確保できない。だからどうしても期待収益率だとか、マーケットの伸びだとか、当社の強みにフィットしているとか、そういう良し悪しに頼らざるをえない。だから、みんなが「正しいこと」をしようとして、良し悪しの物差しで意思決定しようとする。

しかし、結局のところ、それだけでは優れた戦略ストーリーにはならない。客観的に「いいこと」は、誰にとっても「いいこと」となる。競合他社も例外ではない。客観的な良し悪しを基準にすると、どんな会社の誰が考えてもだいたい同じ話になる。その結果、他社との違いをつくれず、完全競争になり、儲からない。

笠原の言う「体の内側から盛り上がってくる熱気と、そして心の奥底に沈んでいる黒い錘り」、これなしには戦略ストーリーはできない。自分にとって切実なものは何か、理屈抜きの自分の血の騒ぎは何なのか、そういう自問自答が戦略ストーリーの起点にあり、終点になければならない。自分にとって「切実なもの」、それが戦略の原点であり、頂点である。

しかし、その切実な何かについては、笠原も本のなかでは言葉にしていない。こればっかりは、一人ひとりが夜眠る前に目をつぶって自分の胸に聞いてみるしかないのである。

第15章 ハッとして、グッとくる

『市場と企業組織』O・E・ウィリアムソン著

——日本評論社（一九八〇年）【原著初版（一九七五年）】

世の中には「勉強したい！」というニーズがよほど強くあるようだ。たとえば『プレジデント』のようなビジネス雑誌では、勉強法の特集をしょっちゅうやっている。勉強法に関する書籍も次々に出版される。

なぜこれほどまで勉強（法）ニーズが強いのか。逆説的だが、その理由はほとんどの人にとって勉強（ここでは「知識をインプットする活動」の総称を意味していると思ってください）がヒジョーに苦痛、いやでいやで仕方がない、できることならかかわらずに済ませたい、というものだからではないか。

なにぶん「勉め強いる」である。そもそも勉強が人間にとって自然とできることであれば、勉強法についての話もこれほど盛り上がらないわけで（だから「休憩法」についての雑誌の特集や本はあまりない）、そこをなんとかして勉強したい、勉強しなきゃ！という強迫観念が世に根強い勉強ニーズのドライバーになっているように思う。

「役に立つ」と「面白い」

勉強の方法にもいろいろあるが、今も昔もこれからも、王道はなんといっても読書（書籍という形式をとってなくてもよい。雑誌やウェブの記事にしろ、「書かれたものを読む」を意味していると思ってください）だろう。人間が読書に（継続的に）取り組めるとしたら、その理由には二つしかない。「役に立つ」と「面白い」、このどちらか（もしくは両方）だ。

「役に立つ」というのは、読書が何かの目的のために有効な手段だと思えるということ。「面白い」というのは、そのこと自体にその人にとっての価値があるということ。勉強で読書をするとなると、ほとんどの場合、何らかの動機や目的がある。読書して勉強しよう、勉強しなきゃという人は、ほとんどの場合、「役に立つ」のほうを動機としている。世の中にこれだけハウツー本、方法モノの本が溢れるという成り行きだ。目的と手段（読書という行為）が分かれているといってもよい。これが小説であれば、単純に面白いから読むわけであって、読書自体が目的となる。目的と手段が分かれていない。

僕は習慣としてジムに通っている。ジムでやることといえば、まず筋トレ。なぜやるのかというと、デブになるのを未然に阻止するため（すでに片足つっこんでいるが）。これは「役に立つ」からやる、という例だ。

で、筋トレが終わると、だいたいサウナに入る。これは後者の「面白い」に当たる。「面白い」というと語感がちょっとズレるのだが、ようするにそれ自体が「気持ちイイ」ので、ジムに行けば欠かさずに続けている（僕の友人で千葉幹夫さんという人がいる。先日雑談していたら、千葉さんは毎日自宅でスクワットを何百回もやるそうだ。なぜかというと、筋肉を酷使すること自体が最高に気持ちイイらしい。僕にとってはタダのヘンな話なのだが、千葉さんにとってのスクワットは僕のサウナに等しいということだ）。

海外に赴任する、英語を使わなければ仕事にならない、だから英語の勉強をしよう、本を読んで勉強しなくちゃ、というケース。ここでは勉強の目的が所与である。手段として強制されている、といってもよい。文字通りの「勉め強いる」だ。

しかし、このようにあからさまに手段と目的の連鎖が意識できることはむしろ希だ。「この分野の知識を深めたいな」というような漠然とした目的で勉強しようとするのが普通だろう。これがほとんど続かない。漠然とは「役に立つ」と思って本や雑誌やネットの記事を読んではみる。しかし、勉強したところでどうなるのか、目的と手段の連鎖を実感できない。だからすぐに挫折する。

どうすればよいか。話は簡単だ。勉強のための読書それ自体を「面白く」してしまえばよい。あからさまに面白そうなことであれば、強制されなくても自然と知りたくなる。たとえば、「フェイスブックの収益モデル」。この手の記事だったら、ちょっと読んでみよう、という気になる人は多いだろう。それ自体がいかにも「面白そう」だからだ。

もっと天然モノで面白いのが「ニュース」。しばらく前の話になるが、「フェイスブックの上場後の株価が予想を大きく下回る！」というような話。何となく読みたくなる。人が犬にかみついても面白くないが、それが飼い犬だと少し面白い事実になる。人が犬にかみつけば、もっと面白いニュースになる。

ことほど左様に、天然モノの「面白い話」であれば自然とインプットされる。しかし、ほとんどの場合、インプットすべき知識はそこまで面白い話なわけではない。しかも、その手の面白い話には誰でも自然と目を向けるので、誰でも知ることになる。特段の価値はない。

勉強の面白さは、ひとえに知識の質に関係している。上質な知識とは何か。それは「論理」である。論理は面白い。論理の面白さをわかるようになれば、読書は苦にならない。それどころか、自然とどんどん勉強のための読書が進む。習慣になる。

問題は、肝心の「論理の面白さ」というものが何だかわかりにくいということだ。論理は、事実の面白さとはまったく異なる。わかる人にはビンビンわかるし、グッとくるものがある。でも、わからない人にはまったく意味不明。

前振りが長くなったが、論理の面白さをなんとか言語的に説明しようというのが、ここでウィリアムソンの古典的名著を取り上げる目的だ。

ガツンとくる

論理の面白さには、大別して三パターンがあると僕は考えている。一つは「ガツンとくる（で、グッとくる）」。これだけだと擬態語だけなので説明になっていないが、ガツンとくるというのは、ようするに本質論の面白さだ。

たとえば、野中郁次郎さんの知識創造理論、これはガツンとくる論理の好例だ。野中さんは「知識が創造されるとはどういうことか」を考える。ご存知の方も多いだろう。暗黙知↓形式知（表出化）、形式知↓形式知（連結化）、形式知↓暗黙知（内在化）、暗黙知↓暗黙知（共同化）、という変換スパイラルを組織的に起こしていくということがすなわち知識の創造であるというかの有名な「SECIモデル」、これが野中理論の柱である。ご関心がある向きは『流れを経営する——持続的イノベーション企業の動態理論』をどうぞ。

もう三〇年近く前になるが、僕が学生のとき、野中先生は情報処理パラダイムという、当時の経営組織論の中心的な理論的視点に立って研究していらした。その成果である『組織と市場』という本は、当時、日本の経営学の代表的成果としてリスペクトされていた。その情報処理パラダイムの理論について野中先生が特別講義をするらしいというので、僕も興味をもって聴きにいった（当時の野中さんは一橋大学の学部ではなく研究所にいたので、学部生に対する普通の講義は持っていなかった）。すると、いきなり冒頭で、「情報処理パラダイムは捨てた！」と野中先生が言い放った。拍子抜けである。

なぜ自分が長年研究してきて評価もされているテーマを捨てるというのか。その理由を野中先生は説明した。曰く、「情報処理パラダイムの問題は暗い！」。わりと情緒的な理由である。「人間が機械のような情報処理の体系でしかなかったら、組織の存在理由はない、もっと明るい理論が必要だ！」。「でもそれに代わるものがまだよくわからないからこれから少し考え直したい」と、何かの宣言のようなかたちで講義が終わった。

思い返せば、これが知識創造理論の出発点、野中理論の転換期だったのだ。その後、三〇年をかけて、世界に冠たる知識創造理論が確立した。ようするに本質は何なのか。ここを問い続け、突き詰め、コトコトと中火で煮詰めていった先に、知識の創造とは暗黙知と形式知の相互作用プロセスであり、そこに（企業に代表される）組織の重要な意義がある、という構図が見えてきたのだ。このように熟考に熟考を重ねたうえで出てきた本質論は、ボディにガツンとくる。さまざまな経営行動の意義と意味合いをじわじわと教えてくれる。で、グッとくる。

少し話は逸れるが、野中さんがいかに日常から本質に向けた思索を突き詰めているかということがわかるエピソードをご紹介しよう。かつて僕が一橋の国立キャンパスにある商学部で教えていたころ、野中さんは同じキャンパスの産業経営研究所に所属していた。この研究所は大学の機構では商学部の一部であった。当時、国立キャンパスの商学部では、年一度職場旅行に行くことになっていた。わりと平均年齢が高い職場ということもあって、クラシカルな温泉職場旅行。浴衣を着て、大広間にコの字型にお膳が並び、芸者さんが出てきて三味線に合わせて謡ったり踊ったりするという完全昭和マナーの宴会が催されたものだ。

その席で野中さんは僕から離れたところに座っていたのだが、遠くから見ていると芸者さんにお酌をしてもらいながら野中さんがさかんに右手を左右に動かしている。声は聞こえない。しかし、僕には何を話しているかすぐにわかった。知識創造の本質が暗黙知と形式知の転換にあるという話をしているのだ。暗黙知から形式知へ（表出化）というところで右から左に手が動き、形式知から暗黙知へ（内在化）というところでまた左から右へ手が動く。そのうちに右手がぐるぐる回りだした。話がＳＥＣＩモデルのスパイラル状のダイナミクスに移っている！

面白そうだから近くにいって聞いてみた。すると、野中さんが芸者さんに「あなたは自転車の乗り方を説明できますか」と詰め寄っている。当然のことながら、怪訝《けげん》な顔の芸者さん。で、野中さんは「できないでしょう？　なぜだと思いますか」。当惑する芸者さん。で、「人間は語るよりも多くのことを知っているからです」と畳み掛ける。暗黙知の話を真顔で初対面の芸者さんに語りまくっているのである。

そのうちに芸者さんも論理の面白さを理解したらしく、自分の芸者としてのこれまでの芸事の修業プロセスが、まさに知識創造理論でよく説明できる、これからの仕事にもとても役に立つ、と喜んでいた。さすがに本質論。企業や経営を超越して、普遍的なパワーをもっている。

野中さんが典型例だが、本質論に行き着く人は、ある一つのことに対して四六時中「ようするに、何なのか」を考え続けている。これくらいでなければガツンときて、グッとくる論理には到達できない。温泉芸者を相手に真剣そのもので「ＳＥＣＩモデル」を説く野中先生の姿を目の当たりにして、若いころの僕は「この路線で本質論を突き詰めるのは自分にはちょっと無理だな……」と悟ったものだ。

ハッとする

論理の面白さの二つ目のタイプが、「ハッとする」（で、グッとくる）というものである。トシちゃん系（「ハッとして！　Ｇｏｏｄ」）の面白さだ（七〇歳以上の方と三〇歳以下の方はスルーよろしくお願いします）。これは因果論理それ自体の持っている面白さを意味している。知識創造理論のような本質論とはちょっと違う。本質論が「それって何なの？」という「ナニナニもの」の論理だとしたら、「ハッとして、グッとくる」論理というのは、「ナゼナゼもの」だ。

ハッとする論理の面白さにもいろいろある。ここでは三つのタイプを紹介したい。まず一つ目は、「代替的な論理の出現」。たとえばそれまで「ＡであればあるほどＸ」

と言われていたのが、「実はXに効いているのはB」というロジックが見つかって、しかもAよりもBのほうが説明力の点で勝っている。こういうときに、ハッとしてグッとくる。

『民主化するイノベーションの時代』という本の著者でもあるMITのエリック・フォン・ヒッペルは、「イノベーターとしてのユーザー」というテーマで研究をしている。その主要概念が「リードユーザー」。この概念自体は、野中先生の知識創造理論のような本質論に比べれば、はっきり言ってそれほど深みがある話ではない。でも、とても面白い。

「イノベーターとしてのユーザー」というのは次のような話である。今までイノベーションは供給側の仕事だと思われていた。たとえば半導体の製造装置。イノベーションは装置メーカーが起こすものだと考えられていた。ところが、イノベーションの発生プロセスをよく見たら、ユーザー自身がイノベーションを起こしているケースが少なくない。だとすると、供給側がどうやってイノベーションを起こせるのかということばかりに注目するのは片手落ちだ。重要なイノベーションの源泉に蓋をしてしまう。ユーザーのほうで起きているアイデアの創出をどう取り込むかにも目を向けるべきだ、という話になる。で、ハッとする。これが代替的論理の面白さである。

第二のタイプは、「AであればあるほどX」という因果論理が広く世の中で信じられているところに「実はCという第三変数がある」という論理を提出するというもの。これもまたMITのトム・アレンという学者は、研究開発活動の成果に影響を与える変数として、どれだけ組織外の人と密にコミュニケーションをとっているかが有効であるということを検証した。普遍的な知識を扱う研究活動はタコツボになるとダメになるという「常識」を裏づける調査だ。

これだけなら「まあそうだよね……」という話なのだが、アレンはそこに新たな変数を持ち込んだ。R&Dでも、基礎的なR（研究）に寄った活動もあれば、特定の製品をつくるためのD（開発）寄りの活動もある。社内外の人とのコミュニケーションがR&Dの成果に与える影響は、仕事のタイプという媒介変数によって大きく変わってくる、ということにアレンは気づいた。製品開発のような組織特殊的な活動においては、文脈がわかってない外部の人とやりとりしてもノイズが増えるばかりで、成果には何のインパクトもない。Dの場合は実は社内の人とのコミュニケーションのほうが成果に対して正の効果を持っているというわけだ。

ちょっと地味な研究の例ではあるが、視点が拡張し、ハッとする。物事についての理解が深まるし、新しいアイデアが出てくる（たとえば基礎研究部門のスタッフに学会に出張するコストをかける意味はあるが、開発プロジェクトのエンジニアに対しては、社内の飲み会や合宿ミーティングに時間とカネをかけたほうがペイする、というようなこと）。

「ハッとして、グッとくる」第三のタイプは「逆説」だ。平たく言えば「どんでん返し」。今「Xだと、よりYになる」という因果関係が、「Xだと、むしろYでなくなる」

「XであるほうがYを阻害する」というように、ひっくり返ってしまうというパターンである。このタイプでとびきり面白いのが、クレイトン・クリステンセンの有名な論理、「イノベーションのジレンマ」だ。

多くの方がご存知だと思うが、「顧客のニーズを追求し、新技術にも投資を惜しまない優良企業が、その優れた経営ゆえに破壊的イノベーションにやられてしまう」というロジックである。クリステンセンの著書『イノベーションのジレンマ（*The Innovator's Dilemma*）』のサブタイトルは、「技術革新が巨大企業を滅ぼすとき（*When New Technologies Cause Great Firms to Fail*）」である。イノベーションにおいては、しばしば「偉大な会社」の「正しい取り組み」が失敗を招く、という論理だ。

イノベーションには、従前の路線に沿った「持続的イノベーション」と、これまでの技術進歩が前提としていた次元を転換してしまう「破壊的イノベーション」という、質の異なる二種類がある。この二つを分けて考えるべきだ、というのが彼の論理の核となる主張である。

これまでの「正しい取り組み」からは、破壊的なイノベーションは生まれない。むしろ、顧客に対して価値を提供しようという「正しい経営」が重要なイノベーションの芽を摘み取ってしまう。これぞ逆説である。ハッとする。「なるほどね！」と、グッとくる。面白い。だから、今でもクリステンセンのこの本はロングセラーとなっている。

クリステンセンのような大学者と並べるのも僭越きわまりない話だが、僕の芸風もどちらかというと「ハッとしてグッと」のトシちゃん系だと心得ている。世の中みんなが、「XになればなるほどYだ」と思っていたのが実は逆だったとか、そういう展開の論理を考えるのが大スキ。勉強していて面白いと思うのも、アレンやクリステンセンのような「ハッとする」系のものが多い。

詳しくは拙著を読んでいただきたいのだが、『ストーリーとしての競争戦略』で僕なりにいちばん価値があると思っている論理は、「戦略を構成する部分と戦略ストーリー全体では合理性にギャップがある」という話だ。ここから「非合理の合理性」という考えが出てくる。儲けるために「よいこと」をやっているだけでは、持続的な差別化は不可能だ。そもそもそんなに「よいこと」であれば、とっくに誰かがやっているだろうから差別化にならない。「間違ってなければ違いにならない」のである。

競合他社からみて、自社の戦略ストーリーに一見してあからさまに「非合理」な面があれば、他社は同じことをするのを意図的に忌避する。優れた戦略がストーリー全体として合理的であっても、そこにストーリーの文脈から切り離してそれだけ見るとやたらに非合理の要素が入っていれば、差別化が持続する。他社がほかの要素を真似しても、肝心の非合理にみえる部分をよけて通るからだ。だとすれば、真似をしてくるにしても競合他社は同じストーリーを再現できない。敵が戦略を模倣しようとするほど、自分たちのストーリーの一貫性を壊してしまい、パフォーマンスが低下して自滅するという成り行きになる。

模倣障壁を高めるよりも、敵が模倣の挙句に自滅するような戦略のほうが秀逸なのではないか。これが『ストーリーとしての競争戦略』の中核的な論理だ。僕としてはわりと面白いと思っているのだが、いかがでしょうか？

ズバッとくる

論理の面白さの三つ目のパターン、それは構成概念自体の面白さである。このタイプの面白さは、「ガツン」でも「ハッ」でもなく、「ズバッとくる」（で、グッとくる）。この辺、それぞれの違いが伝わるか若干不安なのだが、気にせず話を前に進める。「ガツンとくる」本質論にはコクがある。「ハッとする」逆説には、キレがある。このコクとキレに対して、「ズバッとくる」構成概念は、天然の素材の美味しさで勝負する。ようするに、その概念が本来持っている魅力、論理的な美しさである。論理のエレガントさ、と言ってもよい。

論理的なエレガンスとは、きわめて特定少数の構成概念でありとあらゆる現象が斬れる、ということを意味している。ガツンとくる論理がコクと滋養に溢れた煮込み料理、ハッとする論理が素材の意外な取り合わせで新しい美味しさをつくる創作料理だとすれば、ズバッとくる論理の面白さは最高のお米を使って職人が炊き上げたご飯の美味しさである。どんなおかずにもマッチして、おかずの美味しさを引き立てる（この比喩、意味が伝わるかな?)。ハッとする面白さがトシちゃん系だとしたら、ズバッとくるのはマッチ系だ(「ギンギラギンにさりげなく」)。一見あっさりとしたさりげない概念なのだが、その説明力はギンギラギンに強力なのだ(この辺、意味が伝わるかな?)。

ここからやっと『市場と企業組織』についての話になる。著者のウィリアムソンは経済学者で、二〇〇九年にノーベル経済学賞を受賞している。彼の主要な業績が、本書が議論している取引コスト(transaction cost)という概念の提唱だ。これがやたらに「ズバッときて、グッとくる」。

取引コストの概念

たとえば、株を買うとする。買い手はもちろん株価に株数をかけた金額を支払わなければならない。しかし、これ以外にも、ブローカーに仲介手数料を払わなければならない。これが「取引コスト」だ。

株取引に限らず、ありとあらゆる経済的な取引には取引そのものが必要とするコストがかかる。たとえば自分が求めているものをいちばん安く買いたいと思ったら、情報収集にお金や時間をかけなくてはいけない。商売をするうえで信頼を形成したり、取引に際して契約を交わしたり、法律家に契約書をつくってもらわなければならない。契約したあとで、きちんと履行されるかをモニターするためにも、それなりのコストがかかる。

このように、商品やサービスそのもののコストのほかに、それを手に入れるための取引が必要とするコストを総称して取引コストという。

もちろん取引コストは目に見えるコストではない。損益計算書に「取引コスト」という費目があるわけでもない。取引コストは構成概念にすぎない。しかし、これが実にいろんなものを説明してくれる。まったく別々だと思ったものが、この取引コストという補助線を引くと、実はことごとくつながっていく。この辺、取引コストの理論は「ズバッときてグッとくる」面白さに溢れている。さりげないけどギンギラギンの面白さだ。

取引コストの概念がすごいのは、これがそのまま経済取引のガバナンスの説明になっているということだ。ガバナンスというと「取締役会の構造が……」みたいな話になるのだが、ここではさらに上位概念としてのガバナンス、つまりさまざまな経済取引を統御する原理を考える。

経済取引のガバナンスには二つのメカニズムがある。一つが「市場」、もう一つが「組織」だ。だからタイトルが『市場と企業組織』になっている。市場の反対は組織で、組織の反対が市場だというのがウィリアムソンの考え方だ。

組織の対語というと、「個人」を考えるかもしれない。しかし、個人が集まったものが組織だから、組織と個人は対ではなく、「含む・含まれる」の関係にあるといったほうがよい。組織の対語は市場である。市場でないものが組織で、組織でないものが市場なのだ。このように、組織と市場は「色即是空、空即是色」の関係にある。

市場と組織が経済的な取引をするための代替的な手段だとすると、どちらを取るかを決める要因は何か。それが取引コストだというのがウィリアムソンの理論の中核だ。

市場では、価格シグナルによって取引が決まる。たとえば株式市場。みんなが今の株価を見て買うか買わないか、どれだけ買うかを決める。参入も退出も自由。一方の組織においてはある特定の主体が計画して、指令して、みんなが従う。しかもメンバーシップは長期継続的だから、参入と退出は相対的に自由ではない。

経済学を勉強した人は「市場の失敗」という話を聞いたことがあるだろう。これは、ある取引を市場でやると取引コストが高すぎるから、組織のなかでやったほうがいい、という状況を指している。当然、その逆の「組織の失敗」もある。組織というメカニズムで取引をすると、取引コストが高くつきすぎるので、市場で取引したほうがいいというわけだ。ようするに、「取引コスト」という補助線を引くと、まったく別々のように見えていた市場と組織が、実はシンメトリックな概念であることがわかるのである。アタマがすっきりする。

身近な例で説明しよう。たとえばキャベツをスーパーマーケットで買う行為は市場の取引である。スーパーで値段のついたキャベツが積んであるのを取ってレジで買う、この取引を統御しているのは市場というメカニズムになる。この場合の取引コストが不合理なほどに高くなるケースを考えてみよう。キャベツが本当に安全かどうかわからない場合、安全かどうかを調べるのに、キャベツが一個一〇〇円なのに、調査費用が一万円かかるとする。そうすると、取引コスト（この場合一万円）が高いので、むしろ自分の家で奥さんとか子供に指示して、計画を立てて、「組織的に」キャベツを育てたほうがいいだろうということになる。

これがキャベツを例にとった「市場の失敗」だ。その場合、取引が市場（スーパーでの購入）というメカニズムから、組織（家庭菜園での生産）というメカニズムに移される。つまり、市場の取引の取引コストが高すぎると、市場は後退して組織が全面に出てくる。

なぜ「会社」ができたのか

市場メカニズムを使った場合の取引コストに影響を与える要因は何か。その第一は、人間の持つ「限定された合理性」だ。人間はいつも合理的に行動しようとする。しかし、人間が利用可能な知識や情報には制約がある。だから完全に合理的には行動できない。これが「限定された合理性」の概念だ。

二つ目が「機会主義」。売り手が嘘をついたり、買い手の無知に付け込んだりするかもしれない。つまり、情報の操作や偽りである。この可能性が高いほど、市場での取引コストは大きくなる。

人間的な要因以外に環境的な要因もある。その一つが複雑性だ。たとえば保険の契約をするときに、膨大な保険証書を全部読んで、難しい条項を理解しなければ保険の価値がわからないときには、取引コストがはね上がる。これは前述の「限定された合理性」と裏腹の関係にある。人間の合理性は限定されているので、複雑性が高まると、取引コストが増大する。

環境的要因としてもう一つ、「少数性」という概念がある。たとえばキャベツ生産農家が日本に二軒しかない状況を思い浮かべていただきたい。実際は、何万軒もあるから市場というメカニズムが成り立っているわけだが、仮にキャベツの生産者が二人しかいなかったら、この二軒の農家がつるんで情報操作をしたりする可能性は高くなる。「限定された合理性」「機会主義」「複雑性」「少数性」の四つの要因で、取引コストが大きくなったり、小さくなったりする。「初めに市場ありき」という前提からスタートすると、市場での取引コストが上がるにつれて、組織というものが出てきたと考えることができる。このように、取引コストという概念は「なぜ企業組織が世の中に出現したのか」という非常に大きな問いに対する答えを与えている。

話はここで終わらない。最初は市場だけで取引をしていたところ、さまざまな問題が生じて、その解決のために組織ができる。初めは単純な仲間集団（ギルド）のようなものだ。仕事がさらに大規模で複雑になると、上司、部下、といった指令系統を持つ単純階層組織が生まれてくる。さらに、それぞれの組織がバラバラに動くと取引コストが大きくなってしまう状況が生じ、垂直統合というもう一段上の組織化が起こる。販売しかしていなかった会社が生産もやるようになるとか、開発だけしかしていなかった会社が生産や流通までやるようになる。こうして大企業が誕生する。

このように、取引コストという概念一発で「会社はなぜ、どうやってできたのか」という、とんでもなく深い問いを説明できてしまう。これが「ズバッとくる」、エレガントな論理の面白さだ。

これからの「会社」の存在理由

ウィリアムソンは、「初めに市場があった」という前提から、市場の失敗によって、取引コストが上がり、組織が成立すると説明しているわけだが、今の世の中を見渡すと、まったく同じ概念を使って、逆方向での面白い議論ができると思う。

本書が書かれた時代と比べて情報技術がこれだけ発達すると、さまざまな取引コストが激減する。一九八〇年代以降、市場という取引メカニズムのパワーが大きくなり、組織が後退していった理由も、ウィリアムソンの取引コストの理論で十分説明できる。

この二〇年ほど、従来は組織内部で行われていた取引がどんどん市場に移されるという現象が進行している。業務のアウトソーシングや、正規社員から契約社員への移行がその例だ。高いコストを払って組織のなかに抱えておかなくても、市場メカニズムを縦横に使えばビジネスがより効率的にできる。このまま市場の取引コストが下がり続けたら、組織の存在理由はどこに残るのか。

ウィリアムソンの理論は、時代を超えてこのような深遠な問いかけに対する答えを導くよりどころになる。アウトソーシング、契約社員、オープン・イノベーションなど、組織の領分をどんどん市場に「明け渡して」いくだけでは、組織の自殺である。突き詰めれば、もう会社なんかいらない、そんなもの解散しちまえ、という話になる。

ようするに、これだけ多くの点で市場の取引コストが下がっているのだから、これからの会社（組織）は市場ではできないことをやるしかない。ここにこれからの会社の進むべき方向性がある、というのが僕の意見だ。

「企業は市場原理で動くものだから……」という物言いは、企業を市場の中の一つの点としてとらえれば正しいけれども、一面では頓珍漢な話である。ウィリアムソンの考えを極端にいえば、会社という組織はそもそも反市場的な存在であって、だからこそ会社というシステムが世の中に定着したともいえる。これからの会社とそのマネジメントはこの原点に立ち戻るべきだと考える。

ウィリアムソンがすごいのは、この辺のことをちゃんと考えているところである。彼は理論モデルの中に「雰囲気」という概念を取り入れている。

市場における取引は、「技術的分離可能性」が前提になっている。たとえば、労働者一人に割り当てられる仕事をほかの労働者の仕事と完全に分離できれば、アウトソーシングは理にかなっている。発生する仕事をこなしてくれる労働者を、必要な量だけスポット契約で雇えばいいという話である。しかし、ウィリアムソンは、仮に仕事を技術的に分離できたとしても、人間の「態度」に関しては分離不可能なものがあると言う。人間の態度までも分離可能なものとして扱うと、部分最適となって、結果的に全体のアウトプットは下がってしまう。

たとえば、自発的な献血がいいのか、売血がいいのかという議論がある。ウィリアムソンの見解では、市場メカニズムを使う「売血」は、献血システムを衰弱させる。なぜなら、血液市場をつくると人間が本質的にもっている利他主義という「態度」が減じられてしまうからである。値段のつかないものを提供する自分たちは不可欠の存在だと思えるからこそ、利他的な行動が触発される。その結果として、自発的献血がせっかく起きているのに、血液を商品化すると取引の性質が変わってしまうというわけである。

だったら血液の価格を上げたら血が集まるかというとそれはうまくいかない。つまり無料で行う献血と利他主義は不可分であり、売血は利他主義の実践による満足をもたらさないので、結果的に血液を提供する人が減ってしまう。

こういう「満足を呼び起こすような交換関係」といった「雰囲気」は、市場メカニズムでは十分に扱えない。「一リットルいくらで買います」といった具合に血液を必要なときに必要なだけ市場から吸い上げるシステムは理にかなっていないのである。

こうした「雰囲気」にまつわる議論は、本書の中では付随的にしかなされていない。しかし、ここでウィリアムソンがぼんやりとモデルの中に入れている「雰囲気」こそが、僕はこれからの組織のよりどころではないかと考えている。

組織の「濃さ」

僕がこれからじっくりと考えてみたいのは、「組織の濃さ」とでもいうべき概念だ。組織の特徴を記述する伝統的な変数としては、規模（大きさ）、垂直分業の程度（高さ）、水平分業の程度（広さ）、公式化の程度（堅さ）などいろいろとあるのだが、「濃さ」はこれまで見過ごされてきたのではないだろうか。

「組織の濃さ」の概念はこれから鋭意詰めなければならないので、ここでは直感的な言い方になる。ようするに、「濃い組織でなければ、組織として存在する意味がない」というのが僕の仮説だ。なぜ市場がパワーを持つこの時代に「会社」をやっているのか。この問いに明確に答えられる組織でなければ市場メカニズムに侵食されて、会社としての存在理由を失ってしまう。

「濃さ」というのは、カネでは買えないもの、純便益のための手段としては片づけられないものの総体を意味している。個人の中の成長とか、信頼とか、やる気とか、達成感とか、取り出してきてその部分だけ売ったり買ったりできない分離不可能なものの蓄積で組織は「濃く」なる。

たとえば、労働市場。情報技術の発達で労働市場の効率が上がり、雇用が流動的になったといっても、市場メカニズムで相互に理解できるようなスペックだけで人を集めると、ロクなことにはならない。それは雇用する側の企業も雇用される個人も経験値として知っているはずだ。人を市場取引に任せてしまえば、ある面では取引コストが高くなる。

逆にいうと、そうしたことをよくわかっている組織は、やる気があって、本当にその仕事が好きな人間を引き寄せる「雰囲気」をつくっている。これからの経営者は、労働力も開発も生産も営業も企画も、その気になればすべて市場で「効率的」に調達できる時代に、なぜ自分の会社は組織として存在し続けるべきなのかについて、誰もが納得する答えを持っていなければならない。

僕の関心に引きつけていうと、戦略のストーリーをつくるとか、共有するとか、実行するといった仕事は市場取引では手に入れられないものだ。「勝てる戦略ストーリーをつくってくれ」とカネを出せば市場で買ってこられるものでもない。当然のことながら、これでは取引コストが高すぎる。いくらコンサルタントを雇っても、その会社の支柱となる戦略ストーリーのアウトソーシングはできない。そんなことができれば、経営も経営者も必要なくなる。全部その場限りのコンサルタントが短期の契約でやればいいだけの話だ。

「面白さのツボ」を見つける

市場でないものが組織、組織でないものが市場。何であるかということを考えるということは、それが何でないかを考えることでもある。第6章の『最終戦争論』でいえば、石原莞爾は持久戦争という概念をもってくることで、自分が主張する決戦戦争の内容をより鮮明にすることに成功している。

しかし、石原莞爾の場合は二つのタイプの戦争を対比させるだけにとどまっている。ウィリアムソンがすごいのは、市場と組織をつなぐ補助線として、取引コストという概念をもってきたことだ。この概念一発で「会社はどうやってできたか」から「これからの会社はどうあるべきか」「優れた組織とは何か」といった大きな問いにズバッと明快な答えが導き出される。さすがにノーベル賞をとっただけのことはある。

ウィリアムソンの『市場と企業組織』を題材に、論理を勉強することの面白さについて話をしてきた。自発的に読書をし、勉強を続けるためには、とにもかくにも論理(化)の面白さを頭と体で知ることが大切だ。本を読むときには、いつもその背後にある論理を少しだけでも考えてみる。これは読み方としてわりと時間がかかる。しかし、そのうちに論理の面白さを感じるようになる。論理の面白さにいくつかのパターンがあることが見えてくる。すると、自分が面白がるツボも自覚できる。

「ガツンとくる」「ハッとする」「ズバッとくる」というのは僕なりの論理の面白さの分類だが、読者の方々も自分にとっての面白さをパターン化して、どこに自分のツボがあるのかを考えてみることをおすすめする。多くの人があからさまに面白がることでなくても、読書や勉強に関して、自分で妙に面白いと思ったことが、誰にも一つや二つはあるはずだ。なぜそのことを面白がれるようになったのか。まずはその「論理」を考えてみることだ。

面白さのツボがわかればしめたものだ。面白い論理との出合いを求めて勉強が進むようになる。「これ、面白そうだな」と自分の感覚に引っかかった映画を観るように、読書と向き合える。もちろん全部が全部面白い論理を提供してくれるわけではない。映画と同じで「ハズレ」もある。しかし、だからといって一度論理の面白ささえわかってしまえば、勉強がイヤになることはない。習慣として持続する。

繰り返し言う。知識の質は論理にある。知識が論理化されていなければ、勉強すればするほど具体的な断片を次から次へと横滑りするだけで、知識が血や骨にならない。逆に、論理化されていれば、ことさらに新しい知識を外から取り入れなくても、自分の中にある知識が知識を生むという好循環が起きる。

読書や勉強に限らず、どんな分野のどんな仕事でも、優秀な人というのは「面白がる才能」の持ち主だ。面白がるのは簡単ではない。人間の能力の本質ど真ん中といってもよい。時間をかけてでもそうした才能を開発できるかどうか、ここに本質的な分かれ目がある。

第16章　日ごろの心構え

『生産システムの進化論』藤本隆宏著

有斐閣（一九九七年）

著者の藤本隆宏《ふじもとたかひろ》さんは日本の経営学を代表する研究者にして「ものづくりの経営学」の泰斗《たいと》。僕にとって仰ぎ見る存在だ。

本章で取り上げる『生産システムの進化論』のほかにも、藤本さんの研究と主張はいくつもの本として世に出ている。その一部をあげるだけでも『日本のもの造り哲学』『能力構築競争』『ものづくり経営学』、新しいところでは国際競争や円高・震災で追い込まれているかのように見える日本のものづくりの本質を現場主義の視点で論じた『ものづくりからの復活』などがある。いずれもものづくりの経営に正面から取り組んだ、横綱相撲の傑作だ。

藤本さんとの最初の出会いは、僕が大学院生のときだった。*Product Development Performance*（Kim Clark & Takahiro Fujimoto）という本で藤本さんの存在を知った（以下、PDPと省略）。この本は後に『製品開発力』というタイトルで翻訳が出版されている。ＰＤＰは藤本さんの博士論文をベースにした本だ。

初めてお目にかかったとき、藤本さんはアメリカの大学院での研究生活を終えて帰国したばかりだったと思う。日本の自動車産業やトヨタに代表される日本の自動車メーカーが、日本のものづくりの競争力の象徴として世界中から注目されていた頃のことだ。自動車産業の製品開発を対象にした実証研究であるＰＤＰも、当然のことながら大いに注目を集めた。

研究者の世界ではこういう共著の研究書を、著者の名前と出版年を並べて「クラーク・藤本（1991）」というように表現することが多い（たとえば、「クラーク・藤本 1991、読んだ？　ああいうほうがアバナシー・アタバックみたいなマクロで概念的な研究よりも迫力があってイイよね」というように。ちなみに「アバナシー・アタバック」というのは Abernathy & Utterback［1978］"Patterns of Industrial Innovation," *Technology Review* という論文のこと）。周囲の人々がしきりに「クラーク・藤本」と言っていたので、僕ははじめクラーク藤本という日系人の学者がいるのかな、と勘違いしていた（ちなみにクラークさんは、ハーバードビジネススクールのオペレーション・マネジメントの大学者）。

ＰＤＰは企業の組織能力に注目して、自動車産業の製品開発パフォーマンスを左右する要因を国際比較の観点から分析した名著だ。「日本のものづくりのカギはすり合わせ能力だ」というのはよく聞く話だが、ＰＤＰはこうした議論の起点となった研究である（ただしよく言われる「日本のものづくりはすり合わせ」という議論は、藤本さんの研究を発端にしているものの、本来の藤本さんの主張をわりと誤解していることが多い。これについてはまた後で触れる)。

PDPを読んで感動して興奮した僕は、唐突に自分のつたない論文(これが今思うと箸にも棒にも引っかからないどうしようもない代物)を藤本さんに送りつけて、「ぜひ読んでコメントしてください!」という迷惑な手紙を書いた(ちなみに二十代の僕は藤本さんを含めた周囲の影響もあり、技術開発や製品開発のマネジメントの研究がカッコイイとなぜか思い込んでいて、そういう分野で研究をしていた。ところが、やればやるほど調子が出ない。テーマの選択が実際はただの思い込みで、自分に向いていないということに気づくのに、その後一〇年近くかかった。で、憑き物が落ちた僕は競争戦略の方面へと徐々に方向転換したという成り行き)。

「ポジショニング」と「能力」

競争戦略論には、昔から大まかにいって二つの考え方がある。一つが「ポジショニング」、もう一つが「能力」(capability)だ。いずれにせよ、競争戦略の本質は競合他社との「違い」をつくることに違いはないのだが、この二つでは想定している「違い」が違う。

ポジショニングという考え方に立つ代表的な論者には、たとえば競争戦略論の大家として有名なマイケル・ポーターさんがいる。ポジショニングの戦略論は「トレードオフ」の論理を重視する。利用可能な資源は限られている。全部を同時に達成できるわけではない。だから何をやって、何をやらないかをはっきりと見極めることが大切になる。「これで勝つ」という立ち位置をまず選択する。そこに限られた資源を集中的に投入する。「どこで勝負するか」という位置取り（ポジショニング）が戦略の焦点になる。

オリンピックの例で考える。（世の中の注目度は別にして）純粋に金メダルを取ることが目的であれば、世界中から飛び切りの才能をもったアスリートがしのぎを削る一〇〇メートル走はあえて避けたほうがよさそうだ。オリンピック競技として由緒正しい近代五種に出たほうが金メダルが取りやすい（ような気がする。近代五種が何なのかもわからずに言っている推測だが、おそらく正しいと思う）。これがポジショニングの考え方だ。

ポジショニングがこのように「アウトサイドイン」の思考（まずはオリンピックのすべての競技種目を見渡して比較検討し、そのうえで勝てる種目を選択する）をとるのに対して、能力の戦略論は「インサイドアウト」（どの種目に出るのかは別にして、まずは自分の体を鍛える）の発想で違いをつくろうとする。たとえ競争が激しい一〇〇メートル走でも、他者よりも能力において優れていれば勝てるはずだ（というと当たり前に聞こえるが、ポジショニングという伝統的な発想ではそうならないことがポイント）。ポジショニングは二の次で、まず能力の開発を重視する。時間はかかるにしても、他者が簡単に真似できない能力を構築できれば、金メダルが取れる。戦略の焦点は、そうした独自の能力を構築していくプロセスのほうにある。

ポジショニングの戦略論がトレードオフの論理に立脚しているとすれば、能力の戦略論のカギは模倣の困難さ（inimitability）にある。ようするにみんなが九秒九九だとか、一〇秒フラットだとか言っているときに、「あーごめんごめん、俺、九秒五八だから。生きる伝説なんで。悪いね」とさらっと言ってしまえるウサイン・ボルトのような競争優位、これが能力の戦略論の目指すところだ。結果において速いのはわかっているけれど、真似しようと思っても真似できない。それを可能にするのが組織能力である。

戦略論の視点から見れば、藤本さんのＰＤＰはポジショニングではなく組織能力に注目している。ＰＤＰは自動車産業の製品開発を対象に、（当時の）日本の自動車メーカーの組織能力が相対的に優れたパフォーマンスをもたらしているということを実証する。『生産システムの進化論』はＰＤＰの後に続く藤本さんの研究成果。副題に「トヨタ自動車にみる組織能力と創発プロセス」とあるように、トヨタ生産システムを中心とした研究になっている。ＰＤＰが国や企業間のパフォーマンスを比較するクロスセクショナルな研究なのに対して、本書は「トヨタ生産システム」として知られるものづくりの組織能力がどこから生まれ、どのように形成され、どのように進化したのかという問いに答えようとする。対象を徹底的に掘り下げる藤本さんにしてみれば、クロスセクショナルな分析で日本のものづくりの能力をつかんだ後に、その発生論的な研究、能力構築と進化のプロセスの研究に取り組むのは自然な成り行きだといえる。

前章では「論理の面白さ」を三つのパターンに分類した。本質を抉り出す「ガツンとくる」論理、逆説を鮮やかに提示する「ハッとする」論理、もう一つはごく少数の構成概念で、森羅万象をエレガントに説明できてしまうような「ズバッとくる」論理。『生産システムの進化論』の面白さは、このどれでもない。もう一つのタイプ、「じわじわくる」系だ。ある仕組みや事象が「実際のところどうなっているのか」を細部の細部まで入り込んで解き明かしていく。本書のまえがきにあるように「企業システム進化のダイナミックなプロセス、とくにその細部が知りたい」(傍点筆者)という欲求、これが藤本さんの研究動機の中核にある。

藤本さんの研究手法は徹底した現場主義。とにかく現場を歩き、現場を見る。そして見破る。実地調査、フィールドワークの鬼。藤本さんは自動車のものづくりシステムの細部まで手に取るように知悉している。本書の後に出た『日本のもの造り哲学』のまえがきで、藤本さんはこう言っている。「ほぼ四半世紀、もの造り現場を見る、という基本動作を続けてきたわけです。最近は、平均して週一回ぐらいのペースでどこかの現場を見ています。ざっと勘定すれば、訪問したもの造り現場の数は、おそらく千は超えると思います」。

余談になるが、藤本さんは雑談が非常に面白い人で(これについてはまた後に触れる)、ずいぶん前に面白い話を聞いたことがある。例によって実地調査のためにヨーロッパの自動車会社の工場を訪問した。そこの生産部門のマネジャーへのインタビューの場で、相手が自社の生産ラインがどうなっているかを説明してくれた。ところが、聞いていてちょっとおかしいと思った藤本さんは、「それはちょっと前の話でしょう。今のラインはこう変わっているんじゃないの？」と突っ込んだところ、相手は「あ、そうだった」と納得、一呼吸おいて「でも、なんでお前がそんなことまで知っているんだよ⁉」と呆れられたそうだ。藤本さんの「現場観察の鬼ぶり」がよくわかるエピソードだ。

事前能力と事後能力

生産システムを進化論的・発生論的な視点で考えることがなぜ大切なのか。藤本さん自身の言葉を借りれば、「事後的な競争合理性が必ずしも事前合理的な意思決定を前提にしない」からだ。つまり、特定少数のスーパー経営者の計画や意思決定が競争力をもたらしたのではなく、ある意思決定の後で複雑な相互作用が起こる。それが結果的に他者には真似できない能力のシステムとして結実したという見方である。この種の事前に決定したり計画したり予測することが困難なシステムの構築・進化のプロセスを「システム創発」と呼ぶ。トヨタ生産システムを題材に、システム創発のプロセスを細部に至るまで徹底的に解明しよう、というのがこの本のスタンスだ。

組織の持つ能力には事前能力と事後能力がある。事前の合理性と事後的な合理性といってもいい。実行とか試行が行われる前に、目的関数や制約条件が一通り吟味され、比較検討され、その結果として採用するべきオプションが選択され、意思決定が行われる。これが事前の合理性だ。

これに対して、事後的な合理性の世界では、すでに何らかの理由で、あることが行われている。その後、事後的に目的関数などの情報が与えられ、合理的な行動としての意味づけが後づけでなされたり、活動の修正が行われる。進化論的な立場に立つ本書では、事前能力よりも事後能力を重視し、そこに議論の焦点が置かれている。

ポジショニングか能力かという話に戻る。ポジショニングは典型的な事前能力による差別化であり、経営者の意思決定によるところが大きい。それに対して、能力構築は事後的な合理性でしか説明できない。これは何も経営学の世界だけではない。世の中のいたるところで普通にある話だ。

たとえば結婚。事前合理性で結婚するとなると、無数にいる結婚相手のオプションをあらゆる変数（身長とか体重とか髪型とか食べ物の好みとか趣味とか職業とか年収とか出身地とか……、キリがない）ごとに比較しつつ、階層的に選択を繰り返して、もっとも適切な相手を選ぶという話になる。いうまでもなく、こんなことは不可能だ。だから、普通は「とりあえずこいつと結婚するか」程度の、十分に合理的とはいえない理由で一緒になる。これが藤本さんの言う「ある制約により特定のシステムを取ることを余儀なくされる」状態に当たる。

その結婚生活が幸せなものになるかどうかは、当然のことながら結婚の意思決定の後に延々と続く日々の生活のありようにかかっている。結婚生活の成否は事後能力によるところが九〇％以上といってもいいと思う。無理して事前合理性で押し切ろうとすると、かえって不幸な結婚になる。ちょっとうまくいかないと、結婚相手の選択が間違っていたという話になる。で、離婚する。また事前合理性をよりどころに再婚。すぐに破綻して離婚、という具合に結婚と離婚を繰り返すことになりかねない。

就職とかキャリア形成もまた創発プロセスとして理解できる。事前合理性には限界がある。事前にあらゆる職業オプションを比較検討して、自分にとってベストな仕事を選択できるわけがない。

第14章の『映画はやくざなり』の著者、笠原和夫さんにしても、そもそも劇作家を目指していたわけではなかった。偶然と必然が絡み合うなかでシナリオライターになり、思ってもみなかった任俠映画の第一人者となった。笠原さんのキャリア形成は（少なくとも客観的には）大成功の部類に入るが、事後合理性でしか説明がつかない。

相互作用の総体を解き明かす

組織能力の構築は事後合理性に依存した創発プロセスだ。特定時点での意思決定よりも事後能力がものをいう。そんなことは誰しも経験からわかっている。しかし、ここを真正面からとらえた研究は少ない。「組織能力というのはさまざまな試行錯誤と経験の蓄積から生まれる」と、ここまでは誰もが言うのだが、「じゃあ、創発プロセスというのは具体的にどういうものだ？」と突っ込まれると、誰もわからない。

その理由は単純で、システム創発のプロセスはきわめて複雑で、よっぽど腰を据えてかからなければそもそも記述しようがないからだ。本書が解明しようとしているトヨタ生産システムはその最たるものだ。システムとして複雑極まりなく、膨大な数の構成要素とその相互作用で成り立っている。列挙してみるとこんな具合だ。

生産面では、ジャストインタイム方式（ＪＩＴ）による在庫圧縮、カンバン方式、ＴＱＣ、自働化、平準化、限量生産、段取替時間圧縮＝小ロット生産、混流生産、１個流し、多能工、多工程持ち、少人化、品質の作込み（自主検査）、ポカヨケ、アンドン（自主的ライン・ストップ）、５Ｓ（整理・整頓・清掃など）、現場管理層などによる標準改訂、ＴＰＭ（自主保全）、Ｕ字型レイアウト、ロー・コスト自動化など。

開発面ではコンセプト創造・翻訳を自ら行う強力なプロジェクト・リーダー（重量級プロダクト・マネジャー）、開発段階の重複と統合（サイマル・エンジニアリング）、多能的技術者による少数精鋭チーム、試作・金型・治工具製作の迅速性と品質の確保、部品・素材メーカーの開発参加（デザイン・イン）など。

購買面では、部品外製率の高さ、多層的サプライヤー構造、長期安定取引、比較的少数の大規模一次メーカー、一次メーカーのサブアッセンブリー納入、承認図方式（デザイン・イン）、設計能力と改善能力による競争、継続的部品単価引下げ、無検査納入、組立メーカーによる技術指導と工場立入りなど。

人事・労務政策としては中核労働力（本工）の安定雇用（周辺労働力としての臨時工の採用）、多能工養成のための長期的訓練、職務というよりは能力の蓄積に連動する賃金体系、現場管理層への内部昇進、概して協調的な労使関係、現場管理層（係長クラスまで）の組合員化、総じて平等主義的な企業福祉政策、従業員とのコミュニケーションと動機づけを重視した人事政策など。

一口に「トヨタ生産システム」と言っても、実際はこうしたありとあらゆる要素の絡み合いの総体である。世界的に注目された経営システムであるだけに、このリストにあるいくつかの構成要素については詳細な研究がある（たとえば、ＰＤＰは上記のリストのうち、開発にかかわる構成要素とその相互作用を明らかにしている）。しかし、そうした複雑に絡み合うシステムを時間軸の中でとらえ、その創発と進化のプロセスを解明するとなると、聞いた瞬間に気が遠くなる。その大変な労力を要する研究を実際にやってしまう。ここに藤本さんのすごさがある。

怪我の功名

本書には事後的合理性という視点に固有の面白い議論が満載されている。その真骨頂が「環境制約：歴史的拘束条件と「怪我の功名」」のセクションだ。トヨタが置かれていた歴史的な拘束条件や制約条件が結果的にトヨタ生産システムを生み出したのであって、「先見の明」のある偉人が事前合理性で設計したものではない。世界に冠たるトヨタ生産システムも、その発生史をつぶさに眺めると、「怪我の功名」という面が多分にある。

たとえば、トヨタ生産システムの重要な要素である「多能工」。なぜトヨタは多能工を育成したのか。初期のトヨタが置かれていた苦しい状態の中では、一人の作業者が多工程を受け持たざるをえず、これが結果的に多能工を育て、使いこなすシステムとして定着した。

一九五〇年代から七〇年代の日本では経済が急成長していた。しかし労働力のインプットには量的な制約がある。インプットの制約の下でアウトプットを急速に拡大していかなければならない。これが当時のトヨタが直面した命題だった。当時のトヨタは「強いられた成長」状態にあり、生産現場は恒常的に「猫の手も借りたい」状況だった。トヨタにしても、当初は欧米量産企業のように分業した職務区分を工場に導入したかった。しかし、その状況ではどうにもならない。結果として分業的制度の導入が抑制され、むしろ多能工の多工程持ちによる少人化でやっていかざるをえなかった。

ところが、やってみると事後的にそうした組織ルーティンのよいところが徐々にわかり（事後合理性）、それがシステムとして定着した。初めから多能工がよさそうだからやってみようという考えがあって導入したわけではない。とにかく忙しいものだから、仕方なくそうせざるをえなかった、と言ったほうが正しい。しかし、これが怪我の功名としてのちにトヨタ生産システムの重要な要素となる多能工を生むことになった。

人的資源だけではない。この頃のトヨタには資本も不足していた。新規の設備投資をする資金的な余裕がない。とにかく古い設備を最大限活用して、増産するしかなかった。だから手持ちの機械や設備に改善を加えるなどして、工夫しながら生産性を確保するという手が取られた。のちに国際語にまでなる「カイゼン」にしても、やむをえない事情のなかから創発的プロセスによって生まれ、定着した怪我の功名だった。

トヨタの内部だけでなく、当時の日本には外的な制約もあった。たとえば市場規模。アメリカでは、自動車メーカーが単一車種を何十万台と生産してもたちどころに売れる市場環境が整備されていた。しかし、まだ所得水準も低く、道路も整備されていなかった日本では、自動車市場は相対的に小さかった。しかも日本では、自動車産業立ち上げの段階から、いきなり細分化されたニーズに対応するためのモデル多様化を強いられた。

当時の市場の制約からして、フォード式の少品種大量生産の導入はやりたくてもできない。そこから平準化、限量生産、段取替時間圧縮、小ロット生産、混流生産といった一連の手法が創発的に生まれてきた。

「怪我の功名」型の創発プロセスとしていちばん面白いのが、なんといってもジャストインタイムとそれを支えるカンバン方式だ。トヨタ生産システムの代名詞ともいえるジャストインタイムにしても、実際のところは「不完全な技術移転」がもたらした怪我の功名だった。

ありとあらゆる制約に縛られていたトヨタにしてみれば、生産プロセスからいかにムダを取り除くのか、これが当初から最大の課題だった。「ムダ取り」という観点からすれば、原材料から最終製品までがベルトコンベアラインで全部つながった「自動車生産コンビナート」のような生産方式が究極の理想になる。

そう考えたトヨタは、一九五〇年代にアメリカの自動車工場に繰り返し見学に行く。結論としては、当時最先端といわれていたフォードのリバー・ルージュ工場が自分たちの理想にもっとも近かった。ところが、一九五〇年代のトヨタにとってみれば、生産量の少なさ、品種変動の激しさから、巨大な設備投資とコンベア方式で工程のインターフェイスがかっちりと固定された生産方式は導入のしようがなかった。とりあえずは変化する需要に対応できる柔軟性を最優先しなくてはならなかった。

そこで次善の策として出てきたのが、後工程の生産順序に従って、前工程が部品を生産・供給する「順序供給方式」だった。後工程が必要とする数量だけを前工程で生産して、一定量を順次納入する。つまり「必要なものを、必要なときに、必要なだけ」という発想である。のちに一世を風靡するカンバン方式が生まれた瞬間だった。

物理的に完全に連結したコンベアではないが、コンテナとカンバンの循環による「見えないコンベア」で本物のコンベアを代替しようというアプローチだ。ただ、実際にコンベアで同期化しているわけではないので、どうしても一定の在庫の発生と、仕掛かり品の滞留が避けられない。だから、その意味では、トヨタの生産ラインは不完全な同期化にとどまった不完全なコンベアラインだった。ようするに、フォードの技術を不完全な形で移転したものがカンバン方式だといえる。

皮肉なことに、当のフォードのリバー・ルージュ工場はモデルチェンジにうまく対応できなかった。完全な同期化を追求したためにフレキシビリティを失ってしまったからだ。カンバン方式の生みの親の技術者であり、元トヨタ自動車副社長の大野耐一は、その理由を「最終組立ラインのスムーズな流れに比べ、その他の工程の流れがつくり上げられてこなかった」こと、「むしろ流れをせきとめるような、ロットをできるだけ大きくしてつくるやり方が、定着してしまった」ことに求めている。

つまり、フォードは「完全な同期化を不徹底な形で導入」し、それに対して、トヨタは「不完全な同期化を徹底した形で導入」した、という対比が浮かび上がってくる。ここが非常に面白い。結果として、「不完全を徹底した」ほうが、システムの応用範囲を広げることになり、長期的な競争力を獲得できる。「そこまで読んでトヨタが意図的に不完全な同期化を採用したとすれば驚異的だが、そうではなく、やはり怪我の功名と理解するほうが自然だろう」というのが藤本さんの見解だ。

偶然を必然に変える能力

このように、トヨタ・システムが生まれて組織に定着したプロセスをその細部に立ち入ってたどっていくと、事前の合理性だけでは到底説明できない、文字通りの創発プロセスであったということがひしひしとわかる。

ただし、システム創発は単純な「意図せざる結果」ではない。「怪我の功名」だけだったら、ようするに歴史的偶然がすべてじゃないかという話で終わってしまう。意図せざる結果に溢れたシステム創発のプロセスにも、経営の「意図」が作用している。藤本さんの言葉を借りれば、「そうした偶然を必然に変える個別企業の能力、あるいは意図せざる試行の結果を意図的に定着・改良・普及させる個別企業の能力」、ここに本書の議論のコクと深みがある。

偶然を必然に変える能力は「2段階の不完全問題解決プロセス」として記述される。第一段階では、事前に解が確定していないので、とりあえずさまざまな解が試される。それを受けた第二段階のサイクルとして、偶発的に湧き上がってきた解を競争のための能力の体系に変換する意図的経営のプロセスがある。第二段階のサイクルが作動せず、第一段階で終わってしまえば、「結果オーライ」「終わりよければすべてよし」という、日常生活でもよくある話にすぎない。その解が持っているかもしれない潜在的な可能性が顕在化せずに終わってしまう。

組織能力の神髄は、さまざまな試行が組織の中で繰り返されるなかでランダムに出てきた意図せざる解を、意図的に競争力としてシステム化していく二段階目のプロセスにある。さまざまな理由で、ランダムに発生するとりあえずの解を、やりすごすことなく第二段階の生成過程に持ち込み、一つひとつを組織能力へ転換していく。これこそがトヨタの競争力の正体だというのがこの本を貫く主張になっている。

この二段階目の事後的進化能力の研究成果は、本書の第4章から第7章に詳細に書かれている。サプライヤーシステムの構造的特徴とは何か、ブラックボックス部品取引システムはどうやってできたのか、「承認図方式」はどうやって定着したのか、「重量級プロダクト・マネジャー・システム」といわれるPDPで有名になった製品開発システムがどう出てきたのか。藤本さんはこうした問いをたて、その一つひとつについてこれ以上ないほど詳細な記述と議論を重ね、トヨタの組織能力の創発プロセスを解明していく。

競争力の正体を掴むのは一筋縄ではいかない

この一〇年ほど、「日本の強みは「すり合わせ型ものづくり」の能力にある」ということがよく言われている。いうまでもなく、こうした言説は藤本さんの一連の研究に端を発するものであるし、事実藤本さんもそのように主張している。トヨタ生産システムはすり合わせ型ものづくりの極致であるといってよい。

しかし、経営に関する言説には非常にしばしばあることなのだが、「すり合わせ」というキーワードが独り歩きしてしまい、藤本さんオリジナルの主張が曲解されているフシがある。とにかく「すり合わせ」が大切、現場でがんばって「すり合わせ」ていれば日本のものづくりはOK、そこんとこヨロシク！　というような安直な話になってしまっている。これではすり合わせではなく「すり替え」だ。

トヨタ生産システムに限らず、優れた経営とか競争力というものは一筋縄ではいかない。キーワード一発で易々と理解したり説明できるようなものではないのだ。本書がトヨタ生産システムの真骨頂として強調しているのは、機能的なシンプルさと構造的な複雑さのコントラストだ。

トヨタ生産システムは機能的にはきわめてシンプルにできている。ようするに「無駄をなくす」。それが「つくりすぎ」だろうと「不良品」だろうと「欠品」だろうと「もたつき」だろうと、あらゆる無駄を開発と生産のプロセスからできる限り排除する。トヨタ・システムは機能的にはこの一点に向けて組み立てられている。そうした機能的なシンプルさが確保されているからこそ、構造的には非常に複雑な進化が可能になったのである。複雑さとシンプルは、常に隣り合わせの関係にある。藤本さんは以下のように述べている。

とくに注目したのは、このシステムがもつ機能的なシンプルさと、構造的な複雑さのコントラストである。一方においてトヨタ的システムは、その構成要素である各ルーチンが一貫して競争力に貢献するという意味で、機能的に単純明快である。

機能的シンプルさと構造的複雑さのコントラストがあって、初めて「すり合わせ型ものづくり」は競争力になる。単純に「すり合わせ」ているだけではどうにもならない。かえってコストがかさむだけだ。

本書が微に入り細に入り展開している議論は、企業の競争力の正体が一筋縄ではいかないということを如実に示している。これはトヨタ生産システムやものづくりに限らず、経営のさまざまな側面で重要なメッセージを含んでいる。

本書の内容からは離れるが、たとえば最近の「自前主義」に対比した「オープンが大切」という類の言説だ。「これからはオープン・イノベーションの時代だ！　内向きの自前主義でしこしこやってる場合じゃないわよ！」というわけで、ある意味「すり合わせ型ものづくり」と逆方向の話のように見える。

これにしても議論が平面的にすぎる。自前主義はスピードが遅いし、効率も悪い。とにかくオープンにして外から取り入れろ、というのだが、常識で考えても商売にそんなうまい話があるわけがない。オープン化の戦略が成功するのは、そもそもこちらに「特別な何か」があるときのみだ。

たとえば味の素の半導体向け機能材料事業。長期的に高い収益性を誇る成功事例だ。その背後には「オープン・イノベーション」があった。詳しい紹介をする余裕はないが、このオープン・イノベーションの成功にしても、まず味の素の内部に長い時間をかけ、徹底的にブラックボックス化した材料技術と生産技術の開発が先行してあった。このフェーズを見ればきわめて「すり合わせ」的な「自前主義」でことが進んでいる。

事業化のプロセスでは、主要顧客であるＣＰＵメーカー（インテルなど）や量産を受け持つフィルムメーカー、ＣＰＵの手前でそれに組み込まれる基板をつくるメーカーとの共働を重視した「オープン」なやり方がとられている。しかし、お互いに一蓮托生の関係だからこそ実のあるコミュニケーションが可能になり、それがイノベーションとして開花したわけで、外部のパートナー企業との間には多分に「すり合わせ」的な関係がある。オープン・イノベーションにしても、実際に成功しているものをつぶさに見ると、クローズドな自前主義とのコントラストが効いている。

オープンとかグローバルとかクラウドとかビッグデータとか、その手の「ベストプラクティス」のかけ声に飛びつく輩に限って、右往左往するだけで結局は何の成果も出せないことが多い。藤本さんは別の本（『日本のもの造り哲学』）で、「いろいろなヨコ文字やアルファベット三文字の経営手法が入ってきて、毎年のようにブームを起こし、半年でブームが去る」という現象を、「拾っては捨て拾っては捨ての「賽の河原の石積み」の感がありました」と批判している。言い得て妙だ。安直なブームやかけ声に流されがちな向きは、藤本さんの本を読んで深く反省してもらいたい。

結論は「日ごろの心構え」

話を戻す。ことほど左様に、『生産システムの進化論』はコクのある出汁が利きまくった濃口の議論の連続攻撃で、その一つひとつが味わい深い。ただし、なんといっても本書の白眉は、濃い議論にお腹一杯になった挙句にひょいと出てくる最終章の結論にある。最初にこの本を読んでようやく結論にまで到達したとき、僕は腰が抜けるほどシビれたものだ。

システムを創発させ進化させる能力とは何か。それはようするに「日ごろの心構え」だ、と本書は結論して終わる。「日ごろの心構えが大切」、それだけである。それまで「もう勘弁して！」というほど微に入り細を穿つ膨大な調査の結果と議論が繰り広げられた挙句、最後の最後で「日ごろの心構え」。ソーシャルでもクラウドでもグローバルでもオープンでもエコシステムでもない、ただの「日ごろの心構え」。「えっ、それだけ?」と一瞬肩透かしを食ったように思う。しかし、そこが逆にシビれるところだ。

これがいきなり、「ちょっと、お前、そこ座れ。いいか、日ごろの心構えが大切だぞ。それが進化能力だ」なんて言われたのであれば、「何言ってんだ、このオヤジ……」でおしまいだ。しかし藤本さんの「日ごろの心構え」は、納得のいくまで自分の頭で考えて、自分の手で、それこそもう握力一〇〇キロぐらいでロジックをつかんだうえでの結論である。重みと迫力が違う。これだけの前人未踏ともいえる膨大な調査をやり、どうなっているのかを徹底的に解明、そのエッセンスを煮詰めに煮詰めたうえで蒸留してとれた一滴。険しい山を長い時間をかけて登り、ついに山頂にたどり着いたとき、眼前に開ける光景。それが「日ごろの心構え」という結論に凝縮されている。

本書の議論をじっくりたどった後、最後にこの言葉が出てくると、システムの創発と進化の本質が「日ごろの心構え」としか言いようがないものだ、ということが骨身にしみて理解できる。それまでの広範な議論のすべてがズドンと腑に落ちるという感覚がある。こればかりは本書をじっくり通読していただくしかない。

言いたいことは全部言う

ここからは本書の内容を離れた話になる。藤本さんとは所属も違うし、それほど頻繁にお目にかかる機会もない。しかし、若いころの僕にとって（今でもそうだが）、藤本さんは経営学者という職業の何たるかを僕に教えてくれた先達の一人だ。

前にもどこかで話したように思うが、僕は学生時代にとくにやりたいこともなく、卒業してすぐに企業に就職してバンバン仕事をするなどということがまったくイメージできなかった。できたらスキなことだけして暮らしていきたいという頓珍漢きわまりない野心に燃えていた。

スキなことが何かといえば、本を読んだり、映画を観たり、昼寝をしたり、音楽を演奏したり、聴きながら踊ったり……。仕事になりそうなものが一つもない（読書や昼寝はさすがにどうしようもないが、音楽はごくわずかだけれども可能性がある気がした。しかし、それは才能あっての物種であるということがすぐに判明。ソニーミュージックにいらした丸山茂雄さんにも僕の演奏を録音したものを聴いてもらったことがあるのだが、「ま、才能だからね……」という含蓄のあるコメントで秒殺）。

そこで「なんとなく自由で楽な気がする。本を読むのはキライじゃないし……」という安直な志（？）で大学院に入った。イヤイヤ勉強しているうちに学者になった。ところが、経営学者のコミュニティに入ってみると、わりと違和感があった。というのは、論文を書いたり、学会で研究発表している同業者を見ていると、「仕事」というよりは、「趣味」でやっているように見える人が少なくなかったからだ。

仕事と趣味の違いは、後者が自分のためにやることであるのに対して、前者は自分以外の誰かのため、ありていに言って「世のため人のため」にやることだ。ところが、多くの学者は「自分の論文を学術雑誌に載せて業績をつくろう」とか「学会で発表して自分の研究が優れていることを認めてもらおう」とか「他者の研究を批判して、間接的に自分が優れていることを示そう」とか、自分（だけ）のために研究をしているように見えた。

これでは趣味であって、仕事ではない。家でやっているぶんにはいいが、人前に出して大騒ぎするほどのものではない。もちろんこれは僕の邪推であって、実際はそんなことはなかったのだろう。しかし、僕にはそう思えてならなかった。なぜかというと、当の僕自身がそういう邪《よこしま》な気持ちで論文を書いたり、研究発表をしていたからだ。

こんなことで仕事といえるのかな？　これはタダの趣味にすぎないのでは……？　と釈然としない気持ちをアタマの片隅に抱えながらも、三〇歳を過ぎたころまでの僕は、経営学のコミュニティで評価されたい、いい研究をしていると同業者から認められたい、という曲々《まがまが》しい動機で、せっせと（正確に言うと「ユルユルと」）論文を書いたり学会で発表したりしていた。同業者から褒められればうれしくなり、貶されると落ち込んだり、チキショーとばかりに無意味な反論をしたりしていた。

国際的な場での僕の初めての研究発表デビューは一九九三年の"MIT-Japan Conference"という若手経営学者を集めた国際会議だった（ここでは戦略論のウィル・ミッチェ

ルさんとか、その後「イノベーションのジレンマ」で有名になったクレイトン・クリステンセンさんとか、のちに大御所になる研究者が発表していた。今から思うとわりと豪華なコンファレンス）。自分の研究が認められるかどうか心配だった僕は、少しでも評価されたい一心でプレゼンテーションを準備したものだ。

何分若手研究者のコンファレンスだったので、多くの人は多かれ少なかれ僕と同じようなスタンスで、自分の研究の価値を理解させようと一生懸命発表しているように見えた。藤本さんもこのコンファレンスに参加していて（当時の藤本さんは「若手の長老」といった存在だった）、ＰＤＰを基にした発表をした。

藤本さんの発表のスタイルはほかの人とまるで違っていた。例によって早口で、ＯＨＰスライドを一枚当たり一〇秒ぐらいのスピードで次から次へと見せながら（あまりに速いので、誰もフォローできない。このころはパワーポイントのスライドをプロジェクターで投影するのではなく、フィルムにコピーしたスライドをＯＨＰに手でかざして発表するというスタイルだった）、言いたいことをバンバンしゃべる。

ところが、「どうだ、俺の研究は？」というニュアンスがまるでない。主張は濃くて、話はくどい（失礼）のに、妙に淡々とした発表だった。とにかく自分が大切だと思っているることを話すだけ。あれ、何でもっと自分の研究をアピールしないのかな？　と不思議に思ったのだが、そのときは自分の発表を無事に終えることでアタマがいっぱいで、その意味をそれ以上考えることもなかった。

仕事のふりをして、ひたすら自分を向いて自分のために趣味的にやっていた僕の研究（？）生活だったが、こんな自己欺瞞が長く続くわけがない。アタマの片隅に封印しておいた「これで仕事といえるのかな？」という疑念は日増しに膨らんできて、三〇歳を過ぎたころには、論文を書いて研究発表をするという「趣味の仕事」がいよいよ苦しくなってきた。

そんなとき、ある学会か何かに出たとき、懇親会の雑談の場で藤本さんと一緒になった。そこで僕は研究についての自分の釈然としない気持ちを相談してみた。すると藤本さんは「客があってこその仕事。自分にとってのお客さんは現場の実務家。ものづくりの現場にいる人の役に立とうと思って研究をしている。同業の研究者は、いろいろなアイデアや知識をくれるサプライヤー。お客さんではない」という趣旨のことを、例によってものすごい早口で、自分の言っていることに自分でしきりにうなずきながら（これが藤本さんのナイスな特徴）、一方的に話してくれた。

言われてみれば当たり前のことなのだが（その少し前に職場の大先輩の伊丹敬之さんに研究という仕事がどうあるべきなのかという相談をしたことがあった。すると伊丹さんは「じゃあ、お前は誰に向いて研究をしているんだ？」と聞くので、「研究者。自分が尊敬している研究者に評価されることを目指しています」と答えたところ、「バカ野郎！　そんなの仕事じゃない。世の中の役に立ってナンボだ！」と同じようなことを諭されたのだが、そのときは叱られているような気がして、素直な気持ちで受け入れることができなかった）、藤本さんの話を聞いて「仕事としての経営学」が初めて腑に落ちた。目の前の霧が晴れた気がした。「よーし、これからは仕事をするぞ！」と興奮した僕は、その夜なかなか眠りにつけず、寝坊をして翌日の仕事に遅刻をした。

本書に限らず、藤本さんの本は必ずビジネスの現場にいる人に対する熱いメッセージを発信している。だから、本のまえがきやあとがきがいつも面白い。「厳密な実証研究よりは、「この際どうしても聞いてほしいこと」を優先しました」とか「現段階で言いたいことをできるだけ全部言い切ることを優先しました」（いずれも『日本のもの造り哲学』）というように、藤本さんにはいつも現場の人々に「どうしても聞いてほしいこと」「どうしても言いたいこと」がある。近著の『ものづくりからの復活』のあとがきにも、「今書かねばならないと思うことを書く」「「今書かないでいつ書くのか」という、ほとんど強迫観念を持って執筆した」という気迫に満ちた言葉がある。

言行一致の人

主張がアツいから、話が長い。『日本のもの造り哲学』のまえがきには、「私の知る限り、私の講義や講演などに対する評価は、「実例が多くてよい」「わかりやすい」「早口で聞き取りにくい」「繰り返しが多くてくどい」「時間が延びて困る」など様々です」とある。「言いたいことは全部言う」というスタイルなので、論文も本も必然的に長尺になる。『ものづくりからの復活』を贈っていただいたときについていた手紙にも「結果としては例によって、かなり分厚い書物になり申し訳ありません。しかし、製紙業界のイノベーションがあってか五〇〇ページ近い割には軽い本となっております」とあるのが笑える。

PDPや『生産システムの進化論』といった本格研究書はもちろん、『能力構築競争』や『ものづくり経営学』といった新書も異様に分厚い。『能力構築競争』のあとがきで「本書は、ご覧のとおり、新書版としては非常に長いが、これでも、私がこれまで単著で書いた単行本のなかでは、おそらくもっとも短い」と言い切っていておかしい。この本は四〇六ページあるのだが、その後に出た『ものづくり経営学』は新書なのに五六四ページ（！）もある（おそらく日本で出版された新書ではもっとも厚いのではないだろうか。調べてないけど）。

藤本さんは雑談の達人、座談の名手でもある。今でも忘れないのは、これまた何かのコンファレンスで軽井沢のホテルでご一緒することがあり、ご飯を食べたあと何人かで藤本さんを囲んで雑談していたときのこと。話の内容は仕事の話で、現地調査のドタバタや失敗談、東大の「ものづくり経営研究センター」（藤本さんはセンター長をしている）の立ち上げのときの苦労話（「うちはとにかく創発的にやっているので、センター長は極力仕事をしないようにしているんだけど、この前しくじったのは……」で始まって、「やっぱり多少は事前合理性がなきゃダメ。でも僕はそういうの向いてないけどね！」というオチで終わるような話）なのだが、爆笑に次ぐ爆笑だった。あれほどお腹を抱えて笑ったことはなかった。その場にいた武石彰さん（京都大学教授）と、こんなに面白い話を僕たちだけで聴いたのがもったいない、と話し合ったほどだ。僕は藤本さんには研究書とは別に「雑談シリーズ」を出してもらいたいと思っている。何しろ忙しい人なので、まずありえないとは思うけれども、「藤本隆宏雑談全集」が出たら、僕は絶対に買う。

なぜ藤本さんの話はそれほど面白いのか。答えは単純で、藤本さん自身が自分のやっていることを心底面白がっているからだと思う。自分が好きなこと、面白いと思うことを仕事にする。面白いからのめりこめる。普通の人にはできないような努力を投入できる。「好きこそものの上手なれ」で優れた成果が生まれる。だから世の中と人の役に立つ。やりがいを感じる。ますます仕事が面白くなる。これは仕事におけるもっとも理想的な循環だと思うが、藤本さんの仕事ぶりはまさにその完成された姿だと思う。

藤本さんという人は言っていることとやっていることのあいだに乖離がない。言行が一致しまくっている。「ものづくり経営研究センター」を率いる傍ら、（異様に長い本の）執筆や現場での実地調査で忙しくて仕方がない。だから藤本さんのオフィスはわりと散らかっているらしい。実際に見たことがないので半分は想像で言っているのだが、あれだけ調査をする人だから、資料も膨大になるはず。整理が大変になると思うのだが、その辺はわりとアバウトらしい。「それでもなんとかなる。そのときに絶対に必要になる資料は研究室のどこかに置きっぱなしになっていても、自然とそこだけが光って見える。だから見つかる。部屋が散らかっていても、大切な本とか資料というのは向こうから湧き上がってくる」そうだ。言行一致、まことに創発的な仕事のスタイルといえよう。

そもそも藤本さんが現場での実地調査に基礎をおく研究に入った一つのきっかけは、大学生の頃、フィールドワークの実習に参加した経験だったという。その実習は、長野県と千葉県での田んぼの水利システムの調査だった。その結論は、江戸時代から自生的に進化してきた水利システムのほうが、戦後に計画的に建設されてきた事前合理的な水利システムよりも、長期的に見て、水の配分という機能において優れているということだった。

このフィールドワークで藤本さんは「現場」とか「創発」にかかわる重要な何かをつかんだという。そのときの「これだ！」という確信、第14章の笠原和夫に言わせれば、「自分の心の中から湧き上がってくる血の騒ぎ」、それが藤本さんの膨大な仕事の原動力になっているのだと思う。とにかく現場が好き、フィールドワークが好き、複雑に絡み合った総体がどうなっているのか、その細部まで調べ上げて全貌をつかむのが楽しくてしょうがない。

そういう藤本さんだからこそできた仕事が『生産システムの進化論』である。ご自身の主張と同じで、藤本さんの仕事にしても創発のたまものなのだと思う。そして、その背後には不断の「日ごろの心構え」があるに違いない。

すでに書いたように、ＰＤＰでさっそうと登場した藤本さんに感化されまくりやがった僕は、安直にも「製品開発のマネジメント」をとりあえずの研究テーマにして学者生活を始めた。しかし、表面的にテーマを真似ただけで、結局のところ僕は藤本さんのような研究者にはなれなかった。なぜかというと、それだけの能力がなかったからだ。なぜ能力がないのか。それだけの努力をしなかったからだ。なぜ努力できなかったのか。それはつまるところ、（僕の怠惰な性格も大きな要因だがそれ以上に）製品開発にしても実証研究にしても、本当のことを言えば僕がそれほどスキではなかったからだと思う。

表面的な憧れと思い込みで、本当はスキでもないことを研究していた僕は、その後長いこと回り道をすることになった（じゃあ、今はどうなのか？　と聞かれたら、今でもフラフラしているだけかもしれないが）。仕事とかキャリアを「二段階の不完全問題解決プロセス」でとらえるとしたら、僕の場合、第一段階の「とりあえずの解」は明らかにハズレだった。しかし、試行錯誤から能力を生成していく第二段階のプロセスについては、それが身についたかどうかは別にして、その重要性だけははっきりと認識できるようになった。

第一段階でハズして回り道をしたことが、かえって自分がスキなこと、本当に大切だと思えることについて考える機会を僕に与えてくれた。藤本さんと僕とでは比較にならないのを承知でいえば、拙著『ストーリーとしての競争戦略』では、「自分が大切だと思うこと、本当に言いたいと思うことだけを言う」「ただし、言いたいことは全部言う」というスタンスだけは絶対にブレないようにした。

自分なりに自分が本当にスキだと思えることをやる。スキであればそれなりの努力ができる。努力を継続できる。努力を継続すれば、そこそこ上手になれる。上手になれば人の役に立てる。そして、何よりも大切なことは、自分以外の誰かの役に立ってこその仕事だということ。これが藤本さんの一連の著書から学んだ、僕の「日ごろの心構え」だ。

日本に帰ってきた当時の藤本さんにぶしつけな手紙を書いたら、しばらくして藤本さんからハガキで返事をいただいた（当時はメールが一般的でなく、僕も使っていなかった）。ハガキ全面にびっしりと僕の論文についてのコメントとメッセージが書いてあった。始めはわりと大きな字なのに、書くことが途中でどんどん出てきたせいか（事前合理性の制約）、終わりになるほど字が小さくなり、最後はほとんど読めなくなっていた。目を凝らして見ると、ハガキの隅、ぎりぎりのところに「では、よい研究を！」とあった。今でも大切に保存してある。

第17章 花のお江戸のイノベーション

『日本永代蔵』井原西鶴著

角川ソフィア文庫（二〇〇九年）【初版一六八八年】

本書で取り上げるなかでもダントツに最古の本、井原西鶴《いはらさいかく》の『日本永代蔵』。ビジネス書の歴史的ベストセラーだ。西鶴がこれを書いたのは一六八八年、四七歳のときだったというから、今の僕と同じ年向きだ。こっちはいまだに中途半端など中年ど真ん中だが、当時の四七歳というともう老人の域なのか、筆致がやたらに老成している。

時代背景を確認しておこう。この本が書かれたのは、経済が統一的な貨幣で動き出したといわれる寛永期からすでに四〇年ほど後のこと。商業活動も社会に広くいきわたり、普通の人々の商売に対する関心が高まっていた。

さらに時代が下って江戸時代の半ば以降になると、「手金」と呼ばれた資本力にものをいわせた新しいタイプの商売を行う新興勢力が経済活動の中心になる。『日本永代蔵』はそうした商業資本主義への過渡期に当たる時代に書かれている。本書で生き生きと描かれているのは、わりとプリミティブな商売や商人の姿だ。コンプライアンスもJ

－ＳＯＸもＩＦＥＲＳもＭＢＯもＴＯＢもＮＰＶもＥＢＩＴＤＡも関係ない剝き出しのド商売。発売当時はもちろん、江戸時代を通じてずっと読み継がれる超弩級のベストセラー。今だったら、五〇〇カ月連続で丸善丸の内本店の一階に常時山積みになっている、というイメージである。

同時代によくあった「教訓を淡々と語る」タイプの本ではなく、本書はエンターテイメントの要素を備えた娯楽的な教養本、あるいは教養的な娯楽本という体裁をとっている。登場する人々のキャラ立ちがよくて面白い。そのままドラマや映画にできそうなエピソードが満載だ。今ほど書物も娯楽もない時代だったから、世の中へのインパクトということでいえば、平成のベストセラー『もしドラ』のさらに一〇〇倍ぐらいあったのではないだろうか。

タイトルにある「永代蔵」とは「永続する蔵」のこと。金持ちになること、資産を増やすことを第一とする江戸時代の商人の生きざまや悲喜劇を描いている。

ありとあらゆる成功や失敗の話が詰まっているが、そのほとんどが西鶴の作り話。サービス精神豊富で、誇張が入りまくっているからめっぽう面白い。面白がって読んでいるうちに、教訓めいた部分もすんなりと頭に入ってくる。ようするに、お金を貯めるには、増やすには、減らさないためには、という話の連続だ。

いつの時代もカネの話には強いニーズがある。今でいえば、雑誌『プレジデント』。やたらとカネの話が出てくる。さまざまな事象や行動や思考を「年収」で層別して論じたりする（「年収三〇〇〇万以上の人の情報整理術」とか「金持ち父さんの……」）。ちょっと目を離すと、何でもかんでもとにかく年収で切り分ける。以前の読書特集でも、「年収別、人気ビジネス書ランキング！」とかいうのがあった。

それにしてもこの話題はよくこれだけ続くものだと感心する。そのうちにネタ切れになってきて、「年収一〇〇億以上の人の……」とか「年収一〇〇〇円以下の人の……」というように極端に走るしかなくなってくるのではないかと、他人事ながら心配になる。もしくは「年収一〇〇〇万以上の人の爪の切り方」とか「年収三〇〇〇万家庭のゴミの分別法」とかのディテールに走るというのもアリかも。考えてみればずいぶん下品な話ではあるが、ま、世の中はそれだけお金に興味があるということだ。今も昔も人間の本性は変わらない。

さすが西鶴、さすがの才覚

『日本永代蔵』が現代のビジネス書と違うのは、「年収三〇〇〇万のビジネスパーソンの勉強術はこうなっている、だから諸君もこういうスキルを身につけましょう」といったストレートな話にはなっていないということだ。主張が矛盾に満ち満ちている。西鶴は一筋縄ではいかない。

『日本永代蔵』は江戸時代のエンターテイメント小説の典型的な構成をとっている。巻

一、巻二……と巻六まで分かれていて、各巻はいずれもエピソード集。エピソード間のつながりはほとんど意識されていない。巻一の最初に出てくるのが「初午《はつうま》は乗って来る仕合《しあわ》せ」という話。劈頭《へきとう》の書き出しからして、矛盾しまくっている。まず、こんな調子で一席ぶつ（以下の引用は、角川ソフィア文庫『新版　日本永代蔵』の堀切実による現代語訳に基づいている）。

凡人にとって、一生の一大事は世渡りの道であるから、士農工商はもとより、僧侶・神官に限らず、どういう職業にあっても、倹約の神様の御告げに従って金銀をためなければならない。この金銀こそ両親を別にしては命の親と呼ぶべきものである。

ようするに、金こそすべてという話だ。しかしその直後に、こともなげにこう言い放つ。

だが、人の命は、長いものと思っても、翌朝どうなるかわからないし、短いものと思えば、その日の夕方にもどうなるかわからないものだ。（中略）まことに人の命は、ほんのわずかの間に火葬の煙と消え失せてしまうもので、死んでしまえば、金銀とても何の役に立とう——瓦や石にも劣るものだ。あの世の用には役立たない。

ようするに、人生カネじゃないよ、というイイ話だ。かと思えばさらにこう続ける。

とはいうものの、それは残しておけば子孫のためになるものだ。ひそかに考えてみると、この世の中で人間の願いといえば、何によらず金銀の力でかなわないことといえば、天下に生・老・病・死・苦の五つがあるだけで、それより外にはないのである。とすれば、金銀にまさる宝がほかにあろうか。

ことほど左様に、「カネなんてあっても仕方がない」と「やっぱりカネがものをいう」という、正反対の主張の間を高速でいったりきたりする。矛盾を矛盾のままダラリと提示するのが「井原スタイル」だ。

これだけ読み継がれてきている『日本永代蔵』の「ツボ」は、まさにここにあると思う。そもそも商売や金儲けというのは、矛盾に満ちたもので、一筋縄ではいかない。儲かれば税金も払えるし、社会貢献できるし、人も雇えるし、株主に配当もできるから、いいことづくしではないか、という理屈が成り立つ。しかし一方では、従業員を過酷に使って搾取して、挙句の果てにリストラ、環境問題も健康への影響も青少年の育成も伝統文化の保護も知ったこっちゃない、カネに色はない、慈善事業とちゃうねんで！という側面も金儲けについて回る。

商売や金儲けにこうした矛盾がつきまとうのはなぜか。それは、商売を行う当の人間が矛盾に満ちた生き物だからである。その矛盾を書き出しから前面に出す。井原西鶴、さすがの才覚である。

カネを万能のものとして崇拝する思想と蔑視する思想を出したりひっこめたりしているうちに、何を言いたいのか、にわかにはわからなくなってくる。「井原スタイル」の真骨頂ともいえる箇所を紹介したい。元手のいらない手堅い商売をして財をなした商人が、その金を老後にじゃんじゃん使って面白おかしく暮らしたという話のところで、西鶴はまずこう書いている。

この人は、老後も若い時と変わらず、一生けちで通したとしたら、富士山を白銀《しろがね》にしたくらいの財産を持っていたからとて、結局は武蔵野の土、橋場《はしば》の煙となってしまう身であることを悟ったことであろうが、じつは賢明なことに、老後の生活費を別に取っておいて、世の中のあらゆる楽しみをして暮らしたのであった。

で、この老人は他人にさまざまな施しをしてあげるものだから、周囲に重宝がられて評判もよくなる。亡くなったときの葬式といったらそれは立派で「そのまま仏様にでもなられるのかと思われるほど」で、「あの世でもさぞかし仕合せであろうと、万人がこれを羨んだものだった」。そしてこう結ぶ。

（お金をいくらためても）とてもあの世へは持って行けないものだが、さりとてこの世でなくてならぬ物といえば銀《かね》だ。銀の世の中とはよく言ったものである。

どちらが西鶴の本音なのだかわからない。もうどっちなんだ、という話なのだが、西鶴の本音は「どっちも真実」である。こうした論理的には一見矛盾した話を次から次へと繰り出すことによって、西鶴は商売と金儲けの本質を鮮やかに浮かび上がらせる。

商売の論理は変わらない

いうまでもなく、当時と今とでは商売の中身がまるで異なる。ビジネスの置かれていた環境や制度はまるで別世界だ。文字通り時代遅れの話であり、現代のビジネスにとってはほとんど参考にならないと思うかもしれない。表面的にはそのとおりだが、しかし、話を一段抽象化してその背後にある論理を考えてみると、商売の本質には驚くほど変わりがない。これが面白い。

『日本永代蔵』には、今のビジネススクールで普通にやるような、マイケル・ポーターの「業界の競争構造分析」や「ポジショニング」のケーススタディになりそうな話がバンバン出てくる。

たとえば巻二の「才覚《さいかく》を笠《かさ》に着る大黒《だいこく》」。どこかの田舎で少しばかりの酒を造って、六、七人の家族を養っていた男がいた。だんだんお金が貯まって一〇〇両になったころ、どうも田舎での商売がまどろっこしくなって江戸に出ようとした。心配した親戚一門はいろいろ言って引き留めた。しかし無分別な男はそれを振り切って、勇躍江戸に出てくる。

江戸に着いた男は呉服町の魚店を借りて、勝手知ったる酒の商売を始める。しかし、江戸の競争はそんなに甘いものではない。鴻池、伊丹、池田、奈良など、根強い老舗の「杉の香も高い酒」とは勝負にならない。あれよあれよと持ち金をすって落ちぶれてしまった。

ようするに競争構造の話である。男が江戸に出てきたのは、田舎と比べて市場が大きく、お客さんの懐が豊かで、魅力的な市場に見えたからだ。しかし、ある一面では魅力的に見える市場でも、競争のなかでその商売が儲かるかどうかは、その市場の競争構造を多面的に検討しなければわからない。田舎と江戸では、同じ酒の商売でも、競争構造がまるで違う。市場の規模や成長率だけ考えて参入すると痛い目にあう。まさにポーターの業界の競争構造分析のロジックだ。

この話には続きがある。さきほどの落ちぶれた酒屋は、放蕩息子の大黒屋新六が放浪の途中で会った物乞いの一人だった。新六が彼らの身の上話を聞くと、みな親の代からの乞食ではなく、事業に失敗したり、世事に疎かったり、金使いが荒かったりして、身を持ち崩してしまった人たちばかりだった。

新六が彼らに「何か新しい商売の工夫はないものだろうか」と聞くと、一人が「貝殻を拾って、霊岸島《れいがんじま》で石灰《いしばい》を焼くか、それとも江戸は万事に忙しいところだから、刻《きざ》み昆《こん》布《ぶ》か花鰹《はながつお》を削って量《はか》り売りするか、一反続《いったん》きの木綿でも買って手拭《てぬぐい》の切売りをするか」と答えた。そこで新六は伝馬町の木綿問屋の知り合いを訪ね、手拭の切売りを始めた。しかも、天神様の縁日の日を選んで、下谷の天神に行って売り出した。すると、参詣人が縁起をかついでどんどん買い求めたので、一日のうちに相当の利益を得ることができた。それから毎日工夫を重ね、一〇年もたたないうちに五〇〇〇両の金持ちになった。

これはまさにポジショニングのロジックだ。厳しい江戸市場の競争構造の中でも、やり方しだいで十分に商売になる。手拭の価値はそれ自体では決まらない。同じ伝馬町の木綿問屋で仕入れてきた手拭であっても、ポジショニングが異なれば手拭の価値はまるで違ってくる。天神様の縁日市場をターゲットとし、手や顔を拭くという「機能」を売るのではなく、「縁起物」を売るというバリュー・プロポジション（価値提案）でボロ儲けしたという話だ。

元禄と平成、商売事情は大きく異なる。この平成の世では、伝馬町の木綿問屋から一反続きの木綿を仕入れて、下谷天神で切売りしてもおそらくまったく儲からない（当たり前ですけど。そもそも伝馬町に木綿問屋はあるのかな?:)。しかし、商売を動かしているロジックは変わらない。西鶴が今に伝える教訓である。

「現金切売り・掛値なし」越後屋呉服店の事例

『日本永代蔵』でもっとも有名なエピソードは、巻一の「昔は掛算《かけざん》今は当座銀《とうざぎん》」にある呉服屋の話であろう。このエピソードにはめずらしく実在のモデルがある。一六七三年に京都から江戸に進出して大成功した越後屋呉服店の三井八郎右衛門だ（『日本永代蔵』では三井九郎右衛門という名前になっている）。

越後屋の成功は三井八郎右衛門による戦略ストーリーのイノベーションによるところが大きい。当時の江戸の商売のメインストリームは、後藤縫殿助や茶屋四郎次郎が手がけていたような、高級幕臣や諸大名の家に出入りして掛値で販売する「御用達ビジネス」だった。ところが、こうしたお得意様に食い込んでいく商売があまりに繁昌したので、そのうちに参入者が多く現れ、過当競争による得意顧客の争奪戦で収益性は低減していった。そのうえ、太い顧客だった武家の財政が逼迫してくる。多額の売掛金が数年未払いになるなど、既存の大規模商人の営業基盤が揺らいできた。

そこにまったく新しい戦略ストーリーを持ち込んだのが越後屋呉服店だった。その中核的な構成要素は、よく知られているように「現金切売り・掛値なし」という決済方法だった。しかし、それだけが越後屋の戦略ではない。他のさまざまなやり口とつながったストーリーになっていた。『日本永代蔵』が描く越後屋呉服店（とは書いていないが）の商売とは以下のようなものだった。

三井九郎右衛門という男は、手持《てもち》金の威力で、昔の慶長小判とゆかりのある駿河町という所に、間口九間、奥行四十間に棟の高い長屋造りの新店《だな》を出し、すべて現金売りで掛値《かけね》なしということに定めて、四十人余りの利口な手代を自由にあやつり、一人に一種類の品物を担当させた。たとえば金襴《きんらん》類に一人、日野《ひの》絹《ぎぬ》・郡内絹《ぐんないぎぬ》類に一人、羽二重《はぶたえ》に一人、紗綾《さや》類に一人、紅《もみ》類に一人、麻袴《あさばかま》類に一人、毛織《けおり》に一人というふうに手分けして売らせ、おまけにビロード一寸四方でも、緞子《どんす》か毛貫袋《けぬきぶくろ》になるほどでも、緋繻子《ひじゅず》を槍印《じるし》にするだけの長さでも、竜門《りゅうもん》模様の綾絹を袖べり片一方分だけでも、自由に売り渡した。

そもそも店の営業スタッフが顧客のお屋敷に出向いて商談をするのが従来の商売。これに対して越後屋では、逆に客に店に来てもらう。そのために間口の広い店を構える。そこに店員を大勢配置する。のんべんだらりと接客するのではなく、一人に一種類の品物を担当させる。そうすると販売員が専門分野の商品知識を持つことができる。さらに、異なった顧客のニーズに徹底して個別化した販売をする。反物を山ほど買う人にも一切れしか買わない人にもニーズにあわせて自由に売り渡す。

ようするに、越後屋は（反物のように高額の）「モノを売る」という仕事を再定義し、それまでの商売の顧客接点を全面的につくり変えたのである。モノそれ自体の価値ではなく、お客様への売り方を変えるところに価値の正体があった。商品知識のある店員をそろえ、急ぎの顧客には即日渡しのサービスまでしている。

ことに奉公口のきまった侍が、急に主君にお目見えする際の礼服や、いそぎの羽織などは、その使いの者を待たせておいて、数十人ものお抱え職人が居並んで、即座に仕立ててこれを渡してやった。そんなふうであるから、家業が繁昌し、毎日金子《きんす》百五十両平均の商売をしたという。世の調法《ちようほう》（重宝）とは、この店のことだ。この店の主人を見るに、目鼻手足があって、ほかの人と変わったところもないが、ただ家業のやり方にかけては人とは違って賢かった。大商人の手本であろう。

こうした顧客接点のあり方が、有名な「現金切売り・掛値なし」を可能にした。従来の顧客のお屋敷に出向いた商談であれば、顧客ごとのアカウント営業（この場合、商品知識よりもその特定の顧客に対する知識が重要になる）になるので、売掛けで商売をするのが自然だっただろう。現金切売り・掛値なしにしたことで、キャッシュフローが飛躍的に潤沢になり、商売の持続的な拡張が可能になり、越後屋は大成功した。これぞ独自の戦略ストーリーである。

競合はなぜそれを思いつかなかったのか

ここからの話は『日本永代蔵』では議論していないので、僕の仮説ということで聞いていただきたい。越後屋呉服店の成功要因が「大きな間口の店を構え、客を店に来させて、専門知識のある店員による現金切売り・掛値なし」という戦略のイノベーションにあったのは間違いない。だとしたら、不思議なのは「なぜ三井がやり始めるまで、これほど合理的な現金切売り・掛値なしという戦略を誰も思いつかなかったのか」ということだ。

当たり前の話だが、誰も思いつかなかったからこそ、越後屋の戦略はイノベーションとなりえたのである。現金切売り・掛値なしのほうが合理的に決まっているのに、ほかの商人はなぜ得意客のところに出向いて行って掛売りで売るという「御用達方式」を変えられなかったのか。

掛売りについて、西鶴は巻五の「世渡りには淀鯉《よどごい》のはたらき」というエピソードでこんなことを書いている。

商い上手な人が言ったことがある。「掛売りの代金は取りやすい方から集めるものだ。いつでもわけなく取れるものときめて残して置くと、案外、手間取ったり、あるいは留守だというので、たびたび足を運ぶことになるものだ。そもそも借金取りは世の無常を観じて慈悲の心を起こしてはならない。（中略）言葉使いは丁寧に、顔つきは恐ろしく見せ、台所の板の間の中ほどに腰掛け、煙草も吸わず茶ものまず、内儀が笑顔で話しかけても聞こえぬふりをして、肴掛《さかなかけ》の鰤《ぶり》や雉子《きじ》に目をつけて（中略）その家のよいことばかり言って、小うるさくもちかけると、ほかの支払いをさし置いても、自分の方から払ってくれるものだ。寒い折からだからといって、掛取り先の家で酒をのんだり、湯漬飯《ゆづけめし》を食うようなことは、絶対にしてはいけないことだ」

さらに西鶴は言う。「世間の習いで、掛買《かけが》いをするのは、たがいに承知の上のことなのである」。年の瀬には売り手が顧客から売掛金を回収してまわるわけだが、取られるほうも手練手管に通じている。大晦日の夜まで粘り、「残金は松の内にはなんとか払います」と言えば掛取りのほうが根負けするとか、さらに少しでも回収したい側は銀の目方をごまかされても目をつぶるとか、毎年こういうやりとりになることはお互い承知のうえで掛買い、掛売りをしていた。

これが当時の商売の姿だった。しかも年が明けると年末の胃が痛くなるような駆け引きのことなどケロリと忘れてまたいつものように掛売り、掛買いをやり始める。江戸時代の初期の商人にとっては、「良いも悪いもそもそも商売というのはそういうもの」だったのである。

江戸時代において大晦日は一年を締め括る収支決算日であり、商人は売掛けした代金を回収して、翌年の商いの資金を確保しなくてはならなかった。商売の資金をどこかから借りている場合は、利息を少しでも多く返済するためにも売掛金をかき集める必要があった。徴収される側も事情は同じで、額面どおりに払っていては翌年の商売の資金確保に影響するものだから、集める側・支払う側で、激しい攻防が繰り広げられた。

この当時、優れた商売人というのは、得意顧客のアカウント・マネジメントのプロだったというのが僕の仮説だ。特定の顧客に贔屓にされる。こっちは商人の勘を総動員して与信管理をし、長期的に続くリレーションの中で持ちつ持たれつでやっていく。その核心部分がおそらく売掛金をめぐる攻防だった。優れた商人ほど、その辺の駆け引きやせめぎ合いのノウハウに長けていたのではないか。長期的なリレーションを前提としたアカウント・マネジメントに優れているのが一流の商売人の条件だったと推測する。

だとすると、既存の商人の発想から「現金切売り・掛値なし」というイノベーションが出てこなかったのはある意味当然の成り行きだ。商人道を極めるべく、一生懸命磨いていたせっかくの商売人としての能力を無用の長物にしてしまうような発想は、既存のプレーヤーからはなかなか出てこない。

毎年年末に売掛金の回収で苦労しているのは事実なのだから、三井八郎右衛門を待つまでもなく、もっとうまいやり方を考えつく人がいてもよさそうなものだ。しかし、当時の商売人にとって「商売とはそういうもの」だから、(優れている商売人ほど)ますます掛金管理の腕をあげることばかりに血道をあげる。この盲点を突いたのが三井の越後屋呉服店だった。だからこそ、「現金切売り・掛値なし」は戦略のイノベーションになりえた。

その業界で既存の支配的な戦略やビジネスモデルのもとで「合理的」で「大切」なことであれば、みんなが必死に資源と努力を投入する。しかし、「今みんなが必死になってやっていること」の先には、戦略のイノベーションはない。裏を返せば、従来の支配的な戦略にとってカギとなる武器を完全に無力化する、ここに戦略のイノベーションの本質がある。これが(手前勝手な推測かもしれないが)、西鶴が記述した越後屋呉服店のケースから僕が引き出した洞察だ。

現代の戦略イノベーションでもこうしたロジックが見てとれる。『ストーリーとしての競争戦略』でも書いた話だが、ガリバーインターナショナルの「買い取り専門」の戦略ストーリーは、それがイノベーションであったという意味で、論理的には越後屋呉服店と相似形にある。

従来の中古車販売店には、「激安販売!」と「高価買取!」という二つの看板が同時に立っている。これはどう考えても矛盾していると考えた創業者の羽鳥兼市さんは、あるときついに小売りをやめ、「買い取り」に特化することを思いつく。そこから独自の戦略ストーリーが生まれ、中古車業界に流通革命を起こした。

従来の中古車業の焦点は、いうまでもなくマーケティングと消費者への販売力にあった。「いかに売るか」が中古者業者の腕の見せ所であり、「売れる」ということが優れた中古車業のプロの条件だった。小売りをやめて、消費者からの買い取りに特化し、販売はB to Bのオークションでの卸売りに絞る。こうしたガリバーインターナショナルの当初の戦略は、従来の中古車業者からしてみれば、「何のために買い取って（仕入れて）いるのか？」という話になる。そもそも消費者には売らないというのだから、「それを言っちゃあおしまいよ……」である。

この種の盲点がどんな業界にも多かれ少なかれ存在する。その業界が無意識のうちに抱え込んでいるインサイダーの盲点――それはしばしば本質的な矛盾を含んでいる――を「そういうもんだよね」とやりすごさず、その背後にある論理の綻びを見破る。そこに戦略のイノベーションの芽がある。これは今も昔も変わらない商売のもっとも面白いところだと僕は思う。

日本文学者のドナルド・キーンさんが司馬遼太郎さんとの対談で、面白いことを言っていた。おおむねこういう話だ。外国人にとっての日本文学は、井原西鶴や近松門左衛門よりも『源氏物語』のほうが理解しやすい。源氏物語は恋愛などの人間の内面の心情を描いているからだ。人間の内面にある心の動きは普遍的なものだから、文化や歴史的な背景をあまり知らない外国人にもよくわかる。ところが、井原西鶴や近松門左衛門などの江戸時代の大衆文学は当時の世事や儒教的な道徳を描いている。だから外国の読者にとってはハードルが高い。

世事の具体的な内容となると、江戸時代と今ではまるで違う。『日本永代蔵』は日本人にとっても今となってはとっつきにくい面がある。『源氏物語』は読んだことがあっても、『日本永代蔵』は名前ぐらいしか聞いたことがないという人が多い。しかし、今回強調したように、表面に出てくる世事の背後にあるビジネスの論理は、その本質部分ではあまり変わっていない。

最新の経営手法を紹介するビジネス書もいいけれども、たまには歴史を過去に遡り、古い本を読んでみることをおすすめする。具体的なレベルで全然違っているほうが、中途半端に実践的な「これは使える」という話が出てこないので、抽象レベルにある論理に目を向けやすいからだ。

しつこいようだが、ここにはコンプライアンスもJ-SOXもIFERSもMBOもTOBもNPVもEBITDAもB/SもP/Lも出てこない（損益計算書みたいなものはあったかも）。グローバル化もダイバーシティもクラウドもビッグデータもSNSもプラットフォームもオープン・イノベーションもリバース・イノベーションも関係ない。しかし、だからこそ『日本永代蔵』は商売の論理を磨くうえで格好の素材を提供している（ちなみに『世間胸算用』も最高）。

第18章　メタファーの炸裂

『10宅論』隈研吾著――ちくま文庫（一九九〇年）【初版一九八六年】

知的能力とは何か。「あの人はアタマがいい」と言うとき、ようするに何をもってアタマがいいと言っているのか。記憶力が抜群だとか、難しい数学の問題が解けるとか、ありとあらゆることを知っている（知識の範囲と量）とか、普通の人が知らない専門的なことを知っている（知識の希少性）とか、人によってさまざまだろう。

「アタマを動かす」とはどういうことか。いうまでもなく、知的能力の基準は知的活動の定義に依存している。知的活動とは、ようするに「抽象と具体の振幅」だと僕は考えている。たとえば仕事がデキる人を指して「あの人は地アタマがいい」などと言う。こういう場合の「地アタマのよさ」は、抽象と具体の往復の幅広さと頻度とスピードを指していることが多いと思う。

仕事は常に具体的なものである。具体的な成果が出なければ仕事にならない。だから最終的には絶対に具体的なものに落とし込まれる。しかし、具体の地平を右往左往するだけでは、作業をしているだけで、アタマを使って仕事をしていることにはならない。具体をいったん抽象化して、抽象化によって本質をつかみ、そこから得られた洞察を再び具体的なモノなり活動に反映していく。これが「アタマを使って仕事をする」ということだ。

建築家という仕事

手を動かすだけでは、普通のレベルを大きく超える仕事の成果は期待できない。アタマを使うということは、どんな仕事でも必要になる。しかし、世の中には抽象と具体の往復活動を絶対的に必要とする仕事がある。その典型が建築家だ。建築家は芸術家(たとえば美術家)とは異なる。いずれも創作活動であることには違いないが、絵画と比べて建築には飛躍的に高いレベルの具体性が要求される。

建築物には窓がある。これが絵画や彫刻と建築の決定的な違いである。人間や生活とのかかわりがはるかに具体の次元で求められる。(よっぽどの例外は別にして)建築物には人が入る。したがってモノとしても大きい。人目につく。世の中にきちんとした居場所を得なければ建築は成り立たない。美しさや創造性だけではない。安全性や機能性、耐久性が高い水準で求められる。いずれもきわめて具体的な次元にある問題ばかりだ。

しかし、単に機能的によくできた家をつくるだけであれば、近所の工務店に頼めば手に入る。わざわざ建築家に依頼する人は、工学的な機能の背後にある、その建築家ならではの抽象概念に対して対価を払っているわけだ。

その一方で、抽象だけでは建築にならない。さまざまな物理的、経済的、制度的な制約を乗り越えて、抽象概念を具体的な地平で形にしなければ建築家の仕事は務まらない。そして、結果的に生まれる建築物は、その細部の一つひとつまで、その建築家の構想した抽象概念の表出形態に他ならない。この意味で建築とは抽象概念の象徴作用であり、抽象と具体の往復運動を絶対的に必要とする分野である。

抽象と具体の往復運動において最強の人だと僕がひそかに認定しているのが隈研吾《くまけんご》さんだ。日本を代表する建築家だけあって、隈さんには本章の『10宅論』（氏が三一歳のときに出版した書籍処女作）のほかにも、『自然な建築』、『負ける建築』など、数多くの優れた著作がある。

たとえば、最近出版された『場所原論』。隈さんの抽象と具体の往復運動のダイナミックさを存分に味わえる本だ。この本は「3・11」というきわめて切迫した具体的状況での問題意識が起点となっている。本の扉の裏面には、津波であらゆる建築物が流されてしまったあとの瓦礫に覆われた地面に隈さんがぽつんと立っている写真が掲載されている。そこには隈さんのこんなメッセージが添えられている。

確かに津波はすべてを流し去りました。

驚くべき破壊力を目の当たりにして、血の気が引く思いでした。
しかし、それでもなお、いや何もないからこそなおさら、
そこには何かが残っていることを感じました。
場所というもの、そこに蓄積された時間と想いというものは、決して流れ去ること
のできるものではありません。

ここで彼が言う「場所」とは、landという意味での物理的な場所ではない。その地で暮らした人やそこを訪れた人の「時間や思い」といった「文脈」(コンテクスト)を意味している。近代化、合理化、都市化の過程で、それぞれの「場所」と密接に結びついた建築が、鉄やコンクリートを使った「強い建築」にどんどん代替されていった。しかし、二〇一一年の東日本大震災は、強い建築の「弱さ」を露呈するものであった。隈さんは脆くも流れ去った「強い建築」の残骸を目にして、こう言っている。

「強い建築」などということ自体、すでに無意味であり、滑稽ですらあったのです。
そこに物理的に同じ形で存在し続けることと、本当の強さとは無関係ではないか、
そんな疑問が、多くの人々の心の中に芽ばえたのです。

近代化によって切り離された場所と人間を再び結びつける「小さな場所」の復活。

「小さな場所」への回帰。これが隈さんの仕事の起点にあるコンセプトになっている。といっても彼が「小さな場所」の力を再発見したのは、東日本大震災がきっかけではない。さらに遡ること二〇年、一九九〇年代前半にバブルがはじけたとき、東京での設計の仕事がほぼ一〇年間にわたって途絶えてしまったという。その結果、地方の小さな建物を地元の職人たちとともにつくる機会が増えた。そのときに「小さな場所」の底知れない豊かさや暖かさを実感したという。

地方での小さな仕事をするにあたって、隈さんは自分の仕事に二つのルールを課した。一つは「小さな場所」における材料、技術、職人を大切にするということ。もう一つは建築にできるだけ「小さなエレメント」を使うということ。固まると大きな塊になってしまうコンクリート。これは「大きなエレメント」の最たるものだ。これに対して、木やレンガといった「小さなエレメント」は人間の手で組み上げることのできる建材である。コンクリートは一度固まってしまうと分解することができない。小さなエレメントであれば、容易に分解することも可能である。大きなエレメントはこうした意味で不可逆的だが、小さなエレメントは可逆的で可塑的。コンクリートがトップダウンの建材だとしたら、木やレンガはボトムアップの民主的な建材といえる。

これはごく一例だが、隈研吾という建築家の思考と仕事のスタイルをよく示している。バブル崩壊や3・11という具体的な状況を受けて、「場所主義」とか「小さな場所」、

「小さなエレメント」という具合に、目に見える具体的な事象をどんどん自分のアタマで抽象化していく。しかも、建築家である以上、抽象化だけでは終わらない。ひとたび抽象概念を構想すると、そこから急降下するように超具体的なモノを建築としてつくり上げる。

著書を読むと如実にわかるのだが、隈さんのすごさは、具体から抽象に振り切って出てくるコンセプトを誰にでもわかる言葉で説明できるところだ。さらに、そのコンセプトが結果としてつくられる建築物のどこにどのように表出されているのか、その辺を言語的に説明する力がずば抜けている。建築家に限らず、創造的な仕事をしている人は、往々にして言語化能力が非常に発達している。抽象化という切り口で見れば、創造と言語化能力の間には太くて深いつながりがあることがわかる。

「リスボン大地震」から今の日本を見る

著者のすべての著書にもう一つ共通しているのは、時間軸でも思考の幅が広いということだ。歴史の中で自身の思考を位置づける。これが常に著者の知的営為のバックボーンになっている。『最終戦争論』の章をはじめ、本書で繰り返し言っていることだが、歴史という長い時間軸の中で物事を考える。抽象化にとって欠かせない作業である。『場所原論』でいえば、二〇一一年の東日本大震災後の建築を論じるのに、著者は一七五五年のリスボン大地震まで遡っている。よく知られているように、この地震は物理的な損害だけでなく、ヨーロッパ人の精神に深刻なトラウマを残した大災害であった。

当時の巨大建築は、神を賛美するという意図をもって建てられていた。建築が神の存在の象徴作用であったといってもよい。リスボン大地震で立ち直れないほどの大災害を経験した人々は、「神に見捨てられた」と思うほどの衝撃を受けた。このことが神に代わって人類を守ってくれる「強い建築」「勝つ建築」への欲求を生み出した。

この「強い建築」への希求は、二〇世紀に入ると住宅の私有という概念と結びついた。そこで出てきたのが、「郊外の一軒家」というモデルである。このモデルをもっとも純粋なかたちで具現化したのが二〇世紀中盤のアメリカだった。危険な都市から離れた新天地で家族の幸せと老後の生活が保障される。郊外の一軒家は幸せな家庭の象徴となった。

そうなるとみんなが郊外の住宅に住みたくなる。そこで住宅ローンという金融システムが人々の欲望にガッチリ入り込む。家を持つとなると、電気製品や家具や車といった耐久消費財への需要も触発される。人々が都市と郊外を日常的に行き来するようになると、電気やガソリンといったエネルギー需要も増える。道路などのインフラも整備される。人間は負債を抱えると、借金を返すために勤労意欲も増す。層の厚い中産階級がせっせと働く。これがますます経済成長に貢献する。好循環が生まれる。

一九五〇年代には、『アイ・ラブ・ルーシー』といった郊外の一軒家を舞台にした家族の日常を描いたアメリカのテレビドラマが日本でも大流行した。家族の幸せ、永続する安心・安全の象徴作用としての郊外住宅は、日本にも伝播するほど強いメッセージを放出していた。「郊外の一戸建て」が象徴する世界観はアメリカ社会が繁栄する原動力になった。

その挙句にリーマンショックが起きる。その引き金はサブプライムローン、つまり低所得者向けの住宅ローンの破綻だった。二〇世紀型のアメリカの政治経済モデルは、「住宅に始まり、住宅に終わった」ともいえる。一八世紀のリスボン大地震後から二一世紀のサブプライムローンまでが「強い建築」の時代だったとすると、今世界は「小さな場所」の時代にシフトしているのではないか。著者はそのように見立てる。

今目の前で起きている具体的な動きを歴史の中に位置づけて抽象化する。歴史だけではない。一七世紀のデカルトの論理演繹主義、一八世紀イギリスの経験主義、批判哲学を拓いたカント、キルケゴールからフッサール、メルロ＝ポンティとつらなる現象学の一派、闘争論のヘーゲル、マルクス、実存主義のハイデッガー……。人間の主観と客観、世界と個人、普遍性と多様性といった対立を、大哲学者たちはどのように理解してきたのか。著者は、これまでの哲学の議論と、それが導出してきたさまざまな概念を総動員している。そうした思索を経て「負ける建築」というコンセプトが抽出されている。

弱い個人（主観）が強い世界（普遍）を受け入れる。そこに存在しているさまざまな自然や歴史や社会のコンテクストとしての「場所」を受け入れ、これを克服しようとしないという「積極的な受動性」。場所を受け入れた結果として、新しい生成が触発される。それが場所主義に根差した「負ける建築」である（詳細については、隈研吾『負ける建築』を読んでいただきたい）。

もとより著者は哲学を専門に研究している学者ではない。建築家としてお客さんから注文されて、コストの計算をしたり、建築構造の強度のテストをしたり、個別の案件について図面を引くという、きわめて具体的な建築家の仕事を日々しているわけで、抽象と具体の振れ幅がきわめて大きい。抽象的な思考能力が高い人は少なくないが、極端に具体的なところまで入っていくという守備範囲の広さ、そこに著者の本領がある。

位置エネルギーを運動エネルギーへ変換する

『場所原論』のサブタイトルは、「建築はいかにして場所と接続するか」。この背後には、二〇世紀の普遍主義が場所と人間を切り離して考えていたという認識がある。

わかりやすい例でいえば、ル・コルビュジエの機能主義。コルビュジエの設計した住宅にはピロティーがあることが多い。住宅部分は柱の上に浮いたような格好になっている。つまり、地面という物理的な場所から独立している。これは文脈から独立して、機能というか普遍的な価値の象徴作用として理解できる。著者が言う「場所との接続」は、二〇世紀のコルビュジエとは逆方向の動きを意味している。

『場所原論』では著者自らが設計した建築物が数多く紹介されている。たとえば亀老山の展望台。この建物は物理的に山と接続しており（言葉で説明するのが難しいのだが、建築物が山に入り込み、山と一体になることによって、「場所を受け入れて」いる）、まさに場所主義の概念を具体化したものとなっている。

宮城県登米《とよま》町の伝統芸能伝承館。この建物には能舞台がある。しかし能舞台は屋内ではなく、屋外に設置されており、周囲にある森と接合されている。建物と場所をつなぐだけでなく、高額のヒノキ材でつくった能舞台をコンクリートで覆うという従来の工法を使わずに、低予算で仕上げるという目的もあった。舞台には地元資源であるヒバを使い、屋根は登米玄昌石で葺いてある。いずれも「小さなエレメント」だ。

挙げていくとキリがないのだが、もう一つだけ紹介したい。栃木県の那須にある「石の美術館」。大正期に建てられた米蔵を小さな美術館として再生させるという仕事だ。ここでは地元の石切り場で取れる石を組み立てていく方式が採用された。この手の建築物の建設では、ゼネコンが複数の業者を調整してそれぞれの分担をこなしていく「アセンブリー」の手法をとるのが通常のパターンだ。しかし、この美術館の建設では、そうした縦割りのやり方ではなく、地元の職人だけの力ですべてを仕上げるという方法がとられた。「小さな場所」の概念が具体のレベルで結実した例だ。

著者の手による一連の建築物は、すべて「負ける建築」「場所主義」という概念から発想され、その概念に忠実に具体化されている。きわめて抽象的な概念から始まって、ここまで具体的な形を持つところまで降りてくる。現実世界から生まれた問題意識が抽象化を経て概念構想の高みまで到達する。すると、抽象概念が位置エネルギーをもつ。それが再び具体へと戻っていくときに、概念のもつ位置エネルギーが運動エネルギーに変換され、現実世界の建築として具体化する。これは僕がイメージする「創造」のど真ん中だ。隈さんの一つひとつの仕事をみると、具体から抽象へ、抽象から具体へという変換過程が手に取るようにわかる。「創造とは何か」がはっきりとした輪郭を持って見えてくる。

戦略をつくるという仕事にも、このようなエネルギー保存の法則がはたらいている。個別具体的なアクションに資源を投入しないことにはビジネスにならない。しかし、有効なアクションを繰り出すためには、まず抽象化して事業のコンセプトを構想する必要がある。優れたコンセプトであれば、そこから次々に具体的なアクションが触発される。コンセプトのもつ位置エネルギーが運動エネルギーに転換されることで、結果的に動きの強い戦略が生まれる。

第9章でみたホットペッパーの戦略はその好例だ。当初は市場や消費者の行動についての具体的な観察、それに対応した断片的なアクションの試行錯誤が行われる。そうした具体的な断片が持つ運動エネルギーが徐々に抽象化され、「生活圏」「狭域情報」という強力な位置エネルギーを持ったコンセプトとして結晶する。ひとたびコンセプトが確立すると、それを具象のレベルに下ろすことによって、さまざまなアクションが次から次へと出てくる。すべてがコンセプトから導出されているので、アクションの間のつながりも自然と太く強くなる。

すでに話したように、抽象と具体の往復運動が絶対的に必要となり、その過程がまる見えになるのが建築の世界だ。建築に関する本や建築家によって書かれた本は、ビジネスの戦略にとって有用な示唆がふんだんに含まれている。その濃度がもっとも高いのが隈研吾さんによる一連の著作だというのが僕の見解だ。

駅舎とローマの大浴場

ということで、前置きが長くなってしまったが、『10宅論』。これは隈さんの多くの著作のなかでもひときわユニークな本だ。今では文庫にもなっているが、一九八六年に出版された隈研吾さんの最初の評論集だ。一九五四年生まれの著者は僕より一〇歳年上で、この本が出た当時は弱冠三二歳。最初の本にはその人のアタマの体質というか思考の肝《きも》となる部分が如実に出るものだ。

冒頭に近い部分でこういう話がある。「ローマの大浴場がモデルとなって、近世の大規模な駅舎空間が発明された。ワンルームマンションのモデルとなったのはホテルの客室、それもビジネスホテルクラスの狭小な客室である」。

ローマの大浴場の用途を転換することで駅舎という建築物が生まれる。このことは建築における創造が具体と抽象の往復運動から生まれるということを如実に物語っている。前提として、ローマの大浴場やホテルの客室というきわめて具体的な実体がある。その本質は何なのかを突き詰めると、「大勢の人が日常的に繰り返し集まる場所」とか「浮遊した状態にある人のテンポラリーな場所」といった抽象概念に至る。こうした概念が具体化されて、駅舎やワンルームマンションといった「新しい建築物」が生まれる。

ある文脈に埋め込まれていた具象を、その文脈からいったん引き剝がし、それを新しい文脈に位置づける。ようするに、これが創造という営みであり、創造のプロセスである。このプロセスでいう「引き剝がし」が抽象化に相当する。

建築における創造のプロセスが具体と抽象の往復運動だとすれば、具体的な事象を抽象概念へと引き上げる力、抽象を具体へと引き下ろす力、いずれも必要となる。二つの力の循環運動なので「ニワトリとタマゴ」といえばそれまでだが、一般的にはモノを上げるほうが下ろすよりも大変になる。具体を抽象概念に引っ張り上げる。これがなければ具体へと下ろすこともできない。素人ながら、「いい建築家」というのはとりわけこの「引っ張り上げる力」が強い人たちなのではないかというのが僕の仮説だ。

「ある空間モデルがすでにあって、その用途の変更を称して、われわれは空間の発明と呼んでいる」と著者は断言する。だから建築空間の創造に「完全な独創」というものはありえない。これは非常に重要な論点だ。ビジネスにおいても同じだと思う。完全に独創的なビジネスモデルや戦略など存在しない。どんな商売も生身の人間を相手にしている以上、どんなに独創的な「戦略のイノベーション」も「言われてみれば当たり前」ということになる。

建築にも「普通の人間の日常的な営み」という枠組みから外には出られないという制約がある。ここが絵画芸術とは異なる。絵画であれば、やろうと思えば抽象に振り切ることができる。だから、同時代ではまったく評価されず、理解されなかった画家が三〇〇年後に再評価されるということはありうる。しかし、建築の芸術性はそういう性質のものではない。この点で戦略と建築は似ている。

「場所主義」の国、日本

『10宅論』を貫く問題意識は「建築の象徴作用」である。最近出版された『場所原論』の「場所主義」とほとんど変わらない。著者が同じ問題意識を連綿と持ち続けて仕事をしていることがよくわかる。

冒頭で著者は自分の立場を明らかにしている。

近代建築は建築が本来持っていた象徴作用を不当に無視してきた。ラスベガスの大通りに溢れる看板、サイン、建築、あの豊かな象徴作用こそ、建築家は見習うべきである――建築家ロバート・ヴェンチューリはこのように主張した。それは象徴作用を喪失し、無性格で退屈な箱に陥っていた近代建築への徹底的な批判だった。

モダニズムの建築は合理性や機能性を追求した。それが普遍的であるがゆえに、合理性や機能性は「場所」の文脈から建築を切り離す試みだった。かつての建築に色濃かった象徴作用（たとえば「トーテムポール」は純粋に象徴作用を目的とした建築だった）はあっさりと捨象された。モダニズムでもっとも成功した建築家の一人であるル・コルビュジエがその典型だ。彼は象徴する意味や文脈から独立した建築そのものの普遍的な機能美を追求した。

これに対する批判がポストモダニズムの動きだった。その嚆矢《こうし》がヴェンチューリである。彼はラスベガスの象徴作用に注目した。ラスベガスは「砂漠の中に浮いた島のような都市」である。世界中からやってくる匿名の観光客がこの都市の主役となる。彼らは文化的なバックグラウンドも異なるし、ほんの数日の滞在で、また砂漠の風のように都市を去っていく。これはアメリカという社会なり文化の強烈な象徴作用として理解できる。

「場所」は必要ない。これが西洋合理主義の発想だ。近代は「場所」が見えなくなった時代だった。「場所」に関係なく発生する意味（コルビュジエの場合は「機能」）というものがあるはずだ、というのが近代モダニズムの基本精神だった。

これに対して、日本型の象徴作用は本来「場所中心的」であると著者は言う。

「場所」がモノの意味を決めるということを、日本人は当然のこととして、納得していた。これが日本文化のあらゆる領域で、前提となっている了解事項である。その了解事項の上に、極めて意識的でゲーム的な「場所」の選択が行なわれる。それがもともと日本文化のシステムだった。日本人はまず自分の立つ「場所」を選択する。そして一旦、自分の「場所」さえ定まれば、そこで極めて大胆に、そして繊細に象徴作用を駆使するのである。それぞれの「場所」は極めて狭いけれど、かえってそれゆえその「場所」の中では、濃密で微妙な約束事（コード）が形成されるのである。

日本人は「場所」の差異について神経質なほど繊細な感性を持っている、と著者は指摘する。「ある場合には特定の感性や約束事を共有する小集団であり、またある場合には文字通り一つの空間的領域」、それが著者の言う「場所」である。

この両方の順列や組み合わせによって、「場所」はさらに細分化されていく。たとえば茶道の世界を一つの「場所」とすれば、それは時間とともにさまざまな「流派」という場所に分化していく。この意味での「場所」と、それが持つ「象徴作用」が『10宅論』のテーマになっている。

個々の「モノ」の意味が、「モノ」の内側から一意的に決定されるのではなく、「モノ」の置かれた「場所」(すなわち「モノ」の外側)によって決定されている有様を記述すること。そして「モノ」の行なう象徴作用が「場所」に深く依存している様相を説き明かすこと。これが本書の主題である。

今から三〇年も前に書かれた『10宅論』で、「負ける建築」や「小さな場所」といった概念の原型がすでにできていることに驚く。著者はこう続ける。

そして「場所」の分類の基準となっているのは住宅のスタイルの差異である。住宅のスタイルの違いは住む人間の違いを意味し、その人間の価値観の違いを意味し、かつその「場所」で繰り広げられる象徴作用の全体を支配する。

日本人にとって「自分の住んでいる住宅を記述するということは、自分を記述することだった」というのが著者の見解だ。日本のこうした傾向が「場所中心的象徴作用」である。たとえば鴨長明の『方丈記』。この本は住宅の記述に異様なまでに比重が置かれているという。僕も最近読み直してみたが、確かにこれでもかというほど居住空間について書いている。日本の建築には根本のところでは場所主義の伝統があり、バブル崩壊後、その伝統に回帰する動きが顕著になってきたといえるかもしれない。

メタファーを駆使した分類ゲーム

『10宅論』は、住宅を一〇種類に分類し、日本の住宅を論じている。なぜ一〇種類かに特に意味はない。単にタイトルを『10宅論』にしたかったからという軽いノリである。「分類ゲーム」といってもよい。

日本の多種多様な住宅（および、それに住まう人々）を一〇のアーキタイプへと抽象化する。この知的作業の原動力として、著者はメタファーを駆使する。本書の分類ゲームは最初から最後まで「メタファー遊び」になっている。次から次へと出てくるメタファーの縦横無尽ぶりは、まるで知的な曲芸を見ているようだ。隈研吾＝メタファー大魔神。ここに著者の類まれな抽象化能力、概念構想力の正体があると思う。

メタファー（暗喩）は比喩の一種で、メトニミー（換喩）やシミリー（直喩）と区別される。概念の近接性に基づく比喩は換喩と呼ばれる。たとえば「永田町」は、日本の政治の中心となる機関が多く存在することから「日本の政治」そのものを指す言葉として使われる。あるものとの明示的な比較に基づく比喩が直喩だ。たとえば「血のような赤」といった表現がそれである。建築でいうと、「客船の形をしたラブホテル」。これは直喩の例だ。直喩の特徴は、比較の対象を限定することで相手にその比喩の理解を強要することにある。

これに対して、類似性に基づく暗喩は、受け手の理解を強要しない。直喩が具体と具体を横に並べて類推するのに対して、隠喩は具体をいったん抽象に引き上げて、そこから具体に落とすわけで、もう一手間加わっている。ようするにメタファーそれ自体が具体と抽象の往復運動になっている。

安藤忠雄と千利休に通底するもの

本書が導出している一〇の住宅の「アーキタイプ」を見ておこう。

Ⅰ　ワンルームマンション派——ホテルの客室のコピー
Ⅱ　清里ペンション派——西洋のオウチのコピー
Ⅲ　カフェバー派——演劇の舞台空間のコピー
Ⅳ　ハビタ派——モダニズムへの憧れ
Ⅴ　アーキテクト派——建築家との知的交流への憧れ
Ⅵ　住宅展示場派——「住宅の人生化」の受け入れ
Ⅶ　建売住宅派——日本の「持ち家信仰」の物象化
Ⅷ　クラブ派——「理想の家庭」のコピーのコピー
Ⅸ　料亭派——抽象化された「高級な和風」への憧れ

具体を抽象レベルへ引き上げ、その位置エネルギーを使って具体へと下りる。その結果、まるで異なった文脈に置かれた二つの具体の間に概念的な補助線が引かれる。これが新しい理解や洞察をもたらす。こうしたメタファーの醍醐味を五番目の「アーキテクト派」を例にとって見てみよう。

アーキテクト派の住宅に住む人々は、建築家に自分の家の設計を頼む。そもそもなぜ建築家に頼むのか。その建築家の作風が気にいったからではなく、むしろ「建築家との知的交流」に意味があるというのが著者の見解だ。

知的にソフィスティケートされた情報を、メディアではなく生身の人間から得る。ここにアーキテクト派の真の欲求がある。建築家に設計を依頼すれば、必然的にその建築家と親密につきあうプロセスがついてくる。「デパートの外商の人間では多少物足りないと考える奥方も、建築家との打ち合わせ、世間話、芸術談義からは充分な満足を得ることができる」のである。アーキテクト派の根本にあるのは、妻の知的欲求不満というオチになる。かのフランク・ロイド・ライトも設計した住宅のクライアントの妻と、何回もスキャンダルを起こしているという。

ここで話はいきなり戦国時代の茶人に飛ぶ。現代の建築家と同じように、彼らは知の交通を司る役割を果たす者として戦国大名に重んじられた。茶人と交わることで、大名たちが新しい情報にアクセスできる。ここに大きな意味があった。これはそのまま現代の建築家とアーキテクト派の関係のメタファーになっている。建築家に住宅を建ててほしい人の欲望を戦国時代の大名の欲望に重ねることでその本質が見えてくる。

もともと茶人は中国の文化や情報の紹介者として珍重されていた。ところが、千利休は中国指向を否定した。ここに利休のオリジナリティがあった。彼は日本の陶磁器の価値を再評価し、それまで黙殺されていた「日用雑器」の類でも、自分の目にかなったものには積極的な価値を認めて、茶会でもバンバン使い始めた。

ここで利休が新たに提唱した価値判断の基準が「わび」「さび」だった。有名な「利休の反転」である。この反転は、一面では華美で高価な唐物をむやみにありがたがっていた成り上がり大名たちに対する痛烈な批判だった。

こうして建築から茶の湯に具体の文脈を移したうえで、議論は再び建築に戻ってくる。戦国時代に茶の湯の世界で利休が行ったような反転を、現代の建築の世界で行う。そこに安藤忠雄の仕事の本質がある、と著者は指摘する。

利休以前の茶人が基本的に唐物の目利きであり、中国文化の紹介者であったように、安藤以前の日本の住宅建築家は、基本的に唐物の目利き――すなわち西洋の進んだ住生活の紹介者にすぎなかった。そこに安藤忠雄が現れる。彼は有名な「住吉の長屋」のようなコンクリート打放しの小空間を提示して、新しいわび、さびの美学を呈示した。建築の世界における「利休的反転」である。

しかも安藤忠雄の建築は、利休の「わび・さび」がそうであったように、ちっとも貧乏くさいものではなかった。なぜなら、利休も安藤も、茶の湯やアーキテクト派の住宅といったものが基本的には余裕の上に成り立っていることを見抜いていたからである。「安藤の出現以降のアーキテクト派住宅は、すべて安藤の美学に引きずられていると言っても過言ではない。それは一方で唐物《からもの》指向の成り金趣味を否定し、なおかつ返す刃《やいば》で「貧乏臭い」小住宅を否定し去っているからである」というのが著者の洞察だ。

ここで見た著者の思考のプロセスを要約するとこうなる。まずはアーキテクト派の住宅とそこに住む人々を観察する（具体）。そのうえでアーキテクト派のニーズの本質をつかむ（抽象化）。抽象レベルでは同質の事象であるものとして、茶の湯における千利休へと論点がシフトする（具体化と文脈転換）。千利休の独創の本質を「反転」に求める（抽象化）。さらに安藤忠雄の建築を「反転」の視点から考察する（具体化と文脈転換）。こうして具体と抽象を往復し、次から次へと文脈を移動していくことによって、洞察が引き出される。アタマがいいとはこういうことだという見本のような展開だ。

メタファー大魔神による「クラブ派」の解読

僕がいちばん面白いと思ったのは、なんといっても「クラブ派」についての章だ。著者ならではの秀逸なメタファーが次から次へとジェットコースターのようにめくるめく展開する。思考のドライバーとしてのメタファーの威力をあますところなく示している。

ここで「クラブ」というのは、飲むほうのクラブで踊るほうではない。銀座の高級クラブのようなスタイルの住宅を指している。話は逸れるが、僕の家には踊るほうの「自宅クラブ」がある。自宅クラブといってもジッサイのところはただの居間。音楽は大きな音で聴くに限る。夜になると家の者たちにうるさいと言われないように、ヘッドフォンを装着する。で、音楽を聴くと必ずといってよいほど踊りたくなる体質なので、そのまま踊ることになる。これが自宅クラブなのだが、傍からみれば無音でくねくね体を動かしているだけ。まるで変質者だ。

話を戻す。銀座のクラブと住宅とは一見対極にあるように見える。住宅は日常の家庭。一方のクラブは非日常の反家庭的な存在だ。ところが世の中には銀座のクラブをコピーしたような住宅に住む人々が存在する。ではなぜクラブ派の人たちは、クラブの空間を住宅にコピーしたがるのか。ここでも住宅建築の象徴作用に注目して著者はこの問題を解き明かす。

クラブの空間が住宅の中にコピーされるときに象徴するものは何か。それは空間の排他性である。敷居の高さといってもよい。銀座の高級クラブといえば「座っただけでウン万円」。一見さんお断りで、誰もが気軽に行けるところではない。その排他性にこそクラブ派の求める価値がある。

クラブ派住宅は経済的な排他性に加えて、建築的な排他性も象徴している。雑居ビルのテナントであるクラブにはそもそも外観がない。そこでクラブ派住宅の外観はひたすら「おとなしいデザイン」になる。「お屋敷」がおとなしい外観であるのは、きわめて日本的な傾向だと著者は言う。クラブ派の外観にもこの日本の「お屋敷」の伝統が流れている。

江戸の武家屋敷を見れば明らかなように、屋敷の格式は建物本体によって表現されるというよりはむしろ、庭、塀、建物の配置といった、建物のまわりの建築的仕組みによって表現された。すなわちそこにおいては、庭、塀等によって建物を「奥まらせる」ことで、建物の格式、そして排他的性格が表現されたのである。それは西洋の住宅が、一般的に言って、建物それ自体のモニュメンタルな意匠によって、建物の格式、あるいは排他性を表現していたのとは対照的である。

「奥まらせる」といっても、いかんせん日本の住宅の敷地は狭い。したがって、クラブ派の住宅はいたって現実的な手法を使うことになる。たとえば、彼らはガレージの脇を通って玄関にアプローチするというスタイルを好む。一方、西洋の住宅ではガレージは基本的には裏方の部分に属している。玄関のような建物の顔の部分と競合することはない。大邸宅になるほどその傾向は強い。

クラブ派は屋敷を「奥まらせる」ための手法としてガレージを活用する。ついでに

「奥まらせる」途中で高価な車を見せることによって、さらに経済的な排他性を強調しようという意図が隠されている。車は輸送の道具ではなく、建築的な小道具としての象徴作用を担っている。

クラブ派の住宅は異常なまでに塀を好む。塀、あるいは表札、郵便受け、玄関のインターホン、アプローチの空間に置かれる盆栽的植栽。こうした細部に対する執拗な凝り方は日本の伝統的空間技法の正当な嫡子と理解できる。

次にクラブ派住宅のインテリア。これがややこしくも面白い話になっている。クラブ派のインテリアは銀座のクラブ空間のコピーになっているのだが、ここには二重の象徴作用があり、実はクラブ空間がそもそも住宅空間をコピーしたものであるというのが著者の見解だ。

その最も明白な証拠はクラブの女性という独特の存在である。これは酒場の女性の形態としては、世界的に見て例外に属する。クラブの女性がクラブで行なうサービスは、住居の中で妻が夫に対して行なうサービスのコピーであり、それも一種の理想化されたコピーである。

銀座のクラブのような場所は世界的にも類例がない。「日本固有の文化」といってもよい。クラブではお酒はもちろん、おつまみや煙草、さらにはおしぼりといった小物に至るまで、必要なものが阿吽の呼吸で即座にサービスされる。どんな話題にもクラブの女性は柔軟についてくる。つかずはなれずの上品で上等で上質なサービスが顧客に供される。

これは家庭の中でクラブ派の夫が妻に対して期待している究極の理想なのだが、当然のことながら、現実の家庭でそんなサービスがありえるはずもない。つまり、クラブの女性は「理想化された妻」を体現した存在である。服装にしても決して水商売っぽい服装ではなく、山の手の上品な奥さま風情の既製品をそれらしく着こなしている。

銀座のクラブが家庭の理想化されたコピーだと考えると、クラブの調度品や家具が住宅の居間と似通っているのはごく自然な成り行きとなる。「低いテーブルのまわりを囲む、柔らかすぎるほどのソファー。床には毛足の長いカーペットが敷きつめられ、壁、天井の仕上げ材料にもレンガ、木、スウェード、布といった暖かみがあって柔らかい材質が選ばれる」といった具合だ。結果として、本物の家庭以上に家庭を想起させるインテリアになる。

もちろん実際の家庭にはシャネルスーツをいつも着ていて絶妙のタイミングでおしぼりを出してくれるような妻などいない。自宅クラブ（踊るほう）がある家はあっても（あまりないかな？）、自宅クラブ（飲むほう。もちろん女性によるサービス完備）が装備された家庭はそうそうないだろう。「デフォルメした理想の家庭をコピーした銀座のクラブを再度コピーしたクラブ派住宅」は、端からリアリティが欠如している。ようするにクラブというのは「ディズニーランドの家庭版」だ、というのが著者のメタファーである。

建築家のチャールズ・ムーアがディズニーランドについてこういうことを言っている。ロサンゼルスにはいわゆる街というもの、つまり昔の街ならどこにでも存在していたような、歩行者のカルチャーというものがない。それを味わうために、人は入場料を払ってディズニーランドに行くのだと。

現実世界では望んでも体験できない「家庭」を味わうために人は入場料を払ってクラブに行く。さらに家庭のコピーであったクラブという空間を本物の家庭がまたコピーするという倒錯が起きる。なぜこんなことになるのか。著者の結論はこうである。

クラブ派が家庭というものそれ自体が持っている「有難み」をまったく理解できなくなってしまっているからである。あまりに日常的で、身近なものゆえに、家庭がどれだけ「有難い」かがわからなくなっているのである。その「有難み」を理解するために、家庭を一度クラブという鏡に写して見なければならなくなってしまったのである。クラブという鏡に写すということは、その「有難み」を一度貨幣に換算するということである。貨幣に換算されて、「有難さ」のお墨付きをもらったスタイルが、クラブ派のスタイルである。お墨付きをもらった上で、それは再び家庭に持ち込まれる。ディズニーランドが鏡に写された「街」だったとすれば、クラブ派は鏡に写され、そして投げ返された「家」である。

ことほど左様に、『10宅論』はメタファーをテコにして抽象と具体を超高速で往復しながら、住宅の象徴作用の本質を明晰かつユニークな筆致で抉り出す知的ゲームになっている。「だから何?」と問われても、「いや、別に何もないけど、これって面白くない?」というだけの話。徹頭徹尾、遊びである。著者自身、文庫版のあとがきに「この本は一種のでっちあげ」「これをノンフィクションと信じて読んで下さった読者の方々に、最後でとんだ肩すかしを食わしてしまった事に対し、深くお詫びする」と、ぶっちゃけている。

最初の著作である『10宅論』は、後年の『負ける建築』や『場所原論』のように著者の本業である建築物への具体化を伴わない、純粋な「思考の遊び」である。それだけに、著者がひたすら好きでやっていることがよくわかる。場所とか、コンテクストとか、そこにいる人間とか、そういうものにとにかく強い関心がある。だからこそ、これだけ凝った上質な知的遊びが出てくる。若い頃に勢いで書いたような本だけに、物事の本質を突きとめようとするときの著者のアタマの回し方が剝き出しで表れている。

第16章の藤本隆宏さんもそうなのだが、隈研吾さんもまた「好きこそものの上手なれ」の権化のような人である。若いときから好きで続けてきた知的な営みが、のちに独自の建築の概念へと結実し、それを仕事として自ら建築物に具現化する。仕事をする人間の姿として、一つの理想である。

第19章 「当たり前」大作戦

『直球勝負の会社』出口治明著――ダイヤモンド社（二〇〇九年）

日本で七四年ぶりに生まれた独立の生命保険会社、ライフネット生命保険。本書は創業経営者である出口治明《でぐちはるあき》さんが記録したライフネット生命の創業にまつわる物語だ。出口さんは、日本生命で四〇年近く勤務をした後、一線を退く。いったん引退してからベンチャーを始めた氏は「還暦の起業家」として話題になった。ご存知の読者も多いだろう。

ゼロからの起業物語であるにもかかわらず、終始淡々と話が展開していく。ドラマティックな場面は出てこない。面白おかしい話もない。そこがたまらなく面白い。

僕はライフネット生命を、素晴らしいことをやっている（やろうとしている）会社だと高く評価している。ただし、この稿では会社よりも、どちらかというと出口治明という人物に焦点を当てて話を進める。

目上の方に対してこういうことを言うのも僭越な話だが、出口さんという人は本当にコクがある。経営者としてはもちろん、人間として興味深い。本書の記述のどこをとっても、出口さんの人柄と人格が如実に表れている。黒澤明が生きていたら、出口さんを主人公に一本映画を撮ってもらいたい。そう思わせるほど、出口さんという人物の味わいには余人をもって代え難いものがある。

ライフネット生命の創業ビジョンはシンプルきわまりない。

① 保険料を半額にしたい
② 保険金の不払いをゼロにしたい
③ （生命保険商品の）比較情報を発展させたい

この三つだけ。いずれもきわめて具体的で平明なビジョンである。三つのビジョンを立てた出口さんは、論理必然的に「独立系の生命保険会社をつくるほかはない」という結論に到達した。それでできたのがライフネットという新しい生命保険会社だった。そして、出口さんはこのビジョンに忠実に会社を創り、戦略を立て、実行していく。本書の内容を要約すると、これに尽きる。短くない本がツイッターの一四〇字で要約できる。いたってシンプルな話である。

論理の人

出口さんは論理の人だ。骨太で素直な論理で会社をつくり、動かしている。基軸にあるのが論理だから話が早い。誰もが無理なく納得できる。出口さんは「論理必然的に」起業している。「どうしてもやりたいから」とか「戦後初の挑戦」といったモチベーションがあったわけではない。「どう考えても論理からしてこうあるほかはないから」ということでできたのがネット専業のベンチャー生保だった。

保険会社を一からつくるのであれば、アクチュアリー（保険会社で保険料率の算出などを業務とする専門職）や医師の派遣、事務システム構築のノウハウなどの面で、既存の保険会社を親会社として資本参加を受けたほうが、事業の立ち上げが容易かつ速くなる。コストやスピードの点でより「正しい」選択だろう。しかし、これは出口さんがつくろうと思った会社のビジョンからすれば「論理的」ではない。

生保の親会社から出資を受けたとする。「保険料を半額にしたい」とか、「これからは付加保険料を開示したい」などと提案しようものなら、株主やそこから送り込まれるであろう経営陣から反対されることは間違いない。ビジョンの実現は遠のく。だから独立系しかない。いたって論理的だ。

すでに長いキャリアと豊かな人脈がある人が起業する場合、かつての同僚のなかから気心が知れた優秀な人を引き抜いて創業のパートナーとするのが普通だ。しかし、あくまでも論理的な出口さんは、こうしたことも一切やらなかった。もし「パートナーが生命保険に熟達した人間であれば、きっと生命保険の常識が邪魔をして、大きな飛躍は望むべくもない」という論理だ。

ライフネット生命は当初から上場を目標にしていたが（二〇一二年三月上場）、これも論理的な筋論から決めたことだった。生命保険業が公共性の高い事業である以上、日々の経営が株価というかたちで評価され、市場から厳しくチェックされることが望ましい。

しかし、こうした明確な意図がありながらも、生保の事業は公共性が高いという同じ理由で、上場目標年度は出資契約には盛り込まなかった。上場のために無理をすれば、公共性の高いはずの事業経営が脆弱になり、本末転倒になるからだ。

まったくもって辻褄の合う話であり、言われてみれば当たり前。しかし、これと逆の「没論理」が世の中には横行している。わかりやすい達成感を得たいがためにとにかく上場を目指す。お金を出してくれるベンチャーキャピタルの手前、上場目標年度を出資契約に盛り込んでしまう。そこには小理屈はあるかもしれないが、論理はない。

出口さんの場合はこの真逆で、あらゆる判断がいちいち熟慮したロジックに支えられている。だから、時と場合によっては一見遠回りをすることになる。しかし、論理は裏切らない。素直でしっかりとした論理で一貫したことをやっていれば、いずれ成果がついてくる。出口さんは論理を信じている経営者だ。

直球勝負の人

インターネットで保険を売るというアイデアも、出口さんはロジカルなステップを一つひとつ重ねながら導き出している。ライフネット生命のビジネスのアイデアは、日本生命時代に出口さんが感じていた素朴な疑問が端緒になって出てきたものだ。

出口さんの見たところ、日本生命の総合職の多くが、自社が販売する個人保険ではなく、「Bグループ保険」に加入していた。保険料の安い拠出型の団体定期保険である。保険のことをよくわかっている日本生命の人々が自社の保険商品を買っていない。考えてみるとおかしな話だ。

Bグループ保険は大企業か大官庁の職員でないと加入できない。当時の出口さんは、Bグループ保険のような仕組みの保険をあまねくすべての人々にバラ売りできる仕組みはないものかと考えた。あるとき、アメリカでインターネットでの保険販売が始まったという記事を目にした出口さんは思いついた。営業スタッフによる販売部隊をネットに置き換えれば間接費を圧縮でき、Bグループ保険のバラ売りが可能になるのではないか。

出口さんはこのアイデアに「e-life」と言う名前をつけ、本腰を入れて出資者を探すことまでした。しかし、当時つながりがあったほとんどの事業会社の筆頭株主が生命保険会社であったこともあり、「アイデアは面白いが……」と言うだけでどこも乗ってこない。その反応を見て、出口さんは「機が熟していない」とあっさりと諦める。二〇〇一年秋のことだった。

いくら論理的に考えて正しいことであっても、風が吹いていなければ凧を揚げることはできない。「風が吹くまで待てばいいし、風が吹かないならそれもまた運命」と、出口さんはあっさりしたものである。論理はあるが、力みはない。あくまでも自然体で構えに無理がない。出口さんのスタイルには、すごくいいダシが効いているにもかかわらず、一見透明に見えるスープのようなコクがある。

ライフネット生命は、冒頭で紹介した、「三つのビジョン」から始まって、徹底した消費者目線の正攻法でやってきた。本書のタイトルどおり「直球勝負の会社」である。戦略にしても論理的に当たり前のことばかり。斬新なアイデアや先端技術を強みとしているわけではない。出口さんが目をつけた「Bグループ保険」にしても、前からあったものだし、インターネットにしても誰もが低コストを可能にするインフラとして思いつく。「インターネットで便利でシンプルな保険商品を安く売る」という戦略ストーリーは、「最強のエコシステムをビッグデータで構築する画期的なクラウドビジネス」(?)といった、新奇さや派手さとは無縁だ。

「カーブやシュートが大嫌い」というのが出口さんという人だ。商品にしてもど真ん中の直球一本勝負、どうせやるなら定期死亡保険だと決めていた。新しく保険会社をつくるとなったとき、もっとユニークでニッチな商品を軸にした「凝った戦略」をすすめる人が多かったそうだ。

実際、創業のパートナーとなった岩瀬大輔さんの初期の構想は、ニッチな損害保険をネットで売ることだった。ゼロから小さなスケールで始めるベンチャー企業であれば、なるべく競争がないようなところに商売をもっていくというニッチ戦略を狙いたくなるのが普通だ。しかし出口さんが選んだのは、定期死亡保険。どこの保険会社も主力としている商品だ。ニッチの対極にあるど真ん中。来るなら来い、正面から勝負するという構えである。

ライフネット生命の創業時にビジネスモデルを投資家に説明するとき、出口さんはいつも「ベンチャー企業が成功する五つの要因」を最初に話したという。

① 市場の規模が大きいこと
② 商品・サービスに対する消費者の不満が大きいこと
③ 凧を揚げる風が吹き始めていること
④ ライフネット生命は、インターネット販売による「わかりやすく安くて便利な商品・サービスの提供」という明確なソリューションを持っていること
⑤ 参入障壁が高いこと

この五つの要因のうちライフネット生命の戦略にかかわるものは四番目のみ。あとは

すべて誰が聞いても「そのとおりですね」と言うような、ごく一般的な外的環境の話だ。凝ったり捻ったりしたところは全然なく、まさにストレート。

出口さんたちは、ライフネット生命がこの五つの要因をすべて満たしていることを前面に出して出資を募った。出口さんは日生時代MOF担を務めたり、外資系金融機関に出資したこともあって、幅広い人脈を持っていた。しかし、これまでの「人間関係に頼るのではなく新会社の構想を全面に出そう」。これが出口さんの一貫したスタンスだった。

自分たちがチャレンジするのは、公共性のきわめて高い生命保険会社であって、単なるベンチャーではない。だとすれば、すぐに協力してくれる株主よりは、初めの敷居が高くても、企業理念を共有してくれる事業会社にこそコアの株主になってもらう必要がある。「生命保険が提供するべき本質価値は何か」「公共性とは何か」をロジカルに突き詰めた結果、直球勝負で出資者を募るという結論に行き着いている。

「当たり前」の戦略

ライフネット生命の戦略はきわめて合理的にできている。誤解を恐れずにいえば、ごくごく「当たり前」で「面白くない」戦略といってもよい。

「保険料を半額にする」という第一ビジョンとの兼ね合いで、まずは主戦場を、二十代、三十代、四十代の子育て世代を対象とする死亡保険と医療保険に決める。出口さん曰く、「保険の一義的な価値というのは、若い世代が安心して、子供を産んで、育てるということにしかない」。この「にしかない」がポイントだ。

近代的生命保険の創始者とされるのは、イギリスのオールド・エクイタブルのジェームズ・ドッドソン。出口さんは考えた。もしドッドソンがタイムスリップして、今の日本に来て、売り出されているさまざまな生命保険商品を見たら何と思うだろうか。「私が世のため人のためを思って考案した生命保険が、こんな奇妙な商品に変質してしまったのか……」と嘆くだろう、と。つまり、それだけ生命保険というものが複雑きわまりない、いったい誰にとってどういうメリットがあるのかがわからない商品に成り果てていたということだ。

そこでライフネット生命は、仮にドッドソンがみても、「これぞ生命保険」と太鼓判を押してもらえるような、設計がシンプルで価値が明確な商品を目指した。最初は子育て世代向けの掛け捨ての死亡保険を主軸にする。定期死亡保険の保障内容は死亡時の保険金支払いに限定する。特約は全廃。解約返戻金や配当もない。給付金一本に絞る。保険料の支払方法も銀行等の口座振替とクレジットカードに限定する。このようなシンプルな商品設計であれば、当然ネットでも販売しやすい。事務管理のコストも販売手数料も下がる。

ようするに「必要最小限」であること。これが出口さんの考える「いい保険」の条件だ。日本生命にいた頃から、どんな保険に入ればいいかと聞かれたら、出口さんは「死亡保険の目安は一人なら年収の一年分、二人なら年収の三年分（正社員共働きなら年収一年分）。子供が生まれたら子供一人につき一〇〇〇万円。勤務先にBグループ保険があればそれに入り、なければ期間一〇年の掛け捨て型の定期死亡保険がいい」とアドバイスしていた。ライフネット生命の主力商品「かぞくへの保険」は「Bグループ保険のバラ売り」を目指したものだ。出口さんが日生時代からアドバイスしていた通りの内容になっている。

余計なフリルをそぎ落とした「わかりやすくて安くて便利」な保険は、これまでありそうでなかった。もっと正確にいえば、「あるべきなのになかった」。だからライフネット生命は新しい市場を開拓することになった。ライフネット生命の加入者の六割が新規・追加加入で、見直し（乗り換え）ではない。乗り換えであれば国民経済から見ると同じ業態内部の移転にすぎず、本質的な付加価値を生み出していないという批判もありえる。これに対して出口さんは、保険料半額という直球勝負の戦略で新規加入・追加加入市場を開拓し、そうではないことを証明してみせた。

乗り換えでライフネット生命に加入したとしても、保険料を月平均約七〇〇〇円節約できる。豊かで文化的な生活をするためには、映画を観たり、旅行をしたり、外食をしたり、本を読んだりするためのお金もいる。出口さんは、この七〇〇〇円分を、そうした生活を豊かにするための消費に充ててほしいと願っている。保険料を半額にすることで、今まで保険に入れなかった人や入らなかった人の市場が拓け、さらに、節約した保険料が別のものの消費を活性化する。

「保険金の不払いをゼロにしたい」という第二のビジョンを具現化するために出口さんがまず取り組んだのは、支払管理の起点となる支払事由を極力シンプルにすることだった。支払事由とは、どんなときに保険金や給付金が支払われるかという条件のこと。たとえば終身医療保険の場合、ライフネット生命は「一泊以上の入院」「一泊以上の入院を必要とする手術」に限定した。

手術の定義も国の健康保険制度に合わせた。既存の生命保険会社は、手術を八八に分類し、手術ごとに異なる給付金額を設定していた。このため非常に複雑な審査、手続きが必要となった。必然的に「給付の対象となる手術に該当するか」で揉める事態が頻発した。ライフネット生命では、手術の定義を明確にし、給付金も一律にすることでグレーゾーンをなくし、不払いのおそれを限りなくゼロに近づけている。

ライフネット生命の戦略は「何をしないか」というトレードオフがはっきりしている。「変額保険はやらない」「生存保険はやらない」「セールスパーソンや代理店は使わない」「特約はやらない」。その意味でも、戦略の王道を行っている。教科書通りの明確な戦略だが、当たり前といえば当たり前。面白くないといえば面白くない。

なぜ「当たり前」で差別化できるのか

ここで重要な問いかけは、そんな直球ど真ん中勝負の当たり前な戦略が差別化を可能にするのか、ということだ。答えは生命保険という業界の「背景」にある。

たとえば理系受験コースなのに国語が得意な高校生、逆に文系コースなのに数学が得意な高校生、こういう人たちは同じコースの周囲の生徒からみて、やたらに国語（もしくは数学）ができるように見える。つまり背景とのギャップが鮮やかであり、それが独自性を際立たせているというわけだ（僕も会った人から「ガタイがいいですね。何かスポーツしているのですか?」と聞かれることが多い。もちろんスポーツは大嫌いなのだが、「学者＝理知的で草食系」という先入観が背景にあると、ガタイがいいように見える）。

ライフネット生命も生命保険業界のなかで似たような立ち位置にある。出口さんたちがやろうとしたこと、やっていることは、素直に消費者の立場に身を置いて考えるということに尽きる。商品と販売方法をシンプルにして保険を安くわかりやすくする。顧客目線で考えれば当然の帰結だ。

この当たり前の戦略が際立つのは、それまでの保険業界がひたすら供給者視点の悪循環に陥り、（実は本人たちにとっても）非合理なまでに複雑になっていたという「背景の暗さ」があったからだ。

保険金の不払い問題にしても、この本で出口さんが書いているように「販売を最優先したため、（複雑な商品を売るのであれば）当然に必要とされる被保険者単位での名寄せシステム開発等、必要十分な支払管理体制を構築するに足る経営資源（ヒト、モノ、カネ）を支払管理部門に配分しなかった」ことが理由で起きている。供給側の論理でことが循環していくなかで、「消費者の論理が入り込む余地はなかった」のである。

これは保険の世界に限った話ではない。あらゆる業界において、手前勝手な供給側の論理で、商品や流通が複雑化していくのは世の常である。お客の立場で考える。まずお客を儲けさせてから自分が儲ける。商売をするうえで当たり前すぎるくらい当たり前の原理原則だ。ところが、供給側の論理にどっぷりつかった会社にとって、これほど難しいことはない。

生保業界でいえば、出口さんが指摘している保険約款の話が象徴的だ。ライフネット生命を起業するにあたって、出口さんは手始めに保険約款を入手しようと思った。近所の郵便局の窓口で「生命保険に入りたいので約款をください。勉強してから加入を検討したいのです」と言ったところ、驚くべきことに「商品パンフレットを差し上げますのでそれで加入を検討してください。生命保険を申し込まれたら約款を差し上げます」という返事。別の生命保険会社の窓口でも結果は同じだった。つまり、「契約前には約款を渡さない」という商習慣が存在した。このことを初めて知った出口さんはショックを受けたという。

生命保険商品の内容（約款）を理解せずに、どうして生命保険に加入申し込みができるというのでしょう。約款は、加入を検討している消費者には無条件で渡すべきものだと私は思います。また、逆説的ではありますが、約款を事前には渡さないというまことに奇妙な商慣習が、生命保険商品の複雑化に拍車をかけたのではないでしょうか。約款を事前に渡す習慣があれば、消費者が約款の厚さに辟易して（複雑化に）ある程度の歯止めがかかったのではないか、と思われてならないのです。

商品を比較できないようにしておいたほうが商売は楽になる。だから、約款はあえて事前には渡さない。典型的な供給側の論理だ。先にも述べたように、供給側の論理は、ともすると商品やサービスを複雑化する方向に走る。なぜか。商品を単純化すると簡単に比較できてしまう。完全競争に近づく。そうなると余剰利潤が取りにくい。だから（往々にして無意識のうちに）単純化から逃げようとする。これは商売の宿痾《しゅくあ》といってもよい。

消費者の目線で考えれば、車や家電、あるいは住宅など、値段の張る買い物は商品を詳細に比較して買うのが当たり前だ。インターネットで検索すれば、性能や価格の比較表示が簡単に見られるという時代に、なぜ保険業界にはこうした比較情報が見当たらないのか。出口さんに言わせれば、「わが国の生命保険の主たる販売方法が「一社専属制」のうえに成り立っているから」である。ライフネット生命の起業に際してのビジョンにある「(生命保険商品の)比較情報を発展させること」は、このような問題意識で掲げられている。

プロクルステスの寝台

こういう思考で戦略をつくり、会社を起業するに至った出口さんの原体験は何だろうか。とある雑誌で出口さんと対談をさせていただいたときにお聞きした話だが、「ワークライフバランス」などという言葉がなかったころから、出口さんは「早く仕事を済ませて家に帰って本を読んで好きなものを食べてゆっくり寝たいな」と思っていたそうだ。逆説的に聞こえるが、「仕事がイヤで早く終えたくてたまらなかった。だから、考えてから仕事をするという姿勢が身についた。そのおかげで仕事が面白くなった」と出口さんは言う。

早く帰って仕事以外の好きなことをやりたいものだから、なるべく早く終わるように、一つひとつの仕事について「この仕事の本筋は何か。どうやったらきちんと早く終わるのか」をまず考える。考えてから手をつける。そうこうしているうちに、「会社の仕事というのは、すべて単純で合理的なものである」という事実に出口さんは気づく。これは非常に重要な話だと思うので、以下に引用したい。

本来会社の仕事は単純で合理的なものです。おそらく九〇％の人が、与えられた課題に対して正しい解を見つけることができるはずです。ところが、現実の世界では、九〇％の人が正しい解から外れてしまうのです。どうしてかと言えば、仕事の目的以外のことを考慮に入れるからです。つまり、上司がこの発想は嫌いだとか、この案は前回の会議で評判が悪かったとか、ついつい余計なことを考えてしまうからです。私は、可能な限り仕事本来の目的だけを考えようと努めました。それに、どんなに小さな仕事であっても、純粋にその仕事の目的だけを考えて工夫すれば、達成感があり、とても楽しいということもわかりました。この頃から、食事と同じように、仕事の好き嫌いはほとんどなくなりました。

仕事である以上、目的に沿って合理的に仕事をするとか、顧客のためを思って商品をつくったり売ったりするのは当たり前。しかし、そうした当たり前のことがすんなり通らないのが世の常だ。出口さんが本書で触れている「プロクルステスの寝台」の逸話のような成り行きになる。

プロクルステスというのはギリシャ神話に出てくる強盗だ。この人は厄介な人で、旅人を自分のベッドに寝かせ、身長がベッドより長いとそれに合わせて身体のほうを切り落とし、短いと引っ張って無理やりに伸ばそうとする。出口さんは問いかける。「人間も会社も自分の都合に合わせて相手の都合を切ったり伸ばしたりしていないだろうか」。

プロクルステスの寝台は、戦略をつくろうとする人がハマりがちな陥穽《かんせい》の典型だ。知らず知らずのうちに、自分の都合に相手の都合を合わせるような方向に走ってしまう。

生保業界は絵に描いたような「プロクルステスの寝台」状態にあった。ライフネット生命の戦略ストーリーは、業界に定着していた巨大なプロクルステスの寝台をぶち壊そうとするものだといえる。

最近の個人的な経験でいえば、携帯電話の販売窓口。僕は少し前に従来の携帯電話をスマートフォンに替えたのだが、あまりの不便さに（もちろんこれは個人的な好き嫌いの話）嫌気がさして、普通の携帯に戻した。元の機種に戻すだけなのに、カウンターで拘束されること一時間半（待ち時間はほとんどなかった。純粋に販売員とのやり取りにかかった時間）。こういうプランで六カ月使っているとこうなりますとか、ナントカ割引とか、延々と説明が続く。最悪なのは、「まずはこういうプランに入っていただくと、これこれの割引があります。そちらですぐに解除していただいてもかまわないので……」というセールス（そんな不必要な機能ならばそもそもメニューに載せなければいいのに）。

ケータイの世界は、人知の限りを尽くして普通の人間には到底理解できないような複雑な料金システムになっている。こちらは単にスマホをガラケーに戻してほしいだけなのに、一時間半もわけのわからない契約内容を説明されて、ヘロヘロになった。もちろん説明する側もヘロヘロ。終わったときは、お互いに一仕事終えたような同志的友愛感情すら共有できた。

これこそまさにプロクルステスの寝台である。徹頭徹尾供給側の理屈。複雑化を差別化とはきちがえている。携帯電話のビジネスはまだまだ進化していく余地が大きいので、成熟産業とはいえないかもしれないが、そういう業界においてもプロクルステス化は容赦なく忍び寄る。成熟した業界であればなおさらだ。知らず知らずのうちにプロクルステスの寝台状態になっている業界が、今の日本には少なくないだろう。当たり前のことを正攻法でやる。これが価値創造の本道になりえるのは生保業界以外にもたくさんあるはずだ。

プロクルステス化した業界や市場では、背景の暗さそれ自体が新しい戦略を潜在的に必要としている。既存企業を周到に回避するような凝った戦略を組み立てる必要はない。「直球勝負」こそが簡単明瞭にして最強の戦略になりえる。プロクルステスの寝台をぶち壊わすような直球勝負の会社がどんどん生まれれば、日本が元気になること請け合いだ。

賢慮の人

僕が最初にライフネット生命の出口治明社長と知り合ったのは、友人であるあすかアセットマネジメントの谷家衛さんを通じてのことだった。谷家さんは出口さんに起業をすすめた張本人。やはり僕と同世代の友人であるマネックス証券の松本大さんと谷家さんは長年の親友関係にある。二人とも若くして金融業界で成功し、それぞれに独立して会社を起こした。僕は投資もトレーディングも素人だが、二人ともおそろしく頭がいいということはよくわかる。この二人がライフネット生命の創業にかかわっていた。

出口さんは子会社に出向するにあたり、「もう生命保険の世界に戻ることはないだろう」と思い、『生命保険入門』という本を生保マンとしての「遺書」のつもりで岩波書店から出していた。その中に「理想の保険・サービスを考える」という章があった。生命保険の仕事を終えるにあたり、出口さんが「本来の生命保険会社はこうあるべきだ」という思いのたけを綴った章だ。

谷家さんが出口さんに新しい保険会社の構想を持ちかけたのは、出口さんが日本生命の子会社である大星ビル管理に出向し、取締役を務めていたときのことだった。谷家さんの申し出を受けて、出口さんは迷わず「いいですよ」と答え、その場で話が決まったという。出口さんにしてみれば、すでに構想はできていた。かつて書いた「理想の生命保険会社」、そのとおりの会社をつくるチャンスが到来した。

谷家さんが松本さんに声をかけ、マネックスとあすかアセットマネジメントのグループ会社であるあすかDBJとの折半出資で、新しい生命保険会社の準備会社が設立された。二〇〇六年のことだった。

僕と出口さんとの出会いに話を戻す。谷家さんに誘われて、僕はある若手の国会議員との朝食会に出かけて行った。そこで初めて出口さんにお会いした。最初お目にかかったときは、失礼ながら「人生をマイペースで謳歌しているような地味なおじちゃま」という印象だった。ところが口をひらけばことごとく切れ味鋭い言葉の連続攻撃。昨今の政治は何が問題なのか、淡々と論理で本質に切り込んでいくお話をうかがって、世の中にこんな人がいるのか！　とほれぼれした。

僕が尊敬する経営学の先達、野中郁次郎さんが言う「賢慮のリーダー」とはまさにこういう人のことを意味していると直感した。「倫理の思慮分別をもって、その都度の文脈で最適な判断・行為ができる実践的知恵（高質の暗黙知）と物事の善悪の判断基準の軸を持って実践的知恵を駆使するリーダー」、これが野中さんの賢慮のリーダーの定義だ。賢慮を備えたリーダーは、「自らの哲学、歴史観、審美眼を総合したビジョンを志向しつつ、ダイナミックな状況の本質を察知して、その都度の文脈に最善の判断・行動を起こす。断片的な情報や知識というよりは、状況思考・行動ができる知恵を備えて」いなくてはならないと、野中さんは言う。そのまま出口さんという人物についての記述になっている。

出口さんは異様なまでの読書家でもあり、その教養の奥深さたるや、畏怖をおぼえるほど。歴史や人間、社会に対する思索のレベルがまことに深い。たとえば、この本の中で出口さんは人間の長所と短所についてこう書いている。

長所と短所はまったく同じもの（その人の個性）であり、長所を伸ばして短所を直すという考え方は、そもそもありえないと思っています。無邪気にそう考えている人は、トレード・オフというものが理解できないのです。人はすべて、三角形や四角形であり、長所を伸ばして短所を直そうとすれば、三角形や四角形の中に収まる小さな円（覇気を失いひたすら円満を心がける面積の小さな人間）になってしまうだけではありませんか。

出口さんの最上の愛読書はM・ユルスナールの小説『ハドリアヌス帝の回想』（言わずと知れた名著。これも是非お読みください）であるという。ハドリアヌスは「人間として最上の美徳は素直であることだ」と言う。実績や経歴や能力よりも素直さ。これが出口さんの人間哲学の支柱にある。

谷家さんは、起業のパートナーとして、ビジネススクールでの勉強を終えたばかりの岩瀬大輔さんを出口さんに紹介した。「若くて生保の経験のない人を探してください」というのが出口さんの希望だった。業界に詳しい気心の知れた人間を自分の人脈の中でピックアップするのと比べれば、大きなリスクではある。しかし、出口さんは岩瀬さんの「素直さ」という長所を見抜き、生保のことを何も知らなかった若い岩瀬さんをパートナーとして選んだ。それについては「ただの一瞬も後悔したことがありません」と言う。

深い洞察からくる信念に根差した哲学があれば思考と行動がぶれない。だから意思決定も早くなる。細かい市場動向の調査や資本調達のシミュレーションなどせずとも、本質的な基準さえあれば、意思決定は拍子抜けするほど素早くできてしまうものだ。

結論を出さずに「ちょっと持ち帰らせてください」ということになってしまう理由は、情報不足ではない。往々にして信念や思想の欠如が意思決定を遅らせるのだと僕は思う。未来のことはいくら情報を集めてもしょせん正確にはわからない。大きなリスクを伴う難しい意思決定をスパッと下せるかどうかは、その人の信念と賢慮にかかっている。

賢慮としか言いようがない出口さんの持ち味は、この本の一ページ目からにじみでている。「人間は自分の持ち場で一所懸命に生きることが一番自然な形だと思うのです」。文面だけ読むと、「そのとおり。それが何か?」という当たり前の話に聞こえるかもしれない。しかし出口さんと話をしてみて、この一行の深さを知るに至った。

僕との対談で、出口さんはこんなことを言われた。「人間は、一人ひとりが世界経営に参画しているのです。人間は世界の構成要素であり、それが積み上がって世界ができている。だから世界経営に参画するということは人間として壮大なことであり、それは自分の持ち場で一所懸命に生きることと同意なのです」。

僕は一〇一歳になる祖母と一緒に住んでいて、彼女はいまだに毎朝家の前を掃いて掃除をするのを日課にしている。この話をすると、「まさにそれが世界経営に参画するということです!」と出口さんは言った。

「元気で明るく楽しい職場づくり」、これが日本生命時代からの出口さんの心がけだという。まるで小学校の黒板にある標語である。しかし、この構えは「正直に経営し、わかりやすく安くて便利な生命保険商品・サービスを提供する」というライフネット生命のマニフェストと深いところでつながっている。「自分のやっている仕事が、世のため、人のために役立っているという確信が芽生えた時、本当に心の底から明るく元気に楽しく働ける」と出口さんは言う。ライフネット生命のマニフェストは顧客だけでなく社員にも向いている。

どんなに当たり前に聞こえることにも、出口さんがそれをひとたび口にするとき、その言葉は一段も二段も深いところから考えられ、積み上げられた信念の裏づけがある。その信念が、日常生活からはじまって、経営者としての言動、戦略の構想まで、出口さんのすべての思考と行動の基準になっている。まさに賢慮の経営である。

川の流れのように

「毎日毎日を悔いのないように生き、その時々の人々との出会いを大切にしながら、よく食べよく眠って元気に明るく生きていく、言い換えれば「自分に正直に生きていく」」。これが出口さんのモットーだ。これにしても小学校の黒板標語。「よく食べよく眠って元気に明るく」というあたりは幼稚園の先生でも言いそうなことだ。

だが、そこから深遠な哲学が立ち現れる。「人間は自分の意思や意欲だけでは必ずしも物事をなしとげることができない。チャンスを必死に求めたからといって、それなりの成果が得られるほど世の中と人間は単純ではない。そもそも人間が願ったことは九九％実現しない。だから事前に人生の設計図を決めてかかり、そこに向かってひたすら努力するような人生はつまらない」という考え方である。ありとあらゆる歴史書を読み、先人の事績を学んだなかで、出口さんがつかみ取った信念だ。川の行方は見えない。だから川の流れに身を任せ、自然体で生きていこう。これが出口さんのスタイルである。

そもそも出口さんが日本生命に入社したのも、司法試験を落ちて、たまたま滑り止めとして受けていたのが日本生命だっただけの話だという。「文化系の人間のやる仕事は、企画とか経理等が中心であり、その対象が生命保険であっても鉄や自動車であっても、さしたる違いはない」。ようするに、どこでもよかったという話である。

「川の流れに身を任せ、自然体で自分に正直に生きよう」という出口思想と重ね合わせると、ライフネット生命の起業の経緯もさらに味わい深く読み取れる。生命保険業界からすっかり遠ざかって、ほとんど余生を過ごすような感じでいた出口さんに、谷家衛さんが「一緒に保険会社をつくりましょう」と提案する。初対面で谷家さんに好感を持った出口さんは、直感で「いいですよ」と即答した。

この話をするとメディアからよく「谷家さんに会った時は、どんな資料を持参されたのですか」と聞かれるそうだ。出口さんは手ぶらで谷家さんに会いに行っている。これ

また よく聞かれる「還暦に近い年齢で起業することに抵抗はなかったのですか」という質問に対しては、「若い時に谷家さんに出会わなかったので仕方がありません。また、年齢はこれまでに一度も意識したことはありません」との答え。まさに川の流れのように。言行一致の人である。「思いつき」や「気まぐれ」ではない。普段から確固たるスタイルで生きているからこそ、即断即決即答で起業に動き出すことができた。
谷家さん、出口さん、岩瀬さんの三人が初めて顔を合わせたとき、出口さんと岩瀬さんはそれぞれに自分のプランを提案した。この話が象徴的だ。

会議室に入ると、中肉中背の若者がいました。私の娘より若そうだ、というのが第一印象でした。これが、パートナーとなる三〇歳（当時）の岩瀬君との初めての出会いだったのです。彼は、分厚いプレゼンテーションの資料を用意していました。ニッチな損害保険会社をつくりたい、という内容でした。私は何も用意していませんでしたので、岩瀬君のプレゼンを聞いた後、ペンを借りてホワイトボードにライフネット生命のアイデアを示しながら話をしました。その後少し議論をして、私のアイデアでいこう、ということになりました。

このくだりを読むと、ライフネット生命は、まさに出口さんの生きざまがそのまま現実になった会社なのだということがよくわかる。思いもよらず起業に至った経緯を振り返って、出口さんは決意する。

ゼロから生命保険会社をつくる機会に恵まれたことは、ほとんど僥倖《ぎょうこう》に近いという思いでした。ならば徹底して自分に正直になり、自分が思うとおりの理想の生命保険会社をつくらなければ、僥倖に恵まれなかった他の人々に対して申し訳がないという気持ちで一杯になりました。

あくまでも謙虚で穏やか。普通に考えれば、敵は旧来の生命保険業界が温存している「プロクルステスの寝台」なのだから、どうしようもない生保業界を変えるために立ち上がりました！　といった、勇ましくも攻撃的な話になりそうなものだ。しかし、出口さんは日生時代を振り返って「本当によい会社とよい上司に恵まれた」と、むしろ深く感謝している。

わがままな私に、これだけ自由に伸び伸びと仕事をさせてくれた会社は、多分、日本生命をおいてほかにはなかったことでしょう。その恩義に報いるためには、ライフネット生命を成功させて、わが国の生命保険を少しでもよくすることしかないと念じています。

業界の体質だけではない。保険のような免許制事業では、監督官庁の融通のきかなさや規制の複雑さなどを思い切り批判したくなるのが常だ。しかし、出口さんの話にはそうした攻撃的なトーンがまるでない。

創業準備の段階で、出口さんは、金融庁のウェブサイトの保険会社にかかわる部分を過去五年も遡って丁寧に読み込んだ。そのうえで「金融庁は健全な競争を望んでおり、新規参入を忌避しているわけではない。必要な条件を備えさえすれば、親会社に保険会社がなくても必ず免許を取得することができる」と確信する。

五年分もウェブサイトの資料を自ら読み込んだのは、「さりげない文書の行間に散りばめられている金融庁の真意を探ろう」としたからである。出資する側からしたら、一九三四年以来、一社も取っていない生命保険業の免許が本当に取れるのか、これが最大の懸念事項だった。出口さんが「必ずもらえます」と自信をもって答えた背後には、自分の頭と目をつかった膨大な作業があったのである。

生命保険のような業界であれば、監督官庁が規制対象に手を差し伸べたり、すべてをクリスタルクリアに説明したりすること自体はそもそもありえない。手続きはややこしくて当たり前、と割り切っている出口さんは、他者を批判したり文句を言うことなく、自分でまず動く。

ことほど左様に、出口さんはあくまでも「ハンズオン」の姿勢で仕事をする。社長である出口さんが自ら申請書類のほとんどを書き、担当官と直接交渉をしている。だからこそ、保険業法や金融庁の監督方針がより深く理解できる。言われてみれば当たり前だが、実際にそうする人は少ない。

「謙虚」というと、どことなく受け身で静かにしているようなイメージがある。何かをしてもらうことを待つのではなく、自分から動いてこそ、本当の意味での謙虚さなのだということを思い知らされる。

知性とはこういうものか!

出口さんは腕時計を持たない。手帳も使わない。「時間に束縛されるのがいや」だからだという。時間に拘束されずに生きようと思ったら、腕時計も手帳も捨ててしまう。徹底した言行一致の人だ。本書にしても、記憶だけを頼りに書いたという。

どんな人でも「そうはいっても実際は……」という部分があるものだが、出口さんにはそれがない。「いかなるメールや電話でも一〇〇％返事をするべき」と決めると、本当にそのとおりにする。谷家さんに「保険会社をやりませんか」と言われたとき、「いいですよ」と答えた直後にはもう「谷家さんが自分の新しい運命だ。これまでの自分をすべて捨ててしまって、谷家さんと一緒にゼロから再出発してみよう」と決意する。

「ゼロから」の言葉通り、昔の人脈はいっさい使わず、免許がおりるまでは金融庁の担当窓口以外の人間を決して訪ねない。日生ではＭＯＦ担を経験していたので、知り合いは何人もいたはずだが、挨拶にも行っていない。思想と言葉と行動の間にズレがまったくない。

出口さんと対談したときに、話題が政治の問題になった。出口さんは「誰もが政治が悪いと言う。だけど考えてみてほしい。歴史上、古今東西、いい人ばかりが政治家だった時代なんてありますか？　政治なんてそんなものです。理想を求めるほうが間違っている」と言い切った。それだけ聞けば、シニカルな教養人的発言だ。

僕は続けて質問した。「出口さんがこれだけの大義をもって創業して、世の中のため人のためと毎日へとへとになるまで働いている一方で、世の中には我欲剝き出しのわりと邪《よこしま》なベンチャー経営者もいますよね。そういう人を見ていてイヤになりませんか」。すると出口さんは、「いや、まったく気にならない。そういう邪な会社は株式市場で淘汰されるものですよ」とおっしゃった。

これは僕にとって少し意外だった。株式市場は人間の我欲が渦巻く世界。特にベンチャー企業の株価は、経営の実態とかけ離れたところで乱高下しがちだ。リーマンショックのドタバタ騒ぎを引き合いに出すまでもなく、人間の理性や知性を重んじる出口さんは株式市場についてもわりと距離を置いてみていると思っていたからだ。

そこで僕は「世の中というのはそんなものだと言いながら、出口さんはわりと人間社会を信じていらっしゃいますね」と言った。これに対する出口さんの言葉が素晴らしかった。「株式市場に限らず、人の世というのはずいぶんいい加減で愚かなものですよ。

でも、歴史をみてください。これだけ愚かな人間が、これだけの愚行を繰り返してきたにもかかわらず、今ここでこうやってわれわれは世の中で生きているんですよ。面白いと思いませんか。この絶対的な事実からして、人間社会は信頼に足ると思わざるをえない。私はそう思います」。

これにはシビれた。知性とはこういうものか！　僕は人間の知性の深淵を覗き込むような畏敬の念をもった。僕よりも小さな体の出口さんが何倍も大きく見えた。

対談を終わって、ライフネット生命のオフィスを出て街を歩きながら、僕はこういうことを考えた。もし出口さんがあのときに谷家さんと出会わなければ、ライフネット生命はこの世になかった可能性が高い。出口さんという還暦起業家も登場せず、本書も書かれず、僕は出口さんという偉大な人の存在を知らずに終わってしまったに違いない。ご本人は、威圧感やカリスマ性などみじんも感じさせない、率直に言ってごく普通のたたずまいの方である。

ということは、である。僕が知らないだけで、川の流れに身を任せて淡々と生きているように見えて（実際そうして生きているのだけれど）、出口さんのように素晴らしい見識と人格を持った人がこの世の中にはまだまだたくさんいる、ということだ。出口さんにしても、ご本人の言葉を借りれば、たまたま「僥倖」で会社を創るという大きな仕事をするに至ったわけで、きっと世の中にはこうした上等で上質な人がたくさんいるはずなのだ。そう考えると、非常にイイ気分になった。世の中は捨てたものではない。

第20章 グローバル化とはどういうことか

『クアトロ・ラガッツィ』若桑みどり著――集英社文庫（二〇〇八年）【初版二〇〇三年】

前章の『直球勝負の会社』の著者、出口治明さんにすすめられて読んだのがこの『クアトロ・ラガッツィ』。確かにとんでもなく面白い。一六世紀の日本に来たヨーロッパのキリスト教宣教師と日本からヨーロッパに向けて旅だった日本人宣教師たちの話である。

タイトルの「クアトロ・ラガッツィ」とは「四人の少年」のこと。原マルティーノ、中浦ジュリアン、伊東マンショ、千々石ミゲル。日本史の授業で習う一五八二年の天正遣欧少年使節だ。意味も文脈もわからずに、日本史のテストのために年号と名前を暗記した人も多いだろう。

歴史ノンフィクションである『クアトロ・ラガッツィ』は、時間的にも空間的にも一見無関係に見える現代日本の企業経営にとって、重要な洞察を与えてくれる。企業経営のグローバル化を考えるうえで、壮大にして格好のケーススタディとして読むことができるからだ。本書が描いている一六世紀の日本に来たカトリック宣教師たちの経験は、グローバル化への挑戦の究極の事例であるといえる。この事例研究から今日の日本企業のグローバル化とその経営について、彼らの成功と失敗の体験から驚くほど多くの示唆が引き出せる。

人のふり見てわがふり直せ

ビジネスは絵画や小説のような純粋な創作活動とは異なる。普通の人に対して普通の人が普通にやっているのが商売だ。天才の創造性やウルトラC級の飛び道具は必要ない。大切なことほど「言われてみれば当たり前」。出口さんが『直球勝負の会社』で強調していたことだが、虚心坦懐に向き合えば、ほとんどすべての仕事はごく当たり前の論理に基づいている。

たとえば、「相手の立場に立って物事を考える」。どんなビジネスにとっても必須の構えであることはいうまでもない。商売はまず相手を儲けさせなければ話にならない。相手を儲けさせて初めて自分が儲かる。ところが、これが実に難しい。手前勝手な供給側の都合でアタマがいっぱいになる。相手にとってどうでもいいことにのめり込む。前章で話した「プロクルステスの寝台」だ。

「グローバル化！」がかけ声倒れに終わっている会社の事例を眺めると、あちらこちらで「プロクルステスの寝台」が顔を出しているのに気づく。グローバル化は相手のある話だ。常にこちらが出ていく先の国や市場や人々がいる。自分たちの都合だけで完結できる話ではない。

ところが、「日本はグローバル化しなければならない」とか「今日本企業に必要なのはグローバル経営である」となると、なぜか主語の「日本」とか「日本企業」の内情ばかりに目が向いてしまう。グローバル化してどこの市場で誰を相手にするのか、どういう人たちと一緒に仕事をしていくのか、相手の目線での注意が欠落しがちだ。

考えてみれば、鎖国体制の崩壊と開国以来、明治維新を経て現在に至るまで、日本は「グローバル化される」側にあった。グローバル化の受け手としての経験は豊富に持っている。グローバル化される側としての日本は、もはやベテランの域に達しているといってよい。

日本が言語的にも、文化的にも、地理的にも、かなり独自性の強い国であるということが、グローバル化を困難にしていることは確かだ。しかし、それは同時に日本へとグローバル化してきた海外の企業の側にも大きな非連続性があったということを意味している。日本に入ってきた外国企業の成功や失敗の歴史に目を向けてみれば、多くの示唆と教訓を引き出せるはずだ。

たとえば日本ＩＢＭに代表される日本に根をおろして商売をしている外資系企業は、かつてどのように非連続性を乗り越えたのか。それよりもはるかに数が多い日本へのグローバル化に失敗した企業は、どこでどのように「プロクルステスの寝台」の陥穽にはまったのか。こうしたことを考えてみると、グローバル化しようとするときの「相手の立場」をより深く理解できるはずだ。なにぶん「相手」がわれわれ自身だったのだから。

瀬戸際のローマ教会

『クアトロ・ラガッツィ』が描いている外国人宣教師。彼らも日本に入ってきた人々だった。ご存知のとおり、日本にキリスト教宣教師がやって来たのはヨーロッパの大航海時代。ヨーロッパ世界にとって、ローマ帝国時代以来の本格的なグローバル化の時代だった。

交易の拡大とキリスト教の布教、この二つが両輪となってグローバル化を推進した。本書は後者に焦点を当てている。キリスト教布教のために日本に来たイエズス会士たちは、まさにグローバル化の経営の矢面に立っていた。

日本に来た宣教師たちの努力によるグローバル化の一大成果が天正遣欧少年使節だった。「四人の少年」は実に二年という歳月をかけて海路はるばるヨーロッパにたどり着き、スペインやイタリアで熱狂的歓迎を受け、ついにローマではときの教皇グレゴリオ一三世と謁見するに至る。日本史の教科書的な知識では、「こんなに昔、ヨーロッパから隔絶された戦国時代の日本から、四人の少年がはるばる海を越えてヨーロッパに行きました、すごいですね、以上」という話だ。

ところが、ローマ教会という相手の立場に立って眺めてみると、彼らの来訪は、当時のヨーロッパ、ローマ教会の側からしてみれば、日本人の想像をはるかに超えた重大きわまりない出来事だった。ここが非常に面白いところなのだが、このあたりの認識が（この本を読むまでの僕を含めて）普通の日本人にはほとんどない。日本に来た宣教師たちが少年遣欧使節というプランを企画し、実行した経緯を、彼らの視点で見ると、グローバル化とそのマネジメントの本質が見えてくる。

日本にキリスト教が伝来したのは一六世紀後半のことだった。日本に入ってきたキリスト教は、その後急速に日本の社会に浸透していく。数十年で九州の全人口の三〇％を超える三〇万人が信者となったという。これはキリスト教の布教の歴史においても括目すべき大成功だった。

初期の布教がなぜこれほど成功したのか。その答えは、戦国時代にあった日本の状況にあった。中世的な秩序が崩壊し、「なんでもあり」の下剋上の争いがあちこちで勃発した。当時の日本は弱肉強食を絵に描いたようなワイルドな社会だった。

戦国時代といえば大名同士が全国で天下取りの戦いを展開していたというダイナミックで勇ましいイメージなのだが、その時代に生きた普通の人々の暮らしたるや、悲惨としか言いようがない。家族は分散し、子女は売られ、棄て児、堕胎、間引きは公然、さらに重税、略奪、飢餓、飢饉、疫病……。相対的に秩序が保たれていたヨーロッパから来た人にすれば「生き地獄」にも見えたことだろう。ザビエルが京都に足を踏み入れたときには、死体が毎日何十体も町中に捨てられているというとんでもない状態だったらしい。

こうしたなか、キリスト教の宣教師たちは、貧窮者、病人、子供に救いの手をさしのべた。慈愛、隣人愛を説くキリスト教の教えからすれば、当然のことだった。日本で支配的な宗教としてあった仏教はというと、戦国大名の覇権争いの中で一向一揆や宗門同士の争いが絶えず、弱者救済の機能を果たすどころではなかった。自分たちが闘争の主体となってドンパチやっていたのである。そういう時代に、キリスト教が乾いた砂に水を撒いたように浸透していったのは自然の成り行きだった。

ここがもっとも興味深いポイントなのだが、ローマ教会側にもどうしてもグローバル化に乗り出さねばならなかった切実な事情があった。「もう国内は市場が成熟して少子高齢化でダメだからグローバル化するしかない」と言っている現在の日本とよく似た閉塞状況が、当時のローマ教会のグローバル化大作戦の根幹にあったのである。

当時のカトリックとローマ教会は瀬戸際に追い込まれていた。免罪符を販売するという「救済商売」を始めた教会にルターが抗議の声を上げ、宗教改革の嵐が吹き荒れた。カトリック教会の聖職売買、縁故主義、性的乱脈などが暴かれ、その権威は地に落ちた。ヨーロッパはルターを援護する側とカトリックを擁護する側に分断され、長いところでは一〇〇年も続く宗教戦争に突入した。

結局、カトリック側に残ったのはイタリア、スペイン、ポルトガル、フランス、オーストリア、南ドイツ、ベルギーまで。カトリックはその外周に位置する北ドイツ、スイス、北欧、オランダ、イギリスなど多くの国々と信者を失った。

このような事態を受けて、総本山のローマ教会も内部からの改革に乗り出した。そのヤマ場がトレント宗教会議（一五四五〜六三年）。一八年間という長い議論の果てに、教皇庁は大きな戦略的意思決定をする。もはやヨーロッパという旧世界だけに固執してはやっていけない。ローマ教会の失地回復は旧世界の枠組みのなかでは限界がある。だから、これからは世界へ打って出よう、というグローバル化の戦略である。

この戦略の最前線の実働部隊が「世界のどこへでも、もっとも困難な、異教の地にこそ」福音を伝えることを第一の目的に掲げていたイエズス会だった。グレゴリオ教皇の「ピンチをチャンスに」という悲痛な意志のもと、カトリック教会は本格的なグローバル化へと舵を切った。その向かう先の一つが日本だった。

垂直型伝道戦略

日本に乗り込んできたイエズス会がとった布教戦略は「垂直型伝道」だった。宣教師が町へおもむき大衆に辻説法をしてボトムアップで信者を増やしていく（水平型伝道）のではなく、イエズス会はまず社会の上層部に働きかけた。指導者層を説得して改宗させたのちに、彼らの影響力をテコにして庶民へと信者を増やしていく。これが垂直型伝道の戦略である。

ヨーロッパでは伝統的にこの垂直型伝道が効果的だった。なぜならこの時代、絶対君主制というものが確立し、君主を中心にしたトップダウンの社会制度が機能していたからだ。垂直型伝道はイエズス会の基本戦略として長いこと採用されていた。

しかし日本ではまるで事情が違った。群雄割拠の戦国時代にあって、誰が最高権力者なのか判然としない。垂直型伝道をやろうとすれば、何人もの権力者にいちいち話をつけなくてはいけない。イエズス会がグローバル化の過程で直面した重大な非連続性の一つだった。

日本における垂直型布教の推進者は、布教長のカブラルだった。彼は、自分が日本人の心や習慣に合わせるのではなく、自分の心や習慣に日本人を合わせようとした。垂直型布教の性格からして、自然な成り行きだった。しかし、これが「プロクルステスの寝台」になり、布教は踊り場を迎えた。「これはキリスト教が全世界の異なった文明とまじわるときに犯した大きなあやまりのひとつ」と、著者の若桑《わかくわ》みどりさんは指摘している。

この限界を打破したのが、イエズス会の東インド管区巡察師、アレッサンドロ・ヴァリニャーノである。巡察師というのは全世界における布教の様子を定期的に視察して歩く監査官のような仕事である。

このヴァリニャーノがきわめて有能なグローバル化のリーダーだった。一五七九年に日本に来たヴァリニャーノは、すぐに「日本文化と西洋文化の非常な違い」に気づき、「相互の理解がほとんど不可能」であることを悟った。そのうえでこの異なる文化を融合していくためには「われわれのほうがあらゆる点で彼らに順応しなければならない」と考え、従来の戦略を大きく転換した。彼こそが遣欧少年使節の生みの親であり、イエズス会の「アジア文社長」としてグローバル化に絶大な貢献をした人物だった。

ローマのイエズス会古文書館にはヴァリニャーノの書いた『日本諸事要録』という報告書が残されている。これが一六世紀から一七世紀の西欧人の日本観の基本になったという。『日本諸事要録』からは、日本と日本人についてのヴァリニャーノの深い理解と鋭い洞察が読み取れる。たとえば「日本人の長所について」。今の日本人が読んでも、おそらくこの通りであったのだろうと思える指摘だ（引用は要約したもの）。

・きわめて礼儀正しい。一般庶民や労働者も驚くべき礼儀をもって上品に育成され、あたかも宮廷人のようである
・人びとは有能であり、すぐれた理解力をもち、子供たちはヨーロッパの子供よりもはるかに容易に、短期間にわれらのことばで読み書きを覚える
・いずれもみなすぐれた理性の持ち主で、高尚に育てられ仕事に熟練している
・一般的には庶民も貴族もきわめて貧困だが、貧困は恥とは考えられていない

・家屋ははなはだ清潔でゆとりがあり、技術は精巧である
・世界でもっとも面目と名誉を重んずる国民である
・はなはだしく武器を重んじる傾向があり、階級を問わず、一二歳か一四歳になると、みな短刀と太刀をもって歩く
・一度戦うとなると相手を殺すか双方とも死にいたるまで徹底的に戦う
・きわめて忍耐強く、飢餓や寒気や、人間としてのあらゆる苦しみや不自由を耐え忍ぶ
・身分の高い人間も、子供のときからこれらの苦しみを耐えるように慣らされている
・きわめて強大な領主が自国から追放され、窮乏と貧困を耐え忍びながら平静な態度で安らかに暮らしているのをたびたび見かける。この忍耐力は環境が常に変化することに起因している
・感情をあらわさない。柔和で忍耐づよいという点では、日本人は他国人に秀でていることを認めざるをえない
・人と接するときは、いつも明るい表情をし、自分の苦労についてはひとこともふれないか、あるいは少しも気にしていないかのような態度で一笑に付してしまう
・一致と平穏がよく保たれており、平手や拳で殴りあって争うということがない

・服装、食事、その他すべてにおいて、きわめて清潔であり、美しく、調和が保たれている

次に彼の見た日本人の短所について。ヴァリニャーノは喝破する。「日本人はすぐれた天性と風習をもち、世界じゅうのもっとも高尚で思慮ありよく教育された国民に匹敵する。しかし悪い面ではこれ以下がないくらいで、善悪の矛盾が極端である」。

・第一の悪は色欲にふけること（最悪の罪は男色）
・第二の悪は主君に対してほとんど忠誠心がないこと
・第三の悪は欺瞞や嘘を平気で言うこと
・第四の悪は軽々しく人を殺すこと
・第五の悪は酒に溺れること

列挙した日本の長所と短所は、あくまでも宣教師としてのヴァリニャーノの視点で見たものだから、（当時の）日本人としては矛盾でもなんでもない、ごく自然な話だったろう。しかし、ヴァリニャーノにははなはだしい矛盾に見えた。この人の偉いところは、この矛盾にこそ日本人の本質があるととらえ、西洋の基準ではどうにもならない相手だと早々に悟ったことにある。

ヴァリニャーノは宗教家であり、しかも「文明が進んだ」西洋から日本に来ている。今のビジネスのグローバル化と比べても、他国を理解する際に、さらに強い先入観や偏見をもっていても不思議ではない。

しかし、彼の発想と思考には、日本人は理解不能な野蛮で未開な人たちと決めつけたり、西欧の文明を教えて日本人を躾けてやろうという「上から目線」がまったくない。ヴァリニャーノのコンセプトは「文化の融合」だった。自分たちのほうからこの異質であるが高度な文明を理解し、歩み寄っていかなくては文化の融合は起きず、本当の意味での布教も進まないと考えた。

いかにこの人が、当時のキリスト教宣教師にありがちだった「プロクルステスの寝台」とは無縁だったかは、日本語は「知られているかぎりもっとも優秀なものであり、きわめて優雅であり、わたしたちのラテン語よりも語彙が豊富で思想をよく表現する」「(このようなことばを使いわけるのだから)これにより日本人の天稟《てんぴん》の才能と理解力がいかに大いなるものであるかがわかる」、という彼の一連のコメントにもよく表れている。この時代に「〝高慢な西洋人〟がこのような他者認識にいたるのはまさに奇蹟」というのが、著者の評価だ。

キリスト教のグローバル化をおしすすめたイエズス会は、ヨーロッパ政治権力の圏外に布教していくなかで初めて西洋と同等の高さをもつ異教の文明に接触した。ヴァリニャーノは日本の文明を見下すことなく、異質だが尊敬に値すると素直に認めて、布教戦略の大転換を決断した。そのことにより、日本は極東というヨーロッパからもっとも遠い地にありながら（一時的ではあったが）イエズス会のグローバル化戦略がもっとも成功した国になるのである。

破格のリーダー、織田信長

ローマ教会のグローバル化を迎え入れた日本側での主役が織田信長だった。日本側でキリスト教という異質な他者に向かい合うときの彼の姿勢は、この人がいかに破格のリーダーだったかを如実に物語っている。キリスト教宣教師の目を通してみた織田信長の思考と行動についての記述が本書のところどころに出てくるのだが、これが最高に面白い。

当時の日本にいた宣教師たちは、信長が格と桁が違うリーダーだということをきちんと見抜いていた。「信長は何人《なんぴと》にも、一度として外国人にも恐れを抱かなかった。彼は秀吉や家康が当時日本に住んでいた外国人に心から恐怖を抱いていたのに反して、自分自身ならびにその祖国の実力について確乎《かっこ》たる信念をもっていたからである」というのが、信長についての彼らの評価である。

ヨーロッパからとんでもなく進んだ文明を背負ったキリスト教が来ても、信長はまったくブレない。自己と日本の力について確信をもっていた信長は、はじめから「来るなら来い！」という姿勢で正面から外国人宣教師と向き合う。

しかも、彼のキリスト教に対する構えは、徹頭徹尾リアリスティックだった。キリスト教くらいで日本という国はびくともしない、むしろいろいろ宗教があるのはいいことだ、というのが信長のスタンスだった。彼の目的はあくまでも自分の力による「天下布武」にあった。これを達成するためには、仏教の専制的支配が崩れたほうがよい。それによって複数の宗教が相対化されることになれば、自分の政治にとって大いに結構だという考えだ。

本書に宣教師ルイス・フロイスが信長と最初に対面したシーンが描かれている。これが滅多矢鱈と面白い。信長の超リアリストぶりがよくわかる。面会の場所はそのころ信長が建設中だった二条城。自分の屋敷ではなく、七〇〇〇人以上が働く工事現場での面会が信長の選択だった。信長は造成中の堀の上にかかった橋の上に立って、フロイスを待っていた。「日が当たるから帽子をかぶるように」とフロイスに命じたうえで、信長は屋外でフロイスと二時間以上話し込んだ。

信長はフロイスに、何歳か、日本に来て何年になるのか、何年勉強をしたか、祖国に帰るつもりがあるのか、毎年ヨーロッパやインドから書簡を受け取るのか（定期的なコミュニケーションがあるのか）、ヨーロッパ、インドからの旅程はどれぐらいあるかといった、布教の段取りをとりつけたい一心のフロイスにとってはさほど重要とは思えない質問を矢継ぎ早に繰り出す。信長は相手の素性、教養、ポルトガルと日本との距離、航海技術、政治的なオーソリティとの関係など、まず事実を確認しないと本題に入らない。

一通りの事実確認が終わった後、信長は「そんなに遠い国から来たのはどういう動機か」とたずねる。フロイスは日本の人々に布教したいがためだと答える。信長は、「ただそれだけのために、これほどの長い道のりを航海し、はなはだ大きな、考えるだけでも恐ろしい色々な危険を自ら進んで引きうけたのか」と重ねて問う。フロイスはそのとおりだと答える。ここで信長は喜んだ。この神父が、仏教の相対化という自分のプランの中にうまく組み込めると判断したからである。

そもそも面会場所の設定が秀逸だ。なぜ信長は建設現場の大勢の群衆の中でフロイスに会ったのか。それは偵察に来た仏教の僧侶たちに対して、オープンな場所で強いメッセージを発するためだった。信長は群衆に紛れこんでいた僧侶たちを指さして、大声でこう言ったという。「そこにいるこの騙《かた》り者どもは、そなたのような輩《やから》ではない。彼らは庶民を誑《たぶら》かし、いかさま者、嘘つきで、尊大ではなはだしく、思い上がった者どもだ」。フロイスを持ち上げることで、仏教の僧侶たちを牽制している。さすがに戦国時代を勝ち抜いたリーダーだけあって、信長はキリスト教を自分の戦略にとって一石二鳥のコマとして使おうとした。

老教皇を号泣させた戦略ストーリー

話をヴァリニャーノに戻す。天正遣欧少年使節はヴァリニャーノの発案だった。グローバル化戦略の前線指揮官だった彼は、このプランを日本での布教を一層前進させるための決め手として位置づけていた。その目的は三つ。第一に、日本人にキリスト教の栄光と偉大さを見せ、それを日本人の口から日本人へと広めることによって、布教の原動力とすること。

第二に、ヨーロッパのカトリック国の王様や教皇に、日本への物質的・精神的支援を求めること。ヨーロッパの枢機卿や君主に生きている実際の日本人を見せる。これによって、ヴァリニャーノがさんざん報告書に書き綴った「日本人がいかにすぐれているか、いかに有能であるか」が事実であることを証明する。そうすれば、日本で布教するための資金や人材をより多く、より幅広い層から獲得できるだろう、と彼は考えた。

これに加えて第三には、政治的な裏テーマがあった。教皇庁の威信回復である。考えられないくらい遠い国から、キリスト教に目覚めた位の高い人間（少年たちはいずれも大名の直系だった）がやってきて教皇に拝謁する。この事実（と、それをヨーロッパの多くの人々に実際に見てもらうこと）こそが、ローマカトリック教会の東方へのグローバル化が成功した証になる。グローバル化戦略の目に見える成果を世界にアピールできる。これがヴァリニャーノの構想だった。

グローバル化「される側」としての日本人にとっては、実際に「行ってみなければわからない」のがキリスト教であり、西欧の文明だった。グローバル化「する側」のヨーロッパ人にとっては、実際に「連れてきて見せなければわからない」のが日本の文明だった。少年使節をヨーロッパに送り出すというプランは、「融合」をコンセプトとするヴァリニャーノの戦略ストーリーのなかで、一石で三鳥になるキラーパスとしての役割を担っていた。

信長とヴァリニャーノ、それぞれの戦略ストーリーが重なり合うところに天正遣欧少年使節のプロジェクトが生まれたのである。

天正遣欧少年使節団は一五八二年に日本を出発し、二年間かけてヨーロッパに到着、その後一年間もあちこちを訪問して、八五年についにバチカンでグレゴリオ教皇と謁見する。ここが本書のクライマックスシーンだ。

少年たちは「ローマにては未曾有《みぞう》の最大の行事のひとつであると確信できるほど豪華壮麗をきわめた儀式」で迎えられた。行列が歓喜の声のなか、テヴェレ川をわたり、聖天使城の前の華麗な橋を渡ろうとするとき、何百発もの祝砲が鳴り響く。サン・ピエトロ大聖堂の前の道を抜けて大広場に出るとそこはローマの人々がもう立錐の余地もないほどにこの東方の使者たちを一目見んと群がっていた。

そしていよいよ教皇に謁見。ローマのイエズス会所属の神父、ガスパール・ゴンサルヴェスが、教皇に告げる。「地球の周りをすべて回らなければ行けないほど遠く離れた国が改宗しました。これはわれわれが失ったものがいかに多くありましょうとも、それを補ってあまりあるものであります。かくて苦しみと涙は悦びに変わるのであります」。

八四歳の教皇グレゴリオは、歓喜のあまり「滝のように涙を流した」という。教皇にとって、苦難続きの人生の晩年で迎えた最良の瞬間だった。

この辺の天正遣欧少年使節を迎えたローマやヨーロッパの大興奮は、日本史の教科書的な知識しかなかった僕にとっては大きな驚きだった。宗教改革で追い詰められ、多くの国の信者を失ったローマ教会にとって、少年使節は反転巻き返しのグローバル化の成功の象徴であり、日本でのそれをはるかに凌駕するインパクトを持っていたのである。

日本から来た少年たちは、宗教改革に対抗するカトリック教会の勝利を証言する「東方からの三人の王」として燦然と輝く存在だった（気の毒なことに、「東方三博士」のイメージを維持するため、中浦ジュリアンだけは「体調不良」とされ、謁見式に出してもらえなかったという）。カトリック教会こそ依然としてグローバル世界の中心であるということをヨーロッパ世界に知らしめる最大級の広告塔。それがヴァリニャーノの戦略ストーリーにおける天正遣欧少年使節の意義だった。

人事の失敗

はるばる日本から来た少年使節団はローマで大歓待を受け、謁見したグレゴリオ教皇は、彼らを見て感動のあまり号泣――このドラマの脚本、演出、監督をすべて手掛けたのがたぐいまれなるグローバル経営者、ヴァリニャーノだった。しかし彼も万能ではなかった。人事で大失敗を犯したのだ。

日本を自分たち西欧のやりかたに合わせるのでなく、自分たちを日本に合わせていくという日本文化尊重の布教へとヴァリニャーノは戦略転換を決断し、垂直型布教の戦略をとっていた布教長のカブラルを更迭した。ここまではよかった。問題は後任にコエリヨという人物を置いたことだ。

ヴァリニャーノの心中にあった次の「日本支社長」は、コエリヨではなくオルガンティーノだった。オルガンティーノは自分と同じような考え方を持っており、リーダーとしての胆力にも優れていた。しかし、オルガンティーノには財務スキルがなかった。

もう一つの懸念事項として、彼はヴァリニャーノと同じイタリア人だった。「公平な人事」のために、同国人を贔屓したと思われたくないという配慮がはたらいた。そこでヴァリニャーノはポルトガル人のコエリヨを後任に指名する。結果からすれば、これが大失敗だった。

オルガンティーノという宣教師は、信長にもっとも信頼されていて、彼の立場も思想もよく理解していた。信長が冷静な近代人であり、ヨーロッパ人以上に合理主義の無神論者であるということを見抜いていたオルガンティーノは、信長が改宗することなどはなから期待しておらず、一定の距離を慎重に保ちながら信長にうまく食い込んでいた。それに比べてコエリヨという人は考えが浅薄で、物事を表面的にしか見ない。

信長の死後、最高権力者となった秀吉との謁見で、コエリヨは致命的なミスを犯した。

大タヌキの秀吉は、まず宣教師たちの活動を賞賛して持ち上げる。日本の過半数をキリシタンにするつもりだとまで言う。おだてられてすっかり気をよくしたコエリョは、通訳のルイス・フロイスを通じて、布教戦略の根幹にかかわる問題発言をしてしまう。秀吉が九州に進撃することを願っているとしたうえで、それが実現したときには九州の全キリシタン大名を秀吉側につかせるように尽力すると提案したのである。

秀吉からしてみれば、これは宣教師がキリシタン大名を通じて政治に介入するという話以外の何物でもない。ときの最高指導者だった秀吉にとって、キリスト教と宣教師について大きな疑惑を与える発言だった。ところが、調子にのったフロイスとコエリョは秀吉の疑念にまったく気づかず、「将来、殿下が中国に攻め入る際には、ポルトガルから二艘の大型船を世話しましょう」などと政治協力の話をエスカレートさせる。

傍らで見ていたオルガンティーノは、二人の鈍感さに危機を感じ、フロイスとの通訳の交代を申し出た。オルガンティーノは、宣教師が戦争の問題に介入することを秀吉がもっとも嫌悪するということを知っていた。しかしコエリョは日本人に人気のあるオルガンティーノに嫉妬しており、彼の申し出を無視してそのままフロイスに通訳を続けさせた。これは決定的な失敗だった。

この報告を受けたアジア本社のCEO、ヴァリニャーノは激怒した。九州征伐にカトリックの神父が役立つということを強調すればするほど、秀吉の猜疑心は増す。秀吉は非常に狡猾だったので、表面上は満足したように見せかけてコエリョとの会談を終えている。コエリョとフロイスは、単純に大成功を信じて大喜びだった。しかし、おそらくこのときに、秀吉はキリスト教弾圧の方針を固めたのである。

人事の失敗が遠因となって、秀吉はキリスト教の排除を意思決定する。この後は、教科書的な知識しかない僕でも知っている悲劇が続く。少年遣欧使節が長年の苦労を乗り越えて八年ぶりに戻ってきたときには、すでに日本の政治情勢は一変していた。秀吉によって日本に統一的な国家体制が構築されつつあり、伴天連《ばてれん》追放令が出されていた。

しばらくは秀吉と四人の青年宣教師（すでに彼らは少年ではなかった）の腹の探り合いが続くが、結局彼らは仕官を拒否し、キリスト教の司祭になることを決意する。その結果、全員が悲惨な結末を迎える。マンショは病死。マルティーノは国外追放されてマカオで死亡。潜伏していたジュリアンは見つかって死刑。ミゲルは棄教。本書の後半は、前半から一転、ヨーロッパにおける栄光の旅から戻った四人の悲劇的なその後の人生が描かれている。

一世一代の大仕事

僕にとって、最高の読書というのは、登場人物や著者と対話しながら読むうちに、自分がその世界に入りこんで同じ時間と空間を生きているような感覚になるときだ。これを私的専門用語で「トリップ」と言っている。トリップできる読書だと、ふと気づくと何時間もたっていることがある。至福の読書経験だ。

『クアトロ・ラガッツィ』の前半（上巻から下巻途中まで）は、トリップに次ぐトリップ、もう飛びっぱなしだった。後半も十分に面白いのだが、僕のトリップ感という点ではそれほどでもなかった。なぜかというと、著者の若桑みどりさんの日本の歴史についての基本的な考え方が僕には違和感があったからだ。著者は次のように言う。

日本が明治時代に外圧によって国民国家を作りあげはしたものの、みずから西欧的な意味における近代社会をつくりあげることができなかったのは、なによりもまず、西洋が近世に入った時期つまりまさに戦国時代の末期に、日本が世界に向けてドアを閉ざし、やがては近代を準備するであろう思想や政治や文化をシャットアウトしてしまったからだ。ルネサンス人も古代アテネ人から学ばなければ個人の自由や平等や尊厳については考えることができなかった。知識だけが人間を進歩させ、解放するのだから、知識の窓を閉ざしてしまえば、その成長は遅れる。

その上、これも何人かの歴史家が指摘していることだが、統一政権をつくった徳川一門は、古く封建的な支配の構造と、それを追認する古い儒教思想をもってその体制を堅固なものにした。そして、それを守るために鎖国した。これによって、日本は世界史から閉め出され、近代化に決定的な遅れをとった。近代化がなんでもかんでもいいというわけではない。しかし、憲法、議会、個人の権利、法と正義、身分制度の廃止、どれをとってみたって、少なくとも、庶民には、近代のほうがいいにきまっている。私のように、百五十年以上血統が保証されているとはいえ、北九州の一農民の子孫である人間にはなおさらである。

若桑さんは、西洋の美術史をずっと研究してきた人であり、若い頃からイタリアに留学していた。それだけに、「西洋こそがスタンダード」という強い思いが思考の基礎にあるのは当然の成り行きだ。個人の尊厳と思想の自由は西洋文明が戦い取ったもので、宣教師の来日は日本が進んだ文明を受容する絶好のチャンスだった。にもかかわらず、西洋人を追放して、鎖国に転じてしまったために日本は決定的に遅れをとったというのが著者の理解だ。

僕にも若い頃にイタリアのミラノにあるボッコーニ大学のビジネススクールで教えていた時期があった。ヨーロッパ世界に対する僕の理解は、それを専門として優れた業績をあげた著者に比べれば、はるかに浅薄で断片的なのはいうまでもない。しかし、ヨーロッパに触れ、その歴史について知れば知るほど、「ベリーベストの選択」ではないにしろ、鎖国にはさまざまにポジティブな面があり、人工的に「安定」した江戸時代が基礎となって、明治以降の日本の近代化（これは極東の小国としてはこれ以上望めないほどの成功だったと思う）が初めて可能になったという考えを持つようになった。

もちろんこれは著者と僕の考えが多少違うというだけの話であり、本書の価値とはまったく関係がない。著者が本書を世に出すに至った動機が素晴らしい。西洋美術史を長く研究してきた著者は、還暦を迎える一九九五年のある夜、こんな声を内心に聞いたという。「東洋の女であるおまえにとって、西洋の男であるミケランジェロがなんだというのか？」。

若桑さんは一九六二年から二年間、イタリア政府の給付奨学生としてローマに留学し、カトリック美術を研究した経験がある。そのときバチカンで出会ったミケランジェロに圧倒されて、この巨匠の芸術をずっと研究することになった。

ところが、功成り名を遂げた還暦にして、ミケランジェロをいくら研究しても自分が「西洋美術を理解する東洋人の女」にすぎないということに著者ははたと気づいたという。自分が無我夢中で研究してきた対象と自分をつなぐものが何もない。自分がミケランジェロを研究する必然性がない。自分にとって必然性のある本当のテーマは何なのか。

それを考えるために、大学に一年間の休学を申し出た。著者は三四年ぶりにふたたびローマを訪れる。研究テーマは一六世紀カトリックの東アジア布教についてだった。最初はキリシタン美術について調査していたが、しだいに天正少年使節についての文書が非常に多いことに興味をそそられる。次第に他のことが考えられなくなり、本書を執筆することになった。

本書は「人類は異なった文化のあいだの平和共存の叡知《えいち》を見いだすことができるだろうか」というきわめて壮大な問いに対して、著者が人生をかけて答えを出そうとした力作である。若桑さんは本書を出版した四年後の二〇〇七年に他界している。文字通り一世一代の大仕事であり、そうした書物のみが放つ迫力がある。

グローバル人材よりも経営人材

著者の渾身の仕事のおかげで、今の日本に生きるわれわれはグローバル化とそのマネジメントについて重要な洞察を得ることができる。グローバル化が日本企業の経営にとって重要なのは間違いない。どこの企業の人と話をしても、このところ決まってグローバル化への対応が話題になる。とにもかくにも「グローバル化」が重要で大切で核心で必須で不可欠で時代の趨勢、避けて通れませんよ！　という話だ。

ここに落とし穴がある。ことの本質を押さえずに「グローバル化！」のかけ声に飲み込まれてジタバタするとロクなことにならない。グローバル化の本質は単に言語や法律が違う国に出て行くということではない。経営の「非連続性」にこそグローバル化の本質がある。

ヨーロッパから一六世紀の日本に来た宣教師たちは、母国と異なる言語や文化、生活習慣に直面した。しかし、こうした違いを克服することに一義的な挑戦課題があったわけではない。ヨーロッパでの慣れ親しんだ宗教活動とはまるで違う、極東の日本という国でゼロからキリスト教を布教し成果を出さなければならなかった。この非連続性に困難の正体があった。

今の日本企業のグローバル化にしても同じことだ。それまで慣れ親しんだロジックが必ずしも通用しない未知の状況で、商売全体を組み立てていかなくてはならない。特定の決まった範囲での仕事をこなす「担当者」では手に負えない仕事だ。商売丸ごとを動かすことができる「経営者」が不可欠になる。

これまでも繰り返し強調してきたことだが、ビジネスに必要とされる「スキル」と「センス」、この二つは区別して考えたほうがよい。グローバル化との関連で耳目を引く英語力や異文化コミュニケーション力、人事労務や法制度の知識、こうした能力はスキルの範疇に入る。

グローバルなスキルをもつ「グローバル人材」がいないからグローバル化が進まない、と考えるから話がおかしくなる。未知の状況でゼロから商売丸ごとを動かす「経営人材」がいないからグローバル化が進まないのだ。

その本質が非連続性にあるということでの指摘からすれば、四国だけで商売をしていたうどん屋が、東京に進出する。これも非連続性を乗り越えるという意味で、本質的には「グローバル化」である。担当者のスキルではなく、経営者のセンスが必要になる。白紙の上に商売全体の絵を描くセンスをもつ経営人材がもっとも典型的に必要になる局面、そこにグローバル化の正体がある。

本書に出てくる話でいえば、カブラルの後任として日本での布教活動の責任者となったコエリョには財務のスキルがあった。コエリョの通訳となったフロイスには日本語やコミュニケーションのスキルがあった。しかし、彼らが秀吉に相対してフルスイングで空振りしたように、未知の状況で事業を丸ごと創っていくということになるとスキルだけではどうしようもない。

スキルにいくら優れていても経営者にはなれない。優れた「担当者」になるだけだ（それはそれで企業にとって大切な人材だが）。ヴァリニャーノにはグローバルな経営者としてのセンスがあった。しかし、センス溢れるヴァリニャーノも最後の人事で躓いた。形式的なスキルや表面的なスペックだけで人事をするとロクなことにならない。五〇〇年前から経営の原理原則は変わらない。

グローバル化へと舵を切る戦略的な意思決定をしたのはバチカン本社（教皇庁）であったにせよ、グローバル化が成功するかどうかは、結局のところヴァリニャーノのような非連続を乗り越えることができる経営人材がいるかどうかにかかっている。

過去の日本の企業にしてもそうだ。高度成長期の日本の製造業は、猛烈な勢いで商売を世界に広げた実績がある。そこでもヴァリニャーノばりの経営者（その典型例がソニーの盛田昭夫さん）が相手の市場や文化を深く理解して、率先して切り込んでいった。グローバル化はヴァリニャーノのようなリーダー抜きにはできない。

単純にこちらのやり方を押しつけるか、あるいは単純に向こうに全部合わせるかの二者択一であれば話は簡単だ。しかも布教にしても経営にしても、グローバル化は二者択一ではなく、二者の融合の問題となる。その融合のインターフェイスをどうとるか。そこにセンスが求められる。コエリョやフロイスは、このセンスを決定的に欠いていた。

たとえばファーストリテイリング。ユニクロでつくった商売の基本を崩さずに、市場のニーズや労働環境も異なる国で商売を展開しようとしている。ここでユニクロが直面する課題は、キリスト教を日本に根づかせようとしたイエズス会のそれと同じである。キリスト教の教義自体を変えてしまったらそもそも布教の意味がなくなってしまう。ユニクロにしても、これまで日本でつくってきた競争優位の根本部分を崩してしまえば、競争にも勝てないし、海外の顧客に価値を提供することもできない。そうなれば、そもそもグローバル化する意味がない。一方で、日本で培った経営をそのまま相手に押しつけるだけでは、カブラルになってしまう。

ヴァリニャーノやオルガンティーノのような、本質を見抜く洞察力と相手を理解しようとする謙虚さを備えていて、しかも自分勝手に物事を解釈しないリアリズムでものを考えるリーダーが必要なのである。ただし、社員全員がヴァリニャーノである必要はない。一〇〇人中一人か二人いればよい。それが誰なのか。自分の会社のヴァリニャーノを見極めるのがグローバル経営の第一歩である。

この本を日本企業のグローバル経営に対するメッセージとして読めば、結論はこういうことになる。「あなたの会社にヴァリニャーノがいるか。いるとしたらそれは誰か」。

この問いに対して答えがすぐに出ない企業はグローバル化に踏み出すべきではない。その前にすべきことがたくさんある。

第21章　センスと芸風

『日本の喜劇人』小林信彦著

新潮文庫（一九八二年）【初版一九七二年】

昭和を代表する喜劇人についての芸論の傑作である。著者の小林信彦《こばやしのぶひこ》は芸論の天才であり、なかでも本書は極上の域に入る絶対の名著といえる。文中に登場する昭和の喜劇人を誰ひとり知らない人でも、本書の深い味わいを堪能していただけると確信する。

『名人――志ん生、そして志ん朝』『世界の喜劇人』『笑学百科』『森繁さんの長い影』『喜劇人に花束を』（好著！）、『天才伝説　横山やすし』（名著！）、『テレビの黄金時代』（大名著！）、『おかしな男　渥美清』（超名著！）など、著者には本書のほかにも多くの芸論がある。僕はそれぞれ一〇回以上読んでいるのだが、そのなかでも『日本の喜劇人』にはとりわけ深い影響と感動を受けた。

小林信彦の芸論の迫力は、著者の喜劇と喜劇人に対する思い入れと洞察はもちろんだが、「自分の眼で見たものしか信じない」という一貫したスタンスによるところが大きい。本書の「はじめに」で著者は言う。

私は、クロニクル風の喜劇史を書くことを、しばしば人にすすめられ、資料の提供まで申し出られても、気がすすまなかった。要するに、私は、自分の眼で見たものしか信じられぬたちなのである。自分が見て確かめてきた事実を、ぽつり、ぽつりと記していって、それでいいではないか、という気持がなかったら、とうてい筆をとることはできなかったと思う。

センスは芸風に表れる

さまざまあるジャンルの中でも、僕は昔から「芸論」が大好きで、著者のものに限らず、これまで数多く読んできた。そもそも広い意味での芸事全般が好きで、音楽、小説、随筆、評論、映画、落語、文楽、歌舞伎などを味わうのが趣味といえば趣味だということもあるのだが、それ以上に、芸論にこだわる理由がある。それは、仕事で経営や経営者を考えるうえで、芸論がまたとない洞察を提供してくれるということだ。

芸論は喜劇人や芸能人に限らない。「人間の芸」全般についての論として読むことができる。芸論が面白いのは、「芸」というものがセンスそのもの、剝き出しのセンスを問われる分野だからだ。

商売丸ごとの経営や戦略という仕事になると、スキルだけでは歯が立たない。その人に固有のセンスがものをいう。センスは内在的なものなので、外から見ていても直接にはわからない。センスをつかもうとすれば、その人の「スタイル」を見なくてはならない。「その人に固有のセンスが観察可能な行動や振る舞いとして表出したもの」がスタイルである。

ギリシャ人のジャーナリスト、タキ・テオドラコプロス（通称タキ）に『ハイ・ライフ』という随筆集があって、これがまた大変に面白い。そのなかに「スタイルとはなにか?」という名文がある。タキに言わせれば、スタイルとはこういうことだ。

第一次世界大戦の直前に、あるパーティがあった。その晩さんの席でさるフランスの貴婦人が気分が悪くなり、もうこのまま死ぬのではないかという予感がした。そこで彼女はウェイターを呼んで囁いた。「急いでデザートを持ってきてちょうだい」。

もちろん死ぬ前にデザートが食べたかったからではない。自分がここで死んでしまうと、パーティが台無しになる。そこで食事の進行を急がせる。これぞスタイル、とタキは言う。彼の本から直接引用すると、「だれも知らない。が、見ればそれとわかるのがスタイルだ」「とらえどころのない抽象的な資質で、持っている人は持っているし、持っていない人は持っていない」「見せかけの反対で、人格が知らず知らずのうちににじみ出たもの」「本物《オーセンティック》たらんと意識的に努力しなくても本物たりえている人間は、だれでもスタイルを持っている」である。

オスカー・ワイルドはさすがにうまいことを言う。「初対面で人を判断できないのは底の浅い人間だけである」。これもスタイルを持っている人にだけ、スタイルというものがわかるという話だ。

経営者や戦略家のセンスにしても、彼らのスタイルに表れる。スタイルとはようするに「芸風」である。

『日本の喜劇人』は、著者が小学生のころから見てきた古川ロッパをはじめとする喜劇人たちの芸風を、直接的な経験や観察のみに基づいて考察する。生まれ育ち、キャリア、発想、技能、才能といったものを全部ひっくるめたものとしての「芸風」。「芸人への賛嘆は、その芸人（の人間性）への幻滅の果てにくるものではないだろうか」と著者は言う。喜劇人は芸で生きる人たちの中でも、とりわけアクが強く、芸風が濃い人ばかりだ。人間性がそのまま芸に出る職業の最たるものだろう。

小林信彦の洞察たるや、書かれている芸人の舞台を一度も見たことがない人にも「なにがどうすごいのか」がヴィヴィッドに伝わってくるほど深い。喜劇の世界での名人上手の芸風を論じた本書は、経営のセンスを考えるうえで重要な示唆を与えてくれる。

スキルではどうにもならないことがある

センスが大切なのは経営に限らない。どんな仕事能力にもセンスの問題がついてまわる。たとえば、一見してスキルにみえる「英語力」がその典型だ。英語力の内容が「T

OEICの点数」であれば、スキルとして取り組める。能力が「TOEICの点数」として定義されているし、試験の形式や内容も決まっている。高得点をとるための勉強法もさまざまなものが用意されている。予備校や教科書もある。真剣に取り組めば、ある程度までは必ず上達するのがスキルの世界だ。

これが「英語でのコミュニケーション」になると、スキルに加えてセンスの問題が入ってくる。TOEICで高得点をとっても英語でのコミュニケーションがうまくいかない人がいる。「TOEIC？　受けたことないよ」という人が、とくに上手いとも思えない英語で外国人ときっちりコミュニケーションがとれていたりする。英語のスキルがあってもコミュニケーションが下手な人は、そもそも日本語でもコミュニケーションが下手なものだ。英語のスキルが十分でなくても、コミュニケーションのセンスがある人であればなんとかなる。とくに外見がどうということもないのに不思議とモテる人がいるのと同じである。それはセンスとしか言いようがない。

仕事が経営とか戦略になると、センスに依存する部分は格段に大きい。「スキルだけじゃどうにもならないこともたくさんある。経営はセンスがなければ話にならない」というのが僕の持論なのだが、こういう主張を続けていると、どんどん評判が悪くなる。「センスが大切」と言うと、人は不安になる。逆にスキルで解決できると言われるとほっとする。スキルであれば、それぞれの分野ごとに内容が定義できる。スキルを習得するための方法論もある。

それに比べてセンスはつかみどころがないフワフワした何かに聞こえる。だから「センスが大切？　じゃあ、どうしてくれるんだ」ということになる。「それを言っちゃあ、おしまいよ」という話だ。

個人的な話になるが、僕の研究の対象である経営だけでなく、経営学者という自分の仕事にしても「センス」としか言いようがないものにかなり依存しているように思う。だから僕も若い頃は不安を感じた（今でも不安だが）。

非常に茫漠かつ不埒な動機（＝「自由で楽そう」）で学者になりたいと思い、そのために大学院に進学した僕は、修士課程にいたころ一日だけ眠れなかった夜があった。たった一日だけなのかと言われそうだが、僕はわりと気楽な性格である。それまで眠れないという経験がなかったので、この夜の不眠は僕にとっては一大事だった。

その夜のこと、大学院の同級生だった米山茂美君（現在は学習院大学教授）と青島矢一君（現在は一橋大学教授）と、夜遅くまで米山君のアパートで雑談していて、そのまま泊まらせてもらうということになった。それまで三人で「こういう研究がしてみたい」「ああいうテーマが面白そうだ」という話を延々としていたので、米山君に借りた布団の中で眠ろうとしながらも、自然と「さーて、これからどういう研究をしようかな……」とうつらうつらと考えた。

茫漠かつ不埒な動機（「卒業してすぐに厳しい社会に突撃したくない」＝「しばらくダラダラしていたい」＝「本当のところ、できたら一生ダラダラしていたい」）を胸に秘めて大学院に進学した僕には、当然のことながら「このテーマで研究しよう！」という志のようなものがまるでなかった。だから自分がやるべきテーマが思いつかない。ああでもない、こうでもないと考えているうちに、「夜の思索」にありがちな話ではあるが、どんどん悪循環に陥り、目が冴えてきた。

大学院では経営学の知識や研究の方法論はそれなりに学ぶ。しかし、センスは誰も教えてくれない。そもそも教えられるものではないからだ。僕が足を踏み入れた世界は、研究テーマという出発点からして、いきなり丸ごとセンスの問題だった。その当たり前の事実に気づいた僕は、眠れないほどの不安に陥った。

仕方がないので翌日、大学院の先輩だった沼上幹さん（現在は一橋大学教授）に「研究テーマが見つからずに悩んでいるんですけど……」と相談したら、「何言ってんだ。そんなのは自分で考えろ。勝手にやりたいことをやれ」という、いたって真っ当な回答。ますます落ち込んだ。その夜は前日の反動でいつもより熟睡したことはいうまでもない。

途方に暮れた僕は、「そのうちなんとかなるだろう」という植木等先生の名言を心の糧にして、まずはできることからと、大学院での勉強を続けた。たとえば経済学。経営学をやるうえでも必須のスキルである。経済学には大別してミクロとマクロがある。経営学とより関係が深いのはミクロのほうで、ミクロ経済学をベースとする講義科目が修士課程にはいくつもあった。僕が受講した講義で使ったのが、ジェームズ・M・ヘンダーソンとリチャード・E・クォントの書いた *Microeconomic Theory: A Mathematical*

Approach. というミクロ経済学では定評のある、当時の標準的な教科書だった。で、一発でイヤになった。

経済学だから当たり前なのだが、数学的なモデルが次から次へと出てくる。ラグランジュ未定乗数法あたりまではなんとかなるのだが、クーン・タッカー方程式というのでつまずいた（ということは、わりと初歩の段階でつまずいていることに要注意）。とはいっても教科書なので、章末についている練習問題は丁寧に時間をかけてやれば僕でもなんとか解けるようになっている。

僕は考えた。今までこの教科書を使って何千人、何万人の人間が経済学の数理モデルをマスターしたことだろう。努力をすればなんとかなる。ところが僕にはこの努力ができないのである。すぐにイヤになって投げ出してしまう。数学的なモデルを使って理解したり分析するというアプローチがどうにも好きになれない。経済学の前提にある論理演繹的なものの考え方、つまり非常に抽象度の高いモデルを先につくって、そこから思考を展開していくという「芸風」が（僕にとっては）諸悪の根源なのであった。

その手の数理的で論理演繹的なセンスが僕にはなかった。センスがないから努力投入できない。だからスキルも育たない。その先にある本物のセンスなど到底手が届かない。一定のセンスを身につけるための努力をしなければいけない。しかし努力を継続するためにはセンスが初期段階で必要になる。能力をつけるための循環が始まらない。

ようするに、センスに始まりセンスに終わるわけで、僕の場合はわりと始めの段階で話が終わっているのである。嫌々数学の問題を解くなかで、僕はそのことを思い知った。今ではヘンダーソンさんとクォントさん（の本）には感謝している。以来まったくご無沙汰だが。

定性復古の大号令

経営学の研究には数学モデルを使ったもののほかに、社会学的なアプローチがある。現象を帰納して仮説をつくり、それに対応したデータを収集し、統計分析にかけてテストし、一般性の高い因果関係を見つけていくという方法である。このタイプの研究書や論文を読むのはそれほど苦にならないばかりか、ときどき面白いとさえ思えるものもあった。

大学院を終えたころの僕は、いまだに自分がやるべき研究テーマを見つけられずにいた。第16章で述べたように、「ものづくり経営学」のスーパースター、藤本隆宏さんに憧れていた僕は、とりあえず自分の研究テーマを「製品開発のマネジメント」に定めた（しかしすでに話したように、その後時間をかけてユルユルと挫折した。これにしてもヘンダーソン&クォントと同じで、どうも仕事に乗れなかったのである。ようするにここでも僕にはセンスがなかった）。ともあれ、仮説構築→データ収集→統計分析→仮説の実証という流儀で僕は仕事の第一歩を踏み出した。

研究というのは、ようするに論文を書くということだ。資本調達も人材の採用も必要ない。自分でやればいいだけの単純な話。しかし、論文を書いて学術雑誌に投稿してからが大変である。レビューワーの査読がとにかく細かい。一発で受理されて雑誌に掲載ということは、絶対ないとは言わないが、まずない。ほとんどの場合、査読する匿名のレビューワーから修正要求の長いリストが返ってくる。

彼らは「あなたが取り組んでいる問題は重要でないし、面白くないからダメ」などとは決して言わない。経営学である以上、重要性や面白さはわりと主観的なものだからだ。論文の重要性を客観的に判断するのはほとんど不可能になる。だからレビューワーが要求する再考や修正の論点はほぼすべてテクニカルな問題になる。

たとえばこのデータの統計分析はお前が使ったやつじゃなくてこっちの手法のほうが適しているとか、この概念は別の研究に出てきた別の概念と区別されていないとか、この概念に対応した変数を開発するのであればお前の尺度はなっていないとか、この測定の方法はこういう理由で代表性がないとか、サンプルが偏っているから発見事実の一般性がないとか、そもそも理論的な貢献がないとか、そうした話が延々と続く。レビューワーの要求に忠実に一つひとつ修正していると、一本の論文を出すのに軽く一年かかる。僕の能力の限界と持ち前の怠惰さからして、年に一本出すのがやっとだった。

学術雑誌の査読は学会の同業者によるピア・レビューだから、僕のところにもちょくちょく投稿された論文を査読する役目が回ってきた。最初にレビューの依頼を受けた論文が、たまたま（僕の好みからすると）どうしようもない論文で、（僕の主観では）どうでもいいようなつまらない問題についてひたすらぐりぐりと実証分析するという代物だったので、「これはそもそもテーマが重要でないし面白くない。立てている問題に意味がない」というようなことを素直に書いて返した。すると、論文の著者はもちろん、査読のプロセスを差配しているエディターからも"Your comments are NOT professional!"と、ずいぶん叱られた。これに懲りて、それ以来、自分がレビューワーになるときも、コメントはわりとテクニカルなことばかりになった。

ということで、釈然としないながらも「ま、この業界はそういうものだから……」と割り切って研究をする。そのうちに、*Organization Science* とか *IEEE Transactions on Engineering Management* といった雑誌にそれっぽい論文がでるようになった（このころの自分の論文を今読むと、よくまあこんなことをやっていたな……という隔世の感がある）。

僕のまわりには、「これぞ学者の本領」とばかりに正統的なアカデミックな研究に取り組み、洗練された統計分析入りまくりの論文をバンバン書いている研究者もいた（というか、そもそもそういう仕事なので、そういう人がたくさんいるのが当たり前）。それはそれでたいしたものだと思ったが、じゃあ自分がそういう仕事ができるかといえばそうでもない。僕にはちっとも面白くないのである（もちろん、仕事として意味があるかどうかではなく、僕の好き嫌いの問題）。

たとえば、前述の *Organization Science* は、業界ではまずまずよいとされているジャーナルである。こういうジャーナルに論文が載り、それがアカデミックなコミュニティでどれだけ引用されたかということにストレートに達成感を感じ、それが仕事の原動力となってますます論文生産に邁進できれば、悩みはない。しかし、僕は「よし、次行ってみよう!」という気にならなかった。どうも自分の中から湧き上がってくるものがない。一年もかけて忍耐と苦労の末に掲載された自分の論文を見ても、そもそも自分自身が「で、何?」という感覚で、まるで達成感がない。

この辺の僕の違和感は音楽に例えるとわかりやすい。モーツァルトのピアノ協奏曲(とくに二三番)が素晴らしい音楽なのは僕でもよくわかる。ときどき聴いてみると、実に美しい。でも、心の底から楽しめるかというとそうでもない。これがジェームス・ブラウン(とくに「アイ・ゴット・ザ・フィーリン」)を聴くと自然と踊りたくなる。AC/DC(とくに「ロックンロール・ダムネーション」)だとカラダがアツくなる。ダニー・ハサウェイ(とくに「ヴォイセズ・インサイド」)だと涙が出てくる。モーツァルトの美しさがアタマでわかるからといって、やはり日常的には繰り返し聴こうとしないし、ましてや自分で演奏しようとは思わない(できないけど)。ジェームス・ブラウンなら起き抜けから毎日聴いて踊ってもいい。AC/DCなら、やめろと言われても自分で演りたくなる(実際にバンドのライブでやっている)。

モーツァルトが美しいということになっているので、僕は内発的な盛り上がりや納得なしにクラシックの真似事をするように論文を書いていた。ところが、クラシック音楽は結局のところ聴く（読む）のも演奏する（書く）のも本当はそれほど好きではなかったわけで、これでは続かない。そもそもイイ演奏（論文）ができるわけがない。

これとは別にもう一つ僕がどうにも釈然としなかったことがある。この手の論文はアカデミックなコミュニティの外ではほとんど誰も読んでいない（僕の論文ごときは研究者もほとんど読んでいなかったと思うが）。経営学というのは、ようするに経営の当事者である実務家に何らかの役に立つことを目的にしているはずだ。にもかかわらず、そっち方面の人は誰も読んでくれない。

自分は何のために「論文」を書いているのか。何のために「研究」しているのか。もちろん正統派のアカデミックな研究にもそれに固有の価値がある。そんなことはわかっている。これにしてもアタマではわかっているのだが、カラダが乗らない。

僕の場合、冷静に考えれば、「いわゆる一つの研究をやっております。学術論文を書いております。えー、こちらの業績リストをご覧ください。こういう論文がちゃんと出ております。ね？　ちゃんと研究しているでしょ……」という自己満足（しかも本当は満足できない自己満足）のために研究をしていたわけで（今でも自己満足であることには変わりないのだが、「自分も多少は実務家の役に立っているのではないか」という満足のいく自己満足に変わっている）、それを考え出すと仕事が苦痛になってきて続かない。だから能力も身につかない。アウトプットもない。ちょっと論文を書くと、ここぞとばかりにすぐに休む。一本仕上げたあとの「休憩」がどんどん長くなる。平気で半年ぐらいゆっくりしたりする。こうなるともういけません。本当は「研究」をしたくなくて仕方がないのだ。ようするに、ここでもまた「センスがない」のである。

正統派の統計分析による実証研究とは別に、経営学には事例研究を基にした定性的な方法もある。僕が学部の学生のとき、何人かの先生はケースを使った討議型の講義をしていた。振り返ってみるとあれは面白かった。事前に特定の因果関係を仮説にしてデータをとりまくって統計分析して実証するよりは、ある事例をいろんな側面から見て論理を引き出してくる作業は自然と面白かった。とりあえずは研究もそっちの方向でいくか……ということで、次第に事例を使った定性的な研究に仕事の軸足を定めた。

あるとき、自分としては相当に面白いロジックができたと大いに盛り上がってとある学術雑誌に投稿してみたところ、これが全然受理されない。定量的な統計分析が入っていない論文となると、アカデミックな研究としてはイチャモンつけ放題なのである。はじめはレビューにつきあって修正していたが、いつまでたっても埒があかないのでそのジャーナルは諦めた。そこであまりハードルの高くない *Journal of Product Innovation Management* という雑誌に出して手仕舞いにした。

この仕事が終わったのをきっかけに、僕は学術雑誌向けのフォーマットで書くことを一切やめることにした（これを私的専門用語で「定性復古の大号令」という）。一般の読者を必ずしもターゲットとしない研究書でも、本（論文集）というフォーマットだと書きたいことが好きなように書ける。

それ以来この十数年は、書籍はもちろんだが、丸ごと実務家向けのメディア（新聞や雑誌）や狭義の学術誌でない中間的な雑誌（実務家向けに主として学者が書く雑誌。日本では『一橋ビジネスレビュー』とか。有名な『ハーバード・ビジネス・レビュー』もこのタイプ）で書いたものを出すようにしている。たとえば、『ストーリーとしての競争戦略』と同時期にSpringerから出版した本に*Dynamics of Knowledge, Corporate Systems and Innovation*がある。この中にある青島矢一氏との共著論文は、概念的な議論やりたい放題のマニアックな内容だが、個人的にはかなりイケていると自己満足している（アマゾンで一万円ほどで買えますので、マニアの方、いかがでしょうか）。

理論よりも論理

もちろん、学術雑誌論文命！　の人から見れば僕がやっているのは邪道もいいところ。査読付きの雑誌論文以外は、そもそも狭い意味での「研究業績」にはならない。僕もハードコアの経営学研究者からときどき「お前のやっている仕事は『経営学』じゃない！」と批判されることがある。そのときには「おっしゃる通り。僕がやっているのは『経営学』じゃなくて『経営論』です」と答えるようにしている。「それでも経営学者か！」という声に対しては「いいえ、経営論者です」とお答えする。

言葉の問題といえばそれまでだが、理論（セオリー）じゃなくて論理（ロジック）を考えるのが僕の仕事だと心得ている。論理というのは因果関係についての洞察。一方の理論とは再現可能で一般性が高い因果関係についての法則を意味している。理論と論理とどっちがエラいかという話ではない。僕は論理を考えるほうを仕事として選択しているということだ。

この『戦略読書日記』もそうなのだが、ロジックというのは「僕はこのように考えますが、いかが?」「こう考えたらどうでしょう」という話であり、科学的理論が重視する再現可能性についてはいたって腰が低い。セオリーと違ってケース・バイ・ケースが前提だから、一般性には欠ける。

ところが、アカデミックな経営「学」にしても、社会現象を扱っている以上、自然科学のようにはいかない。再現可能性のある法則だと言いながら、「これこれの変数をコントロールした結果、こういう因果関係が確認されました」とか、「こういう実験のセッティングであれこれの条件をコントロールしたうえでの結果です、あくまでも」といった具合にやたらと「断り書き」が多い。

それに比べると自然科学のセオリーはスカッとしている。「iPS細胞はこういうメカニズムでできているので、こうやるとこうなります。どうぞやってみてください。同じ結果が再現できるのでヨロシク!」というのが自然科学だ。

この点、科学としての経営学には屈託がある。理由は単純で、社会「科学」のほうが人の世の中という、より複雑な現象を相手にしているからだ。繰り返すが、しかし、だからといって経営学が理論を追求することに意味がないとは言わない。何らかの意味があるから今日に至るまで経営学のアカデミックなコミュニティが存在しているのである（おそらくその理由は、アカデミックな経営学研究を組織的に展開し蓄積するための制度として、自然科学のアナロジーを使うしか手がないということにある）。僕が個人的に乗ることができない（＝センスがない）だけだ。

科学的理論としての「経営学」と記述的な論理としての「経営論」は、意図や目的や方法が違うだけで、どちらが正しいかという良し悪しの問題ではない。どちらにも上質なものと粗悪なものがある。アカデミズムの条件を満たした経営学にも素晴らしいものから箸にも棒にも引っかからないものまで玉石混淆だし、経営論にもインパクトに溢れる優れたものからどうしようもないものまでさまざまだ。クレイトン・クリステンセンの名著『イノベーションのジレンマ』にしても、ジム・コリンズの『ビジョナリーカンパニー』にしても、アカデミックな経営学の条件を満たしていない「経営論」であるが、実務家へのインパクトという意味では超一級の仕事であることは間違いない。

同様に、「経営学」のジャンルでも、素晴らしい成果がある一方、おそらくその何倍ものしょうもない研究論文があるだろう。結局のところ、経営論でも経営学でも、誰もが認める極上の特級品、そうでもないけれどもまあまあいい上モノ、ごく普通の並品、まるで意味も価値もない粗悪品、これらの割合はそう変わらないのではないか。

ただし、両者では良し悪しの基準が異なる。経営学であろうと経営論であろうと、仕事である以上価値は客が決める。経営論者のお客は実務家であり、経営学者のお客は同業者である経営学者である。客が違えばよい仕事の基準も違う。（経営学者ではなく）経営論者としてできる限り「よい経営論」を世に出していきたいというのが、試行錯誤を経た挙句に僕が落ち着いた仕事のスタンスである。

先日、戦略論の元祖本家本元のマイケル・ポーター先生と久しぶりにゆっくり話をする機会があり、この問題についての議論になった。氏の結論は、「やるべき仕事は現実世界にとって重要なことであり、仕事の基準は現実世界に対するインパクトである。方法は自分の仕事の目的にもっとも適したものを選べばよい。アカデミズムのインナーゲームにつきあうな」というものだった。僕にとってはストレートに腑に落ちる考え方であり、スカッとした。

ポーター先生にしても、若かりし頃、産業組織論の分野でアカデミックな論文を書いていた。ただし、氏のアカデミックな業績は、その巨大なインパクトは別にして、学術論文の数としては決して多くない。その後のポーター先生は、多くの人が知っているように、アカデミックなフォーマットに載らない、しかし実務世界にインパクトのある本や論文へとフィールドを移している。この辺、僕のこれまでの成り行きと似ているといえば似ている（氏の仕事のほうが、控えめにみて僕の一五〇〇万倍ぐらいインパクトがあることを別にすれば）。

私事を長々と書いた。何が言いたいのかというと、僕のようなユルい仕事をしている者にとっても、自分自身のセンスとその表出としての芸風をつかむのにはわりと長い時間がかかったということだ。「芸風探して三千里」というか、ま、それはちょっとオーバーであるにしても、最初の一〇年間は試行錯誤の連続だった。自分の芸風に軽めの確信が持てるようになったのは、四〇歳を越えた頃だ（ということは、わりと最近の話）。

芸風というのはまことにつかみどころがない。タキが言うように「とらえどころのない抽象的な資質」なのである。しかし、その一方で、どんな仕事であれまずセンスあり き、というのも厳然たる真実だ。自分のセンスをつかみ、芸風を意識的に育て、それにフィットするように仕事をすることは決定的に重要だ。自分自身を振り返っても、仕事上の成功と失敗の理由のうち、九〇％はスキルではなくて、センスの問題だった。

自分のセンスはどこにあるのか。自分のスタイルとは何か。芸風とは何か。自問自答の毎日を過ごしていたころ、行き詰まると必ず開いたのが『日本の喜劇人』だった。僕にとって目からうろこが何枚も音を立てて落ちるような記述の連続。僕はこの本に繰り返し励まされてきた。もうカバーがとれて、しわくちゃのヨレヨレになるまで読み込んでいる。この本は最初から最後までスバラシイのだが、とくに芸風の考察が冴えまくっている部分をみていこう。

真逆の好敵手：古川緑波と榎本健一

まずはエノケン（榎本健一）とロッパ（古川緑波）から。昭和初期の喜劇を支えた二大喜劇人だが、二人の芸風はきわめて対照的だ。

ロッパは男爵家の六男として生まれ、古川家に養子として入った。文才があって、一六歳のときから『キネマ旬報』に投稿し、一八歳で同誌の編集同人となった。以後も文藝春秋の『映画時代』の編集、東京日日新聞の嘱託記者などをやりながら、ジャーナリズムの経験を積んでいく。

小林信彦はロッパを「大ジャーナリストの器であった」と評し、「批評家としてのすぐれた資質は死ぬまで変らなかった」と書いている。ロッパは演じる側の芸人でありながら、常に客観的に自分を見るもうひとりの自分を持っていた。言語化された自意識の持ち主であり、ロッパの批評家的な視点は、彼自身の筆による『古川ロッパ昭和日記』（超絶名著！）にも遺憾なく発揮されている。

ロッパが喜劇俳優としてデビューするのは三〇歳近くになってからのことだ。それまでに彼はすでに自分自身の芸風について自覚と自信をもっており、プロになって以来、迷うことなくひたすら自己の芸風を追求した。同時代の劇評家、安藤鶴夫がこう書いている。

ロッパぐらゐ〈口〉で芝居してゐる者はゐない。……ロッパは、この口千両に引き代へて、その他の手、足・身体《からだ》全体は口程には彼のいひなりになつてゐず、特に下半身から足にかけては寧《む》ろ甚《はなは》だ大根役者である。

それに対してロッパは「この位ピッタリ言ひ当てられては一言も無い」とコメントしている。小林に言わせると、「こうなると、どっちが批評家だか、わからない」のだが、ロッパははじめから自分の芸風に自覚的で、自己を客観視するタイプの人だった。安藤鶴夫が評したように、ロッパはとにかく口が達者で、彼の芸風はそれを中軸に据えたものだった。「声帯模写」という言葉というかカテゴリーをつくったのも古川緑波である。声真似などとは別物、という自負が感じられる。

当時はラジオ全盛期で、ラジオ番組のスターに徳川夢声がいた。あるとき徳川夢声が、酒と睡眠薬の飲み過ぎで倒れ、四〇分の放送に穴があきそうになったところ、ロッパが全部、夢声の声帯模写で埋めて、事故を聴取者に気づかせなかったというエピソードがある。これは大変なものだ。夢声自身もロッパの声帯模写を「絶品」と評していた。

ロッパは声がよくてよく通るので、面白おかしいミュージカルをやらせると抜群だった。ただし、下積みという経験がまったくないロッパには舞台上で動くための基礎ができていなかった。しかし、自分の芸風に自覚的なロッパは、こうした「欠点」を克服しようとする類の努力を一切しなかった。自分は動かず周りの人を動かせて笑いをつくっていくという芸風にますます磨きがかかる。舞台では動かずとも、企画、脚本、演出を手掛け、舞台裏では八面六臂の活躍だった。小林は言う。

座長芝居――というコトバがあるが、ロッパのは、それどころではない。〈殿様芝居〉である。

もともと生れが良くて、順調に出世して、しかも初めから座長である。急にエラくなってイバる奴を〈出来上る〉というが、ロッパは生れながらにして〈出来上〉っていた。いわゆる三枚目特有のコンプレックスがないのである。

自然体のままに独自の才能を開花させ、戦前の喜劇界に燦然と輝いた大スターのロッパだが、戦後になるとその芸風がだんだん時代とずれてくる。それでも芸風を変えようとしないロッパは悲惨な晩年を迎え、財産も尽きて不遇のうちに五七歳の若さで死ぬ。落ちぶれていく人間の苦痛に満ちたさまが『古川ロッパ昭和日記』に生々しく描かれている。

ロッパと人気を競った昭和の「喜劇王」、エノケンこと榎本健一は、日露戦争の年に東京青山の鞄屋の息子として生まれる。父親はのちに麻布十番に引っ越し、せんべい屋を営んでいた。エノケンは浅草オペラの中心的存在だった根岸大歌劇団の俳優、柳田貞一に弟子入りする。関東大震災で浅草オペラが壊滅的被害をうけてからは、西日本で映画をつくったり時代劇をつくったり、カジノを創設したりして、頭角を現していく。

エノケンの芸風はロッパとは真逆だった。天衣無縫で「無意識過剰」な芸風。口よりも体がまず動く。ドタバタ喜劇が得意中の得意。まじめな芝居への欲求など皆無で、徹底的に動きで笑わせる。著者に言わせれば、「〈動き〉への妄執《もうしゅう》にとりつかれていた人」だった。

しかし何の因果か、動きこそが命のエノケンが、舞台上での怪我が原因で脱疽を発病し、右足を切断、義足になってしまう。そこから立ち直ったエノケンは、「舞台で駆け足もできるような義足」を求めた。仕事上、エノケンとやり取りがあった小林が、「あんまり動かなくて、おかしくできるんじゃないでしょうか」とエノケンに聞いたところ、「今までア、義足が悪かったんだ。今度、いい義足がきたんでね。トンボなんか切れると思いますね」と、あっさりと答えたという。

こういう芸風なので、「日本のコメディアンが、必ずおちいるあの〈まじめな芝居への欲求〉は、この人には、みごとになかった。ましてや、人生訓をたれるなどという無駄なことはしない」と著者は評価している。「世の中には、すべったり、転んだり、舞台から転げ落ちてみせること、それ自体を喜びとする人がいる。私のいう体技である」。その喜びをそのまま人に伝える能力があったのがエノケンだった。「体技を芸にまでみがくのは容易なことではないが、エノケンはそれを完成した天才であった。あれだけ、ドタバタをやって、品があるというのは珍しい」。

小林が「体技の人」として挙げているもう一人の喜劇人が萩本欽一（若いころの彼は突然降ってわいたようなとてつもない才能の持ち主だった）だが、デビュー当時は「そのすべり方は感動的ですらあった」のに、「〈哀愁〉を目指す映画を自主製作するなどという方へ行ってしまった」と惜しんでいる。それに比べるとエノケンは「志が、ちがうのではないか」。普通ならある年齢になればもうドタバタでもあるまいと思うところを、エノケンは義足になってでさえ、「まだ五十八だから、充分に動けますよ」と言うような人だった。

これも小林自身の体験に基づく話だが、エノケンは「芸談」「芸論」が一切できない人だった。「エノケンはビールをどんどん飲み、カジノ時代のコントを喋《しゃべ》り始めた。／彼の芸談といったものが、あり得ないのが、このとき、私にはよくわかった。／エノケンは、分析、説明というのが、まったく出来ないのだ。つまり、この人は、動きの職人なのである」。哀愁をあえて追求しないエノケンの芸にはどこか自然なペーソスがあったというが、言語化された芸論になると「コメディアンは舞台で汗をかくべきである」とか「音楽的なギャグが分らなければいけない」とか、やたらに実際的な「正論」しか出てこない。とにかく非言語的な人なのである。

出演した映画の説明を求めたりしようものなら、ファーストシーンから全部、演じて歌ってしまう。その動きは天才的だが、口ではまったく説明できない。だから、足を切断して思うように動けなくなったとき、エノケンが自殺未遂を繰り返したのは自然な成り行きだった。しかし、それでも晩年のロッパのような「自分の〈つまらなさ〉を知りつくしたインテリ役者の悲劇」とは、エノケンは無縁だった。「エノケンは――だいぶ、ウケは悪くなったとは知りつつも――自分の演技（と、やはり、いうのだろう）に疑いはもたなかったと思う。こういう人は強いのである」と著者は書いている。

かたや華族出身、かたや下町の庶民。かたやジャーナリスト出身のインテリ、かたやたたき上げの芸人。かたや企画構成まで手掛ける総合プロデューサー、かたやひたすら走って踊るドタバタ喜劇の天才。まったく対照的な芸風をもったロッパとエノケンが戦前から戦後にかけてのショービジネスで人気を二分した。ここがこの話のもっともイイところだ。エノケンがいなかったら、ロッパもあれほど自分の芸風に自覚的になれなかっただろうし、ロッパがいたからこそ、エノケンは、あくまでも自分の体技にこだわった。

スキルというものには尺度がある。だから、「私はまだこれこれのスキルがこれだけ足りない」とか、「これこれのスキルは私のほうがあの人よりも、これだけ優れている」といったことがわかる。ところが、センスに関していえば、まさにロッパがエノケンにとって、エノケンがロッパにとってそうだったように、自分と違うものを持っている人が横にいないと、自分が持っているものさえわからない。ロッパあってのエノケン、エノケンあってのロッパだった。

王と長嶋、大鵬と柏戸、エリック・クラプトンとジェフ・ベック、ポール・マッカートニーとジョン・レノン、ジーン・シモンズとポール・スタンレー（不明な方はスルーお願いします）、こうした芸風の異なる二者の切磋琢磨の例は古今東西枚挙にいとまがない。センスが育つためにはこうした切磋琢磨が決定的に重要になる。

ここでいう「切磋琢磨」はスキルの多寡（どちらの演技が上手いか、どちらの飛距離が大きいか、どちらが力が強いか、どちらの指が早く動くか、どちらの曲がよりよいか、どちらのロンドンブーツのヒールがより高いか）をめぐる競争ではない。センスと芸風の異なる両者が、他方を意識し、自分を相対化し、それによって自己のセンスをつかみ、芸風を深掘りすることによって才能を開花させ伸ばしていく相互作用のプロセス、それが本当の意味での切磋琢磨である。

究極の競争優位——森繁久弥

森繁久弥の芸風には確立されたものがあって、それ自体大変に面白いのだが、もっと興味深いのは、森繁久弥が同時代の喜劇人に与えた影響力である。森繁に影響されて、森繁のようになりたいと思うフォロワーが次々に自滅していくという成り行きが実に面白い。

強い企業に競合他社がいつまでたっても追いつけない（その結果、強い企業の競争優位が持続する）という状況は、強い企業による「防御の論理」だけではなく、それに追いつこうとする側の「自滅の論理」に注目するべきだというのが僕の持論だ。森繁の喜劇人としての圧倒的な強さは、これと一脈も二脈も通じるものがある。

森繁には昭和一一年から二四年という一五年近くにも及ぶ不遇の下積み時代があった。早稲田大学の演劇研究部から東宝に入り、東宝新劇団、ロッパ一座を経て、NHKのアナウンサーとして大陸に渡り、引き揚げ後は生活苦から新宿の「ムーラン・ルージュ」に出るなどしているうちに、徐々に頭角を現していった。

そうした異例の経歴から、森繁は喜劇人特有の閉鎖的な社会に埋没することがなかった。「なにか、きのうまで、そこらのサラリーマンだった男が、すっと芸界に入ってきた、といった感じで登場した」と小林は書いている。あまたの芸人の素顔を知る小林をして、森繁は「背筋をのばした、ふつうの人間が、そこにいる、という感じが、当時は画期的であった」と言わしめた。

森繁は小林信彦が長い間一度も会ったことのない「数少ない」喜劇人だった。ついに会いまみえたとき、すでに森繁は喜劇役者として確固たる地位を得ていた。小林が森繁に訊きたいことは一つだけだった。「あなたは喜劇役者になろうと考えていたのではなかったのではないですか？」

森繁は答える。自分は自己流で演技を勉強してきた。当時芝居の王道といえば新劇で、俳優になるなら文学座や俳優座のような新劇の養成所に入るというのが、一つのパターンだった。しかし、森繁はこの常道には入らなかった。「私は〈新劇風〉の演技は、本当じゃないという気がしましてね。次は、こうなる、という〈必然性〉から離れるようにやってみたのですよ。型のない芝居ですよね」。喜劇人を目指していたわけではないという小林の読みは当たっていた。

森繁久弥は、その演技が認められた後、「神話のなかの大スター」への道を一気に駆け上る。東宝の駅前シリーズや、社長シリーズなど、森繁を主役にした人気コメディ映画が爆発的にヒットした。得意な役柄は、アメリカの映画でいうと、ジャック・レモンふうのダメな小市民で、いやらしいながらもしたたかな弱者をやらせたら彼の右に出る者はいなかった。

ところが、いつの間にか森繁は方向修正をして「まじめな人」を演じるようになった。『夫婦善哉』の成功でその路線が決定的なものになる。のちに森繁の代名詞にもなった『屋根の上のバイオリン弾き』などは一〇〇％性格俳優路線に振り切った役である。

「『三等重役』から『夫婦善哉』へのチェンジが――すなわち、上質のコメディアンから性格俳優への変化が、あまりに鮮かだったので、その後の日本の喜劇人の意識にとんでもない異変を起させた」と小林は言う。

もともと喜劇役者として売り出した俳優が性格俳優に転換して「大御所」を目指そうと模索するさまを、小林は「森繁病」という痛烈な言葉で表現している。この森繁病に罹患するとどうなるか。少し長くなるが引用する。

である。

〈森繁病〉と私が呼んでいるこの病状は、まず、一人の喜劇人が、彼を売り出すに至った原因である〈動き〉を止《や》めることに始まる。パーキンソン氏病みたいなものである。

それから一種のウツ状態になる。その人が体技型であるほど、その病状は複雑になる。動き出そうとする手足をおさえつけているのだから、ウツにならざるを得ないであろう。

そのうちヒステリーみたいに、

「ぼくは、コメディアンじゃないんです！」

などと叫び出す。

「じゃ、きみは何なんだ？」と反問せざるを得ない。相手は、はすっかいに、うかがうような目つきで、こちらを見て、

「何つうかなあ……哀愁がないんですよ。ぼくの演技には……」

――これが第一期。

第二期は、その存在理由であるところの珍芸・扮装《ふんそう》・奇抜な動きを全部やめてしまい、それをどうしてもやらねばならぬときは、しぶしぶ、ふてくされてやる。

（まだ、こんなこと、やってます……）といった、照れた、しかし、若干、誇らしげな眼で、こちらを見る。

第三期になると、赤ん坊を抱いたり（チャップリンの『キッド』参照）、踊り子や花売り娘を遠くから眺め、夜道をとぼとぼと去ってゆくピエロといった役を、大張りきりで演ずるようになる。泣きベソをかいたような顔をアップで撮って欲しいと注文する。チャップリンは、自分の年齢のとき何をしていたろうと考え、自分は、だいぶ、モリシゲに追いついてきた、とひとりうなずいたりする。

第四期――以上のような芝居は、チャップリンが……あるいはモリシゲがやったことであるからして（『森繁よ何処《どこ》へ行く』で森繁もこの方に足を突っ込みかけ、やめた。昭和三十一年）、当然、そのタレントは人気を失ってゆく。（モリシゲは、運が良かったんだ！）と心の中で叫びながら。

森繁は「二枚目半」というタイプを自ら開拓して、その結果、喜劇によし、悲劇によしというユニークな役者として大成した。喜劇人たちは誰もかれもいっせいに森繁を目指すようになった。その結果、第二のモリシゲになれるどころか、人気が凋落していった。一握りの例外を除いて、大半の喜劇人が罹患したというこの「森繁病」は、きわめて単純な思い違いに端を発していると小林は言う。

そもそも、森繁久弥はコメディアンとして、自分を定義したことがない。仮にそうだったら最初に浅草を目指しただろうと小林は指摘している。たまたま売れない時代に試行錯誤していて当たったのが喜劇だっただけである。さらにいえば森繁の性格俳優への転換は、周囲が勝手に「転換」だと思っていただけで、彼自身がインタビューで語ったように、「必然性」から離れる型のない芝居という自身の追求する芸風からして、自然な成り行きだった。だからこそ森繁は「転換」に成功したのである。

「森繁は〈別格〉」と小林は言う。「コメディアンから演技派に転身したという一点だけをとりあげて、他人がその生き方を真似ようとするのは、無謀、命とりというほかなく、森繁のインテリぶりを真似て、随筆を書いたり、涙ぐましい次第である。（しかも、森繁の長い不遇期間は計算に入っていないのだから、ムシがいい。）」と手厳しい。

皮肉なことに、喜劇役者たちがいっせいに森繁を目指すと、ますます森繁との違いが際立った。森繁よりも役者としては三木のり平や有島一郎のほうが上だとはっきり言う人もいたし、自分のほうが森繁よりうまいと自負する役者もいた。しかし、小林に言わせれば、森繁には彼らにはない「日本人の心をいきなり、ひっつかむような」ところがあった。演じるというスキルにおいては森繁より上と思われる役者が、森繁と比べられたり競ったりしているうちにだんだん劣等感を覚えてきて、やがて森繁の全存在にはかなわないというコンプレックスを抱いて終わる。周囲がバタバタ自滅していくなかで、森繁はゆるぎなく帝王であり続ける。

森繁フォロワーは森繁を徹底的に研究し模倣しようと思うのだが、彼らの理解には時間的な奥行きが決定的に欠けているのである。森繁の成功の背後には、彼に固有のストーリーがある。ストーリーとは時間軸に沿った因果論理の積み重ねを意味している。すでに巨大な存在となった「今の森繁」を見ているだけでは、彼の競争優位の本質はわからない。

ところが、「そもそも喜劇役者を目指していたわけではない」ところから始まっているという森繁に固有の成り行きがフォロワーにはなかなかつかめない。「時間軸に沿った流れ」というものが、人間にとって思っているよりもはるかに見えにくいからだ（たとえば、一九一五年時点では「第一次世界大戦」という言葉はなかった。単に「欧州大戦」と呼ばれていた。その後第二次大戦があったからこそ「第一次世界大戦」と言われるようになったわけで、これは考えてみれば当たり前の話だが、現在の人からすると当時から「第一次世界大戦」という言葉があったかのような錯覚をもつ）。大スター森繁が巨大な存在になるほど、注意が「今の森繁」に集中してしまい、背後にある時間的な奥行きはさらに見えなくなる。

『ストーリーとしての競争戦略』でも書いたとおり、ビジネスでも似たような例はいくつもある。長期にわたって競争優位を持続している企業には、多かれ少なかれ森繁的な面がある。誰もが関心を持つ成功の背後には、「今の森繁」を見ているだけでは絶対にわからないストーリーがある。

自己の芸風を確立するうえでは、誰もが注目する成功事例の存在は時として障害となる。成功の巨大さゆえに、その背後にあるストーリーの時間的な奥行きを無視して、表面をなぞりたくなる誘惑に駆られる。見える部分だけ真似をすれば、自身の芸風に破綻をきたす。これが自滅の論理である。

競争相手が勝手に自滅していくような戦略ストーリー、ここに究極の競争優位があるというのが僕の仮説なのだが、長期にわたって君臨した森繁久弥はその典型だと思う。森繁をめぐる喜劇人の自滅は、優れた戦略ストーリーを創るということの難しさを暗示している。

芸風はただ一つ――渥美清と由利徹

「森繁病」に罹患し重症になりながらも、それを克服して独自の芸風を確立、大スターになったという珍しい例が渥美清である。「フーテンの寅さん」の当たり役で国民的俳優になるまでの彼の人生は、自分のスタイルとセンスを過剰なまで強く意識し、それと実際に与えられる仕事とのギャップに苦しむ七転八倒の道のりだった。その挙句に開いた大輪の花が『男はつらいよ』だ。

渥美は昭和三年、上野生まれ。昭和二六年に浅草でデビュー。その前後の経歴はよくわかっていない。デビュー三年後には結核で倒れて三年間病気療養、その後復帰し、テレビなどにも出るようになる。現実の渥美清は、単純でお人よしの寅さんとは対極的な性格で、複雑な人格の持ち主としか言いようがない。

小林信彦が最初に会ったころの渥美清は、怖い目をして「おれはキチガイだからね」

と言うようなギラギラした野心家だった。「食うか食われるか」の喜劇役者の世界にあって、初期の一定の成功を収めていた渥美は自分に対する風あたりがこれから強くなることを十分に知っていた。

しかし、渥美は自分のスタイルに忠実な人で、目先の処世や利害には目もくれない。「キチガイというのは彼流の表現であって、要するに、業《ごう》が深いという意味である。演技のためには、あらゆるものを犠牲にしてはばからず、芝居さえうまければ、処世なんて犬に食われろ、といった意気込みに、私は圧倒された」と小林はそのときの心境を書いている。

自分のスタイルにきわめて意識的な渥美は、絶対に迎合しない。仕事もバンバン断る。その理由が「あいつも、こいつも、目先の小さな成功を取りに行くような仕事で失敗している」。上昇志向の塊である。傍で見ていた小林は、「とにかく主演映画が撮れればたいしたものじゃないか」と思うのだが、渥美清の野心からすると「割に合わない仕事」には決して手を出さない。

「そんなに仕事を断わって、大丈夫なの?」と小林がたずねると、渥美の答えは「断わるほど良い仕事がくるんだよ」。このやりとりからもわかるように、渥美清は計画性のない寅さんとは真逆のタイプ。自分のスタイルと野心と現実の仕事、これら三者の折り合いのつけ方を慎重に計算する。そして、優先順位を常に自分のスタイルに置く。だから「極端な個人主義者であり、合理主義者であり、それが変人に近い域まで達しているから、人情もろい寅さん的人物と考えて接すると、イメージを裏切られることになる」と小林は言う。

当初はテレビの人気者だった渥美清は、昭和三八年に『拝啓天皇陛下様』という映画に主演する。天皇陛下に手紙を書くことを気晴らしにしている軍隊帰りの男が主人公の「重喜劇」である。寅さんを連想させる愚直な人間の戦争経験と戦後の生きづらさを描いた傑作であり、まずまずのヒットを収めた。しかし、これに続く『続・拝啓天皇陛下様』と『拝啓総理大臣様』はさほど評価されず、渥美人気は一時失速する。

昭和四三年、渥美清四十歳の年、ようやくテレビドラマ『男はつらいよ』の主演がまわってくる。この頃小林はテレビ局でばったり渥美に会う。話が『男はつらいよ』におよぶと、「あの役ねえ、おれ、乗ってるんだよ」という答えが返ってきた。長年の試行錯誤を経て練り上げてきた自分の芸風のど真ん中にハマる役をついにものにした瞬間だった。

翌年の夏、映画版の『男はつらいよ』が封切られる。当初はシリーズ化の意図はなかったという。しかし第一作が予想に反してヒットしたためシリーズ化されると、加速度的に寅さん人気が爆発した。渥美清はそれから死ぬまで二六年四八作にわたり、事実上寅さん一筋の役者人生を送ることになる。

渥美清は不器用で森繁久弥よりもはるかに幅の狭い役者だった、と小林は評している。しかし、だからこそ、自分の持つセンスと芸風について、渥美清は森繁よりもはるかに真剣に意識し、一歩一歩慎重にキャリアを重ねなければならなかった。
「フーテンの寅さん」の仕事をつかむまではもちろん、それで大成功した後も、成功ゆえの機会損失は決して小さくなかった。寅さんがシリーズ化された当初は、イメージの固定化を防ぐためにいくつかの他の作品に出演した渥美だったが、若いころ結核を患って体力がなかったこともあり、その後は寅さん以外の映画では主演しなくなった。若いころの渥美が夢見たような大作への主演のオファーがきても、「寅さんのイメージを裏切りたくない」ために断るのが常だった。

ただ一つの芸風をとことんまで突き詰める人間の強さを象徴する存在として、称賛に値するのが由利徹である。

自分のセンスを自覚し、そこから表出する芸風と世の中のニーズとの折り合いをつける――試行錯誤の末それに成功した人が渥美清だとすれば、由利徹はそれがごく自然体でできた人だった。

渥美清とは異なり、由利徹は森繁久弥の影響はみじんも受けていない。哀愁とは無縁、性格俳優とは対極の人で、ひたすら下品にずっこけ、くだらないことに徹する（「オシャマンベ！」とか「チンチロリンの、カックン」）。たとえば、植木等の全盛期の「無責任男シリーズ」に会社重役の役で出てくる由利徹。そのキャラクターの強烈さは、今見ても出てきた瞬間にわかる。ただひたすらにおかしい（これを書きながらも、思い出すだけで声に出して笑える）。

『日本の喜劇人』には、由利徹があるとき小料理屋で居合わせた客と喧嘩して、警察に挙げられたときのエピソードが載っている。これが面白い。
新宿コマ劇場で『旅姿花の東海道』という喜劇に出ていた由利は、しばらく謹慎する。数日後に舞台に復帰した由利は、馬子唄を歌いながら花道を出てくる。歌い終わって、観客に「このたびは、どうも……」と頭を下げると、拍手が起きた。
「役者というものは弱いもので……喧嘩両成敗とはいかないようです。今夜は最後ですから、一生けんめい、つとめさせて頂きます」と神妙に挨拶をしたあと、次の瞬間には、みごとにいつもの八方破れの演技に戻っていた。その日もさんざん下品なギャグを連発しまくって、さっと引き上げてしまう。小林は言う。

「このうえは舞台でがんばり、ファンのみなさまにお詫《わ》びします」と彼が言った、その〈がんば〉る、とは、こういうことか、と実におかしかったが、それにしても、ジイサン、バアサンたちを思うがままに笑わせてゆく由利の自信に溢《あふ》れた動きに、河原者の栄光のようなものを、私は感じないではいられなかった。

由利徹は一八歳で新宿の大衆劇場、ムーラン・ルージュの研究生になり、閉館後は新宿セントラル劇場に移った。そこではストリップショーをとりいれたバーレスクが売り物だった。由利は自分をつくったのはこのセントラルであり、喜劇人としてお茶の間で人気者になってもなお、「おれは、キャバレーの仕事、好きだよ」と平然と語っていた。「金になるし、面白いからね。どんな酔っぱらいでも、こっちを向かせてやると思って、ハッスルすっからね。佐山（俊二）さんとストリッパー、つれてって、派手にやるよ。わんわん、受けるね」。

由利徹には「いかがわしいおかしさ」への本能的な執着があった。小林は言う。「ひとを笑わせることを、性行為のように好んでいるのが、ありありとわかる。こんなイイコトを、社会的地位や政治によって失ってたまるか、という意気込みである。そして、喜劇役者が理に落ちた動きをするようになったら、もうおしまい――」。

本人の内部からごく自然に出てくるいかがわしいおかしさこそが由利徹の芸風だった。売れようが売れまいがそれをよりどころにするという姿勢を変えなかったところに、喜劇人としての圧倒的な強さがあった。昭和の喜劇王、エノケンのあとをつぐべき人とまで若い頃から言われながら、意にも介さぬ様子でいかがわしいおかしさをひたすら追求した。それこそが由利徹にとっては理屈抜きに本能的に執着するべき対象だったからである。

喜劇人に限らず、誰にとってもセンスと芸風の起点には小林が由利を評していうところの「本能的な執着」があるはずだ。あのスキルも大切、このスキルも大切、だから全部スキルアップしていきましょうとなると、センスが向くべき方向がわからなくなる。第一どこまでやってもキリがない。自分のセンスとスタイルに忠実に自分の立ち位置を見つけて、そこを自分の土俵として勝負しようとすれば、渥美清のように目の前の仕事を平気で断るとか、由利徹のように人気が出ても下品な芸風を一切変えないといった前向きな割り切りが必要になってくる。

どんな仕事においても本当に頼りにされるのは、その人の持っているスキルというよりはスタイルだ。一見「スキルのみ」で定義されるような仕事でも、では最終的に誰に頼むかというところでは、やはりスタイルが決め手になる。

スキルにはそれに対応した労働市場ができている。だから市場で代替を見つけることができる。市場メカニズムが発達すればするほど、スキルはどんどん代替されていく。今となってはグローバルに代替が可能になっている。英語やプログラミングといったスキルを身につけても、結局はインドやフィリピン、東欧諸国などの労働者に代替されてしまう可能性が常にある。ではもっとそのスキルを高めて……。これではキリがない。英語やプログラミングの勉強に本能的な執着があればそれでよい。しかし、もし「市場価値を高める」という理由でスキルアップを目指すのなら、今市場で必要とされているスキルよりも、自分の芸風についてもっと真剣に考えたほうがいい。

渥美清ではないけれど、自分の芸風に合わないことは割り切って無視して、次を待つ、次に行くというスタンスのほうが結果的にはハマる仕事に巡り合えるのではないかと僕は思う。自分の中から湧き上がる能力の供給と人からその能力を必要とされるという需要、この両面がきっちりかみ合わなければ仕事にはならない。

自分の芸風の間口には限りがある。一方で、客観的にみれば仕事の需要は自分の外に際限なく広がっている。周囲からの要請に全部応えられなくても当たり前、くらいに構えていたほうがいい。

一人がいくつもの芸風を持ち、それを場合に応じて使い分けるというようなことは不可能だ。センスとその表出型としてのスタイルはあらゆる仕事の中軸をなす重いものである。複数の芸風があるということは、そのどれもが本物ではないということに等しい。芸風はただ一つ。仕事でプロとして生きていくことは、そもそも自分の芸風と心中するということだ。当然、時代とずれてくることもあるだろう。でもそこで自己革新などそう簡単にできるものではない。周囲の要請に応えて柔軟に「自己革新」ができるのは、スタイルがない人だけである。そういう人は「本当に必要とされる人」にはなりえない。

本章と本書の締めとして、最後に『日本の喜劇人』にある最近故人となった喜劇俳優、小沢昭一の言葉を引用したい。

ぼくの芝居、半分ぐらいの人は、あいつ、なにやってるんだと思うでしょうが、あとの半分が、うむ、やってる、やってる、とうなずいてくれる。そういう役者になりたいですねえ

僕が自分のよりどころとしてきた言葉の一つである。どんな仕事をやっても、「何や

ってるんだ……」とか、「あんなことして……」と言う人はいる。でも、半分ぐらいの人が「やってる、やってる……」と思ってくれればそれでよい。ま、実際には半分もいないのかもしれないが、自分の仕事をわかる人はわかってくれている、これが僕にとっては理想的な仕事である。

例によってくどくど長々と書いてきたこの本（くどいのが僕の芸風なのでどうかご勘弁を）もこれでおしまい。読者の半分ぐらいの方々に「やってる、やってる……」と思っていただけたとすれば、それに勝る喜びはない。

ロング・インタビュー

僕の読書スタイル

仕事以外で読むのが「読書」

――楠木先生は一年に何冊くらい読まれますか?

楠木 数えていませんけど、だいたい年間三〇〇冊ぐらいだと思います。読書量は普通の読書好きの人と同じぐらいでしょう。僕の仕事ですと、本とか論文とか記事とか絶えず何かを読んでいる。読むという行為でいえば、のべつ読んでいる。ただ、仕事場で仕事のために読む本は、ここでいう三〇〇冊に入れていません。僕の「読書」の定義は動機にあります。仕事以外で、趣味として読むものが僕にとっての「読書」。もちろん仕事目的でなく読む本でも、結果的に仕事に役立つことはよくある。この本のなかで挙げた本はどれも僕の考えごとの肥やしになった本ですが、その多くが仕事場以外で「読書」として読んだものです。

――典型的な「趣味は読書」というタイプですね。

楠木　消去法でそうなっている。そもそも僕は、仕事以外の趣味というのがあまりないんですね。仕事が終わったら「よーし、やるぞ！」というハードコアな趣味をもっている人がいますけど、僕にはそういうものがない。

――私はお酒を飲むくらいですね。

楠木　僕はお酒も飲まない。飲まないのではなく、体質的に飲めない。僕の仕事だと、仕事量をわりと自分でコントロールできますでしょう。僕はそれほど長く仕事をしない、というか長い時間仕事をする根性がない。ですから、自分の時間がわりとある。でも、とくにやりたいことがない。時間は短くても、それなりに集中して仕事をするので、仕事が終わるととにかく疲れちゃう。

――スポーツはどうですか？

楠木　そもそも「趣味」というからには、ある程度の能動性が前提になります。スポーツがその典型ですね。週末はサッカーやりますとか、釣りに行きますとか。文化系の趣味にしても、陶芸とか絵を描くとか、趣味というからにはわりと能動的な活動を意味するのが普通です。ところが、とにかく面倒くさがりなので、何かに能動的に取り組むという気にならない。

――体育会系ではなく文化系。

楠木　もうハゲ頭のてっぺんからつま先まで圧倒的に文化系ですね。スポーツは全般的に嫌いです。そもそも体を動かすのが面倒で、走るどころか、歩くのもイヤ。海よりもプール、プールよりもプールサイド、プールサイドより冷暖房完備の屋内がベスト。屋内でわりと力を発揮するタイプ。爽やかさゼロ。必然的に音楽・読書・映画という、ありきたりの文化系の方面に流れる。

――映画はご覧になりませんか。

楠木　もちろん映画も好きですが、わざわざ映画館に観に行くのは面倒なので、半年に一回ぐらい。ＤＶＤで家で観るほうですね。例外は音楽で、家で聴くだけでなく、演奏したりバンドでライブをやったりしますけれど、これにしても頻繁にできるようなことではありません。この本でも書きましたが、日常的には音楽を聴いて自宅で一人で踊るぐらいです。ようするに、ごく消極的な理由で読書が趣味として残ったということですね。

脳内リーダーストーリーライター時代

――本を読むのが好きになったのは子供のころの環境や育ち方も影響していますか。

楠木　生い立ちも関係しているかもしれません。僕は小さいころはアフリカで育ったので、テレビがない生活をしていました。今でもテレビはまったく観ません。

――子供のころから本はたくさん読んだのですか。

楠木　アフリカにいたころ、祖母が船便で本を送ってくれるんですが、昭和四〇年代のことなので大量には送れない。必然的に日本から送ってもらった数少ない本を一〇回も二〇回も繰り返し読んでいました。たとえば、うんと小さいころだと『エルマーのぼうけん』シリーズとか。小学生のころはポプラ社のハードカバー。ルパンとかホームズとか明智小五郎ですね。『黄金仮面』とか大好きでした。ただ、さすがに何度も読んでいると飽きてくる。仕方がないので、そのうち自分でお話をつくるようになりました。書かずに、もっぱら脳内ですね。脳内で自分で書いて自分で読む。シンガーソングライターならぬ、脳内リーダーストーリーライター。

――おっしゃりたいことはわかります。

楠木　全部脳内の空想なんですけどね。脳内で大長編小説を自分で書いては読んでいました。

――私は旅行へ行くとよく、そこを舞台にした物語を同行者に語ります。たいてい嫌がられますが。

楠木　僕は人に話して聞かせるということはなくて、一人で黙々と空想しているタイプでした。昔から内向的。

――空想はどういうときに?

楠木　寝る前、ベッドの中ですね。小学生のころ脳内へビーローテーションだったのがロードムービー的なお話でして、今でも細部までよく覚えています。ある特殊なバスがあって、弟や友達とそのバスに乗っていろんなところに行く。で、たまらないのは、このバスの中には素晴らしい自動販売機がついている。ボタンを押すとカレーライスとか、カツ丼とか、いつでも好きなものが出てくるんです。

——どこかの社食みたいなメニューですね。

楠木 それを食べながら、いろんな土地に行っていろんな景色を見るという、あまり冒険的要素のない、やたらと穏やかなロードムービー。そういう空想をしているときはもうすごく幸せな気持ちになって、そのうちに眠ってしまう。これを毎晩繰り返す。たまに夢で続きが出てくると非常に充実した気分になる。そういえば、「お化け研究所」というのもありました。もちろん脳内研究所ですけどね。祖母が日本から西洋や日本のお化けが出てくる民話集を送ってくれたのですが、これにハマって、お化けの本だけを集めた本棚をつくったりしていました。で、自分の好みのお化けを空想する。それを主人公にバンバンお話を創る。毎晩忙しくてかなわない。魔法の自動販売機つきバスのロードムービーとお化けモノの二本立てで脳内超ロングラン興行の日々でした。

——脳内にいろいろあるんですね。

楠木 もっと大仕掛けの脳内活動もありました。日本に帰ってきて、小学校高学年から中学生にかけてやっていたのは「イワイワの国」。空想の国を自分で創るという脳内遊びです。初めはイワイワ団という秘密結社みたいなものをつくって遊んでいたんですよ。脳内で。そのうちその秘密結社の規模がどんどん大きくなってきて、ま、詳細は省略しますが、ついに国として独立することになったんですね。独立国になるまで、四年ぐらいかかっています。あくまでも脳内ですが。

――そうなんですね。

楠木　で、これがまた細部に凝るんですよ。脳内だからもうやりたい放題。独立国になるにあたって、もちろん国歌や国旗、通貨から憲法、行政組織まで全部考えました。中学校で社会の時間に歴史とか憲法とか習うと、イワイワの国に即座に応用。イワイワ国の通貨とドルとの交換レートも決めましたね。当時のことですので、固定相場制でした。というか、為替が変動するという理屈が中学生のころはどうもよくわからなかった。さすがにこのときは話が複雑になりすぎて、脳内メモリーには収まりきらないので、専用のノートを一冊用意して書いておきました。『エルマーの冒険』の口絵についていた地図に影響されて、イワイワ国の地図もつくりました。行政組織もさまざまな省庁を設置して、大臣には僕の友達を配置する。このころになるとだんだん知恵がついてきて、「こういう憲法だと、いずれ行き詰まる。憲法改正の必要ありか？」とか、「イワイワの行政組織はこういう問題に対してはひどく脆弱だな。なんとかしなくては」といった悩みが出てくる。途中で思い切って硬性憲法だったのを軟性に切り替えたりして、国会も大紛糾。国民も賛否両論で、文字通り脳内革命が起きそうだった。脳内とはいえけっこう大変でした。

――おつかれさまでした。

楠木　中学に入るころには現実でも「イワイワ団、入る?」なんて学校の友達を引き入れて、団員証をつくって発行したりしていました。今から三、四年前にある会社を仕事で訪ねたとき、そこに中学の同級生が勤めていることを思い出して、仕事の相手の方に「こちらの会社にA君っていますよね。僕、彼と同級生だったんですよ」という話をしたら、その方がA君に僕のことを話してくれた。その次に仕事で同じ方とお会いしたときに「Aが今度会ったら伝えてほしいって伝言を受けたんですけど、『イワイワ団はどうなった?』っていう一言だけで、意味不明なんですが……」。思わず笑いました。よほど変だと思われていたのか、当時のことを今でも覚えている人がいるのに驚きました。

――イワイワの国はまだ存在しているんですか。

楠木　さすがに四〇年近くたっていますから僕の脳内ではイワイワの話は終わっています。今はスパイ。というより、この二〇年ほど僕はずっとスパイなんですけどね。今まで黙っていましたが。

――たしか、読書の話だったかと……。

楠木　大丈夫ですよ。戻りますから。

――わかりました。で、先生はスパイであると。

楠木　もちろん脳内スパイ。で、表向きはオリエンタル貿易という貿易会社の社員です。脳内なんで、仕事場に兼業届とか出していないですけどね。オフィスは丸の内。東京駅のすぐ近くにすごく古い低層ビルがあって、一階から入るとすぐにエレベーターホールがあって、いわゆる昭和の古くてくすんだオフィスビル。オリエンタル貿易というのは食品の輸入貿易会社。ちょっと変わったパスタとか缶詰とか、そのへんのスーパーで売ってないような、ニッチなものを輸入する商社なんですね。この本社ビルの一階には、オリエンタル食堂という会社直営のレトロな雰囲気の飲食店がありまして。ここが近くのサラリーマンに結構人気あるんですよ、って僕が脳内でそういうことにしているだけなんですけど。

――洋食屋さん的な？

楠木　ええ。メニューも全部決まっている。空想をするときは、こういうディテールに凝るのが好きなんですね。おすすめは「フランス定食」です。バゲットとオニオングラタンスープとフレンチフライドだけの定食。コーヒーつきで九〇〇円。本場のフランスの味で、わかる人にはわかる。糖質過剰で、栄養のバランスは悪いですけどね。行列ができる丸の内の隠れた名店。

――おいしそうですね。

楠木　表向きはオリエンタル貿易で輸入する食材を使った副業なんですが、実はここでお客さんに交じっていろんな国のスパイ同士が情報交換をしている。傍から見ると、ただの古ぼけた洋食屋でコーヒー飲んでるおっさんが、実は……。

――ほかの階はどうなっているんですか。

楠木　と思うでしょう？　ビルに入ってエレベーターに乗って二階のボタンを押そうとすると、反応しないんですよ。表向きの仕事の来客は全部一階のオフィスでことが足りてしまうので、これを知っている人はほとんどいない。実は二階以上がとんでもないことになっていまして、ま、全部「００７」のファンタジーですね。僕は子供のころ『ロシアより愛をこめて』に痺れまくって、ジェームズ・ボンドになりたかった。現実には相当難しいので、百歩譲って取りあえず脳内でスパイになったわけです。で、オリエンタル貿易の二階が、まさにジェームズ・ボンドの秘密のオフィスそのものなんですよ。あのＭのいる。一階でアームカバーを嵌めてね、電卓を打っているおじさんが、二階に上がると、実は殺しのライセンスをもっているとんでもないプロフェッショナル。地下は駐車場になっていて、普通は商用車が出たり入ったりしてるんですけど、裏のほうに秘密の倉庫があって、用途別にボンド・カーがずらりとそろっている。僕たちはここで日本の政府の諜報機関として、いろんなスパイ活動に励んでいる。この話、僕の脳内で始まってからもう三〇年はたっていますす。森繁の『屋根の上のバイオリン弾き』、森光子の『放浪記』レベルの超ロングランですよ。で、そのときどきのいろんなニュースや出来事が、どんどんストーリーに盛り込まれていく。毎晩一五分ぐらいにとどめて眠るようにしているのですが、このところ北アフリカの民主化や尖閣問題で忙しくて、ワークライフバランスが崩れている。あくまでも脳内ですが。

──そろそろ……。

楠木　ええ。前ふりが長くなりましたが、僕はもともと面倒くさがりなので、日常の趣味として読書がしっくりくるという話でしたね。

フィクションからノンフィクションへ

──いったん子供のころの話に戻りましょうか。

楠木　初めて自分で買ったハードカバーは北杜夫さんの『どくとるマンボウ小辞典』でした。夏を過ごす家が軽井沢にあって、隣が北さんの別荘でした。で、北先生に本にサインしてもらいたくて読んだのが、『小辞典』とか『船乗りクプクプの冒険』。『クプクプ』は名作ですね。北杜夫さんのお嬢さんが由香ちゃんという僕の少し上のお姉さんで、遊んでもらいました。

──エッセイストの斎藤由香さんですね。

楠木　軽井沢以来何十年もお目にかかっていないですけどね。で、中学に入るとI君という友人に出会うんです。この人がやたらに早熟な中学生で、読書や音楽のセンスがいかしていた。中学生なのにハービー・ハンコックとか聴いていた。ハービーがモダンジャズからファンクみたいな方向に行ったころですね。I君に音楽の楽しさを教わりましたね。彼が教えてくれたハービー・ハンコックのアルバムに *Feets,*

Don't Fail Me Now という名盤があるんです。一曲目の"You Bet Your Love"が大スキで、エレピのソロに入るところが最高にかっこいい。で、あまりに気に入って、中学生のころはラジカセにタイマーをセットしてこのピアノソロで毎朝起きていました。このI君は学校の帰りによく駅前の本屋へ行くんですけど、僕もついて行って彼の選ぶ本を真似して読む。筒井康隆の『バブリング創世記』とか、本屋で立ち読みしてあまりの面白さにゲラゲラ笑っていたら、本屋さんに叱られた。三五年くらい前ですけどいまだにありありと思い出します。

——まとめますと、中学、高校時代はそんな感じで、面白い本を読んでいたということですね。

楠木 小説がほとんどでした。日本の小説が多かった。夏目漱石とか、芥川龍之介とか、三島由紀夫とか、太宰治とか、石原慎太郎とか、普通の中高生の読書傾向ですね。とくに好きだったのが武者小路実篤。日本語の話し言葉が綺麗で、うっとりしましたね。話はとんでもなく単純、というかある意味で狂気の世界なのですが、当時の僕にとってはちょうどよかった。高橋源一郎が『文学なんかこわくない』の中で武者小路実篤について本質的な評論をしていますが、これは抱腹絶倒の名文で、実篤ファンとしてはホントに面白かった。これを読んだのは大人になってからですけど。

——大学に入ってからは?

楠木 大学に入るともう少しアタマを使うものを読むようになりました。一橋大学の二年生のときに榊原清則先生の経営学のゼミに入ったんですが、ここで青島矢一君（一橋大学大学院教授）に出会った。青島君は僕など足元にも及ばない優れた経営学者で、尊敬しています。彼の『イノベーションの理由』（武石彰、軽部大との共著）は日経・経済図書文化賞を取った素晴らしい研究です。経営学者の仕事として一つの理想ですね。青島君は当時からとにかくアタマがよかった。榊原先生はもちろん、同級生の青島君から受けた影響は大きかった。榊原先生のゼミに入ったことで、読書の傾向も変わりました。

――ゼミではどんな本を読まれましたか。

楠木　ゼミの最初の教科書が、ガルブレイスの *Designing Complex Organizations* という本でした。経済学者のガルブレイスじゃないですよ。

――あ、違うんですね。

楠木　昔の経営組織論の人ですね。学生ですから、経営や会社についてのリアリティはゼロなんですが、この本の「情報処理パラダイム」の論理的な面白さにはまりました。で、ゼミの仲間と読書会をやった。榊原先生が共訳した本で、経営戦略論の古典の『戦略策定』というのが千倉書房から出ていて、これを輪読する。ところが、これがさっぱりわからない。たとえばこの本に「資源展開」（resource deployment）という言葉が出てくる。会社のことなんてまったくわからずに読んでいるものだから、「資源展開」といわれても何が何だか意味不明。「資源」といえば石油とか石炭とか、そういう天然資源の方面を連想しますから、「経営資源」って何だ？　「展開」って何だ？　という言葉尻でもう行き詰まる。みんなで大学の近所にある喫茶店で二時間ぐらい延々話し合うのですが、ああでもない、こうでもないと、「群盲象を撫でる」状態。でも何だか大学生っぽい知的活動をしている気分がしてうれしかった。

――読書の面でも青島先生から受けた影響は大きかったのですか。

楠木　青島君の下宿に遊びに行くと、クロード・レヴィ＝ストロースの『野生の思考』とか西部邁の『ソシオ・エコノミックス』とか、それまで僕が読んだことがないようなムツカシイ本が本棚に並んでいた。なにせこっちは武者小路実篤の『若き日の思い出』とか『幸福な家族』ですからね。ああいう本は青島君の下宿で初めて読ませてもらいました。青島君はあまりたくさん本を読むほうではなかったのですが、本読みということでいうと、やはりゼミの同級生だった上竹原修一君と、青島君の隣に住んでいた徳田夏雄君という人が読書の質量ともにとんでもなく素晴らしい人だった。徳田君は青島君の静岡高校の同級生で一橋の同級生なんですけど、彼はこれまで僕が見たなかでも最高の読書人です。教養とか知識とかいうことが、青島君や徳田君や上竹原君のおかげでだんだんわかってきた。二〇歳のころです。

――イワイワの国を遠く離れて。

楠木　そうです。この頃になると小説だけでなく、ノンフィクションを読むようになった。読書のほとんどがノンフィクションになりました。古典も読むようになった。デュルケームの『自殺論』とか。野中郁次郎先生の講義でウェーバーの『プロテスタンティズムの倫理と資本主義の精神』を読んだときは、論理構成の面白さがわかってきた。フィクションよりもノンフィクション、とくに人間と社会についてのノンフィクション、という僕の好みはだいたい二〇歳ぐらいのときから変わっていません。

奇跡のコストパフォーマンス

——履歴の話はこのあたりにして、本題の読書法の話にいっていいでしょうか。

楠木　最初にお話ししたように、僕は運動もしないし、趣味もない。仕事場に早く出て、さっさと仕事をして、早く帰るという生活です。四時には全部終えて仕事を上がるというパターンが理想ですね。仕事場を出ると最低限の健康を維持するために週二、三回はジムに行くのですが、それが終わってしまうともうやることがない。

——あまり人づきあいはしないんですね。

楠木　社交は苦手です。僕は人見知りなので、パーティとかだと、よく知らない人と当たり障りのない話ができない。そのパーティ会場で、歌って踊れって言われたらいくらでもできるんですけどね。歌舞音曲が好きだから。

楠木 ——**読書と関係ない話ですね。**

僕は一見社交的に見えるらしいんですね。でも、実際は社交をしようにも、そもそも友達が少ない。よっぽど気が合う人じゃないと、私的なつきあいはあまりしないほうですね。仕事が終わると読書以外にすることがない。

楠木 ——**音楽や映画よりも読書になるのはなぜですか。**

音楽や映画も楽しいのですが、聴くだけ、観るだけだとあまりに受動的で飽きてしまう。読書にしても読むだけなので受動的といえば受動的なのですが、アタマはわりと能動的に動かせる。これが読書に固有のいいところです。僕のような怠惰で無趣味な人間が、体をまったく動かさなくても、イイ感じでアタマの能動性を発揮できるのが読書なんです。

楠木 ——**ちょうどスイートスポットにはまる。**

そうです。しかも、僕のように怠惰な人間にとっては、圧倒的に手軽であるということが大切なんですね。読書であれば、いつでもどこでも思い立ったらすぐにできる。相手もいらない。自分ではやりませんが、ゴルフをするとなると大変でしょう。仲間との日程の調整とか予約とか。よく知らないけど。行くのにもクルマで一時間以上かかったり。

楠木 ——**まあ、そうですね。**

手軽さでいえば、最強なのは空想ですね。

楠木　――はい。

楠木　空想となると、本もいらない。PCもタブレットもスマホも電源も何にもいらない。電灯もいらない。真っ暗闇でもOK。わりとエコ。いつでも、どこでもできる。しかもコストゼロ。完全に頭一つだけ。あとは時間さえあればいい。

楠木　――究極ですね。

楠木　究極です。日常性とか利便性という意味でいうと、読書は空想の次に強力。

楠木　――たしかにそうです。

楠木　僕のようなナマケ者にとってのボトムラインは空想。空想と比較してどれだけ面倒かという……。

楠木　――そこからなんですね。

楠木　ただし、空想と比べて読書はパフォーマンスがはるかに高い。僕の空想力ではこの年になっても結局のところスパイどまりですからね。パフォーマンスはたいしたことない。その点、読書はコストパフォーマンスが最強。もう現代社会の奇跡といっていい。

――昔は特権階級しか読めなかったわけですしね。

楠木　そうです。現代社会の到達した豊かさは読書に象徴されている。

楠木　――そうですね。

楠木　たとえば最近、堀田善衞・司馬遼太郎・宮崎駿の『時代の風音』という対談を読みました。超絶的な面白さですね。司馬さんは例によって神業的な洞察の連続攻撃。それを堀田さんの極上の知性が迎え撃つ。この二人のやり取りにつきあえるというのは、もうこの世のものとは思えないような、夢のような経験ですね。で、この対談をセットしたのが宮崎駿さんなんですよ。

――すごい豪華メンバーですね。

楠木 僕は一度だけ宮崎さんとわりと長めに議論をする機会に恵まれたのですが、とんでもない知性ですね。宮崎さんと対談した方はよく「三〇分の予定が一時間半になった」とかおっしゃいますけど、僕のときもそうでした。話がいくらでも出てくる。で、それがまた全部面白い。この宮崎さんが堀田さんと司馬さんに絡む。ところどころで出す質問が鋭くて、もうセンスありすぎ。この三人の賢者によるこんなに楽しくて、深くて、豊かな話に同席できて、費用が税込みで一〇五円（当時）ですからね。僕はこの本ブックオフで買ったんで。一〇五円でこの愉悦。夢でも見てるんじゃないかという話ですよ。僕に言わせれば、読書というのは、女好きの人が世界の大女優と取っ替え引っ替えデートしてるようなものです。それを現実にやったら一〇億五〇〇〇万円ぐらいかかる。ところが、本だとたったの一〇五円。コストパフォーマンスは超絶ですね。

――まさに奇跡的ですね。

楠木 だから読書なんです。

いつどこで読むのか

――わかりました。で、読書法の話ですね。

楠木　いつ、どこで読むのかと。

――そうです。

楠木　いつでもどこでも、ですね。

――もう少しお願いします。

楠木　仕事場以外だったら、どこでも読みます。前にも話したように、仕事場では仕事目的でいろんなものを読んでいますが、僕にとってそれは読書ではないんです。仕事場では「読書」を絶対しないようにしています。それをやりだすと職業生活に終止符が打たれるんで。

――仕事をしなくなると。

楠木　そうです。家で読むことが多いのですが、座っては読みません。横になります。ベッドで読むのが基本ですね。あとは寝椅子。休日になると下手をすると一〇時間以上ぶっ続けで読むから座っていると疲れるんです。寝椅子はル・コルビュジエのLC4（シェーズ・ロング）がベストというのが僕の結論。これは読書や映画や音楽鑑賞のためにあるような傑作です。背中の角度は地面に対して三〇度以下が読書の基本。

――自宅以外だとどうですか。

楠木 本を読むほかにやることがないような状態、たとえば新幹線の中とか飛行機の中は最高ですね。読みたい本があるときの出張だと移動がまったく苦にならない。

――これを読むぞ！ とか言って買い揃えたりしますよね。わかります。

楠木 人を待っているときもいいですね。待つのはイライラするという人がいますけど、本さえあればいくらでも待ちます。あと、一人で食事とかするときがあると、本を読みながら食べる。行儀は悪いけど最高のひととき。

――「ながら読み」ですね。

楠木 お手洗いやお風呂に入りながらはもちろん、歯を磨くときも必ず読んでいる。本を読みながら歯を磨きたい人は電動歯ブラシを使うといいですよ。手を動かさなくていいから、読みやすい。新聞を読みながら本を読むこともあります。

――それは珍しいですね。

楠木 「ながら読み」ということでいえば、本を読みながら本を読む。

――？

楠木 僕は脳への負荷別に重量・中量・軽量というふうに本を分けて、三冊ぐらいを並行して読むようにしています。たとえば僕の好きな日記モノでいえば、重量級は『ウィトゲンシュタイン哲学宗教日記』、中量級だと『ホーチミン・ルート従軍記』、軽量級だと『池波正太郎の銀座日記』みたいな取り合わせですね。高負荷の『ウィトゲンシュタイン哲学宗教日記』を三時間読んでいるとアタマが疲れるんですよ。素晴らしく面白いんですけど、いろいろと考えることがあってアタマが疲れる。で、息抜きに『ホーチミン・ルート従軍記』を読む。で、いよいよ疲れると池波先生の出番になる。池波ふうに言うと、（これがもうたまらない……）。

楠木　**――それが本を読みながら本を読むという。**

読書に疲れると読書をする。で、さらに疲れるとまた読書。で、疲れが取れるとまた読書。

――傍から見るとずっと本を読んでいるだけですけど。

楠木　僕の中でちゃんと脳への負荷のバランスを取っているんです。これをやらないと一〇時間連続で読み続けるのは難しいですよ。

――そうですね。本はどこで手に入れられるんですか。

楠木　行きつけの書店があって、定期的に通って、そこで実際に本を手にとって、じっくりゆっくり選んで買うというのが理想ですね。僕の好みでいえば、ありきたりですけど丸善丸の内本店。あの書店は世界的に見ても最高水準だと思います。ところが、毎日仕事をしていると、書店に行ってじっくり本を見る時間がない。だから、どうしてもアマゾンで買うことが多くなります。

――中古本も買われますか。

楠木 むしろ中古のほうが多いですね。安いから。そうなるとアマゾンがますます便利になる。ただし、僕がアマゾンに関して不満なのは、一冊本を買っても、場合によってはやたらと大きな段ボールの箱で届けられるというところ。あれはちょっとしたストレスになりますね。普通の袋か封筒で発送すればいいと思うんですけど、オペレーション上よっぽど難しいんでしょうね。中古本だとアマゾンで買っても出品業者から普通の郵便で直送されるので、箱を処理する手間がかからなくていい。

――古書店は?

楠木 仕事場が古書店街のある神保町駅の近くなのですが、学生の頃と違ってこのところは古書店を見て回ることはほとんどなくなりました。よく利用するのはブックオフですね。アマゾンとブックオフでは使い方が違う。アマゾンだと検索して目当ての本を探す。ブックオフがいいのは、事前に読もうと思っていなかったような本を手軽にバンバン買えることですね。発見がある。休暇で旅行に出るとなると、まずブックオフに行く。で、一〇五円の棚を中心に五〇冊ぐらい買い込んでトランクに全部詰め込んで持って行きます。僕が旅行するときは、身の回りの荷物を入れるトランクとは別に本用の小型トランクがあって、文庫や新書だとこれに五、六〇冊入る。

――で、向かう先は?

楠木 ありきたりですが、ハワイとか。朝からプールサイドで、重量級、中量級、軽量級の本を積んで、本を読みながら本を読む。読書に疲れると、五分ぐらい泳いで、また読書。昼も本を読みながらプールサイドでホットドッグとチップス。これがもう理想ですね。

――それ、わざわざリゾートに行く必要があるんでしょうか。

楠木　気候がいい爽やかなところで、ほかに何もやることがないという状態をつくっておいて本を読むというのが最高なんです。ムダで非効率なのが最高の贅沢。

――旅行に持って行く五〇冊はどうやって選ぶんですか?

楠木　こういうときの本選びの肝は先入観を持たないこと。大きめのブックオフの店へ行って、棚の端からガァーッと選びます。ハードカバーは重くなるので、新書とか文庫が中心ですね。で、旅行先では読み終わった本をほとんど捨てて帰ってくる。帰りは空いたトランクに旅行先で買ったものを詰めて帰る。

芸論と日記

――先生はフィクションよりノンフィクション派、なんですよね。

楠木　そうですね。この本でも書いたことですが、フィクションは自由度が高すぎる。ロジックなしのやりたい放題なんで、純粋エンターテイメントなどの場合、ハマるときは最高にトリップできる。でも、そこまで面白いフィクションはそれほどないんですよ。フィクションであれば、映画でもいい。フィクションの読書の難点は、面白ければ面白いほどアタマを使えないんですよね。没頭するから。その点、ノンフィクションはいくら面白くてもアタマが働く。というか、面白ければ面白いほどアタマが回りますね。

楠木 ――ノンフィクションで好きなジャンルはどういうものですか。

人間と世の中にかかわるものならばなんでも。僕みたいな読書志向の人の多くがそうだと思いますが、歴史物や社会評論、とくに人物論。評伝や自伝は大好きです。

楠木 ――たとえば？

評論や自伝のジャンルでたまらなく面白かったものをぱっと挙げると、白川静先生の『回思九十年』とか吉田茂『回想十年』、リ・チスイ『毛沢東の私生活』、ロバート・マクナマラ『マクナマラ回顧録』、カート・ジェントリー『フーヴァー長官のファイル』、ギュンター・グラス『玉ねぎの皮をむきながら』、エリック・ホッファー『エリック・ホッファー自伝』とか、この手のやつ。

楠木 ――もう少し狭くとると、先生にとってこれは！　というジャンルは何ですか？

僕がこだわって読みつづけているジャンルの一つは芸論です。その理由は本編の第21章で書きました。芸は特定の人に体化されるものなので、芸論は必然的に評伝や自伝になる。人物論の部分集合としての芸論ですね。芸論の傑作のごく一例は本文で紹介しましたが、誰もが認める最高傑作の一つはやはり世阿弥の『風姿花伝』。

狭い意味での「芸人」ではありませんが、谷川俊太郎・山田馨『ぼくはこうやって詩を書いてきた』も大傑作。僕はマンガを読みませんが、マンガについての評論を書いている竹熊健太郎の『マンガ原稿料はなぜ安いのか？』『ゴルゴ13はいつ終わるのか？』を最近読んで、大いに楽しみました。第一級の芸論ですね。

――海外のものでは？

楠木　洋モノでも芸論の傑作はたくさんある。ネルソン・ジョージの『モータウン・ミュージック』を読むと、芸の美しさ、爆発力、哀しさ、はかなさは、洋の東西を問わず普遍的なものだと痛感しました。興味があるトピックについては、裏を取るというわけではないですが、同じ対象について異なる人が書いたものを読むというのが僕の読書の基本です。モータウンにしても、創業者で社長だったベリー・ゴーディーの『モータウン、わが愛と夢』を併せて読むとずっとコクが出る。本人が書いた自伝と他者による評論を併せて読むのがベストですね。本人による『ウォーホル日記』とフレッド・ガイルズの『伝記　ウォーホル』とか。当然ですが、芸論はその人の芸が濃いほうが面白い。その点で、キティ・ケリーが書いたフランク・シナトラの評伝『ヒズ・ウェイ』はクラクラするほど面白かった。モータウンもので面白いのはマーヴィン・ゲイですね。シャロン・デイヴィスの『マーヴィン・ゲイ　悲しいうわさ』とデイヴィッド・リッツの『マーヴィン・ゲイ物語　引き裂かれたソウル』はどちらも秀作。この人に固有の文字通りの「マーヴィン芸」はもちろん最高なのですが、背後に非常に複雑な人格形成のプロセスがある。知れば知るほどわからなくなる人です。芸が濃いといえばエルヴィス・プレスリー。評伝も無数に出ている。エルヴィスは大好きなので、面白そうなものを二〇冊以上読みました。誰もが認める本格派評伝の決定版はピーター・ギュラルニックの『エルヴィス登場!!』と『エルヴィス伝』の二冊ですね。邪道を行くエルヴィス評伝としては、アラナ・ナッシュの『エルヴィス・プレスリー』が最高でした。

――芸論以外でこだわりのジャンルは何ですか？

楠木　これも広い意味での自伝になりますけど、日記です。なんで日記が好きなのかというと、その人や出来事の置かれている文脈がいちばんよくわかるからです。記述が時間軸に沿って配列されている。しかも記述の頻度が高い。些細な出来事までカバーされる。この三点が日記に固有の面白さです。些末なことまで含めて時間に沿って配列してもらうと、その人や世の中の文脈が頭の中で再構成しやすい。リアリティと迫力が違います。日本人ほど日記を読むのが好きな民族はいないと昔からよく言いますね。これは本文で取り上げた隈研吾さんの主張にあるように、日本人の思考や認識の方法が非常に文脈依存的だからではないでしょうか。僕もそうで、文脈がわからないと理解が腹に落ちない。

――私、日記ってどっちかというと苦手なんですよ。

楠木　文章としてはつまらないですからね。たとえば『佐藤榮作日記』。自由党幹事長に就任する直前の一九五二年から保守合同による五五年体制の確立を経て、六四年の首相就任、自派閥にいた田中角栄との熾烈な内紛、沖縄返還実現後の七二年の首相退陣から七四年のノーベル平和賞受賞まで、途中の数年が欠落しているのですが、二三年間をカバーする長大な日記です。この佐藤日記、文章内容はこれ以上ないほどつまらない。日々の出来事とちょっとした感想が淡々、ダラダラと記述されているだけです。だからものすごく面白い。

——どのあたりが面白いんでしょう。

楠木　どんな評論を読むよりも戦後日本の自民党政治、いわゆる五五年体制の体質が深くわかる。僕は政治学は素人ですが、佐藤日記をじっくり読むと、素人なりに現在に至る日本の政治の問題の根幹部分がヴィヴィッドに見えてくる。

——たとえば。

楠木　佐藤栄作は実にまめな人で、毎日日記をつけていた。もちろん全部の活動を記録しているわけはないのですが、書いてあることを見ると、とにかくゴルフ、派閥の会合、来客との面談、夜は料亭で懇談。その繰り返し。ゴルフと宴会、ゴルフと宴会ときちんと毎日記述している。何をやっているのかというと、ようするにひたすら権力闘争をしているわけですね。これは批判の意味で言っているわけではありません。佐藤が活躍した当時は戦後の平和を取り戻した後の高度成長期。福田赳夫のいう「昭和元禄」ですね。当時の政治リーダーの日常をみると、いくつかの外交上の決断はありましたが、内政については五五年体制がいかに「政治決断」を必要としていなかったかがいやというほどよくわかる。政治指導者がひたすら権力闘争、しかも自民党という絶対的な与党の中での権力闘争に明け暮れていても世の中が回っていった。政治というのは、基本的には資源配分の問題ですね。有限な資源をどうやって配分するのか。しかも、企業経営と違って、ターゲット顧客の設定ができない。日本国民全員を相手にしなければいけない。そこに政治決断とリーダーシップが必要になる。ある意味では企業経営における意思決定よりもよっぽどタフな仕事。政治的な決断というのは「妥協の芸術」です。企業経営者としての経験を売り物にして、選挙のときに「政治に経営者感覚を！」とかいうメッセージを出す候補者がいますが、僕はああいうのをあまり信用しない。政治と企業経営は別ものです。高度成長期の日本では税収がほうっておいてもどんどん増える。こういうリソースがあり余っている状況では政治的な決断がそもそも必要とされない。政治が有限の資源の配分の問題になっていないわけです。政治主導でいくよりも、むしろそれぞれの分野を知悉した優秀な官僚に任せるのがベリーベストの選択だった。

——今の政治家には許されない日常ですね。

楠木　「決められない政治」が改めて問題になっているわけですが、そうした日本の政治状況の原点が佐藤日記を読めばリアルに理解できる。面白くもなんともない小さな事実の積み重ねに迫力があるんです。それもこれもこの本が日記という形式で二三年間にわたって時間軸で配列されているからこそ。日記に固有の面白さですね。

文脈理解の醍醐味

――政治家以外の日記はどうですか？

楠木　文脈の理解という日記の強みが全開になるのが、戦時下の日記。僕はもちろん戦争を経験していない世代です。当然のことながら、僕も戦争だけはやめてほしいと願っているクチです。でも、いつの時代も世の中のほとんどすべての人がそう考えている。それでも戦争になる。「戦争反対！」と言い続けているうちに戦争が始まる。

――具体例でいうと？

楠木　超絶的に最高なのが『古川ロッパ昭和日記』。これは芸論と日記の完全な合わせ技という、僕にとってはスイートスポット直撃のありがたいことこときわまりない本。「今まで読んだなかでいちばん面白かった本を選べ」という無茶な質問をされたら、『古川ロッパ昭和日記』を選びますね。戦前の昭和九年から晩年の三五年まで、二段組みの小さな活字びっしりのハードカバーで四巻にわたる長尺ものです。この日記の存在はずっと前から広く知られていましたが、長いこと著者のご遺族の手で保管されていて、なかなか世に出なかった。だから出版されたのに気づいたときはもう大喜びで買って読みました。読み始めたらもう止まらない。この本を読んでいたときにちょうど娘の受験の合格発表がありまして、僕が見に行くことになっていました。早く着いたので、学校の近くのホテルのラウンジで時間つぶしをしようと思って読みかけのロッパ日記を開いたのですが、読み始めてしまうとどうにもやめられない。そのままロッパを読み続けて、気づいたときには発表時間を大幅に過ぎていた。合格していたのですが、あんまり電話が来ないものだから、家では心配していたらしい。

――ひどいですね。

楠木 「ごめんごめん、ちょっとロッパでトリップしていた」って言ったら、怒られましたけど。もうとにかくこんなに面白いものがあるかっていうぐらいロッパ日記は面白い。本文でも書いたように、ロッパは昭和を代表する大喜劇人です。戦前の黄金時代は有楽町の劇場に連日出ているんです。それを読むと当時の都市型ライフスタイルは今とあまり変わらなかったということがよくわかります。ないのはインターネットと iPhone ぐらいであとはまったく同じ。もちろん昭和一〇年ぐらいになると、人々は戦争の危機は感じている。それでもまだ現実的でない。都市部の会社員はけっこう豊かで、おしゃれをして銀座に行って、洋食屋でガールフレンドと一緒にビーフカツレツとか食べて、ロッパの喜劇を見にいって、そのあとフルーツパーラーでお茶をして、地下鉄で帰る。小説になりますが、直木賞をとった中島京子の『小さいおうち』は、プロットの設定も含めて、この辺を抜群に上手に再現しています。ロッパは東京の男爵の家に生まれ、豊かに育った挙句に非常に趣味的な成り行きで芸能界の大スターになった人でして、そういう昭和初期の享楽的な生活のど真ん中にいたわけです。ロッパのような東京の大正育ちは、明治を生きた親の世代にさんざん説教されている。豊かさに浮かれてフラフラ遊んで、何が面白いだの、何がおいしいだの、どういう服がかっこいいだの、そんなことでどうするんだと。明治の人間が困難を踏み越えてきたその肩の上でお前らが呑気に遊んでいるんだ、明治の蓄積があってこその今の繁栄であるということを忘れちゃいけないよ、と諭されている。

――どの世代も自分たちは苦労したって言いたがりますからね。

楠木　開戦直前の東京においてさえ、やっていることも言っていることも今と同じなんですよ。そのうちに戦争になるかもしれないという話がいろんな新聞に出てくる。でも、だから、「ヤバいな、戦争かよ……」ってみんなぼんやりと心配している。でも、ロッパは毎日舞台に立ってワンワンやっているし、お客さんも全然減らない。それまで通りの日常を暮らしている。で、昭和一六年に太平洋戦争が本当に始まった。ロッパ日記に限らず、当時の日記を読んでいるとほとんどに共通しているのですが、もうそのときの日本中の人々の高揚感というのがすごいんです。アジアの強国として出る杭は打たれる。帝国主義でさんざん好き勝手をしてきた西洋の国がＡＢＣＤ

包囲網なんかつくって日本を追い詰めたりしてとんでもない筋違いだ……という話で、当時の日本人は主観的には我慢しているというか、鬱屈した気分があった。実際、東京で暮らしていた人たちはあまり我慢なんてしていないわけですが、気分的には面白くなかった。それがついに開戦だ、われわれの立つ日が来たといって盛り上がる。そのあと南方進出して、連日連戦連勝で提灯行列。

――ワールドカップのような……。

楠木　そう。最初はそれに近いものがあったみたいですね。ミッドウェーで大敗したりして、戦況が悪くなっていくニュースは国民には知らされませんでしたが、東京にいる人たち、とくにロッパのようなインテリにはなんとなくはわかっていたと思います。でもそれはそれ、ということで、戦争に出ている現場の人は別にして、銃後の生活者はそれぞれの日常を普通に暮らしているんですよ。この普通ぶりがすごい。

――それ以外、やりようもないですし。

楠木　昭和一七年、一八年ごろもまだ「ヤバい、大変だ」と言いながら、東京では普通に暮らしている。ところが昭和一九年に入って、本土が直接攻撃を受け始めます。最初の空襲のころは、爆撃機が一機、ウーッて来ただけで、もう怖くって仕方がない。当たり前ですよね。防空壕の中で心臓が止まりそうになるほどみんな怯えている。ところが、人間の適応力というのはすごいもので、三カ月もするともうみんな空襲に慣れている。連日のことなんで、空襲ズレするんですね。空襲警報が鳴っても平然としている。面倒くさいから防空壕に入らない。ダァーンと焼夷弾が落ちるとそれでタバコに火をつけたりして、「きょうはもうそろそろおしまいでしょうな……」なんて話をしている。この辺の三カ月の間のある意味で急速な、しかし実際は徐々に起こる変化というのが日記でないとなかなか追体験できない。開戦までの人々の普通の生活、開戦直後の全国民的な昂揚感、そのあとの情報統制による漠然とした不安、空襲後の人間の驚くべき適応力。この辺の時系列の世の中の微妙な変化や人々の心理状況は日記でないとわからないんです。

――なるほど、それが文脈を知るということですね。

楠木　日記を読むと、そういうことがリアリティをもって迫ってくるんです。で、さらに面白いのは、大正生まれの享楽的で根性なしだと親の世代から小言を言われていた世代が、その後の日本の戦後復興を担っていく。明治の苦労を知らないと軽く見られていた世代が、戦後日本の復興をリードしていくわけです。人間がいかに環境適合的な生き物かということがわかる。幸いにして日本はその後、少なくとも直接的には戦争をしていない。これは素晴らしくもありがたいことです。自分を振り返っても、世の中が平和だからこそ、僕もこうして呑気な生活を続けていられる。戦争だけは勘弁してほしいと思う。じゃあ、戦争を起こさないために、個人として世の中をどのように見て、何を考え、どう行動すればいいのか。僕なりに考えることがありますが、こうしたことを考えるうえでもっとも多くを学んだのは、生活者として戦争を経験した人のさまざまな日記からです。最初に読んだのはご多分に漏れず『アンネの日記』ですが、日本人の日記でも、清沢洌『暗黒日記』や高見順『敗戦日記』はもちろん、徳川夢声の『夢声戦争日記』、山田風太郎の『戦中派虫けら日記』『戦中派不戦日記』、内田百閒の『東京焼盡』、こうした日記は絶品です。山田風太郎の戦時下の日記を読むと、時空を飛び越えて、「ああ、戦争はこうして始まり、世の中の人々はこういうふうに受け止め、戦時体制に組み込まれていくのか」ということが手に取るようにわかる。若い読者にぜひ読んでもらいたいですね。

日常生活のルーティンに学ぶ

——時代もそうですが、人間も日記にそのまま出ますね。

楠木　人間の面白さということでいえば、『ウィトゲンシュタイン哲学宗教日記』なんて最高に面白い。やっぱりどこかでウィトゲンシュタインって読んでおかなきゃって思うでしょう。

——はい。でも挫折しました。

楠木　僕ももちろん挫折しましたよ、『論理哲学論考』。読んでもわけがわからない。で、いろいろと解説書や入門書も読みましたけれど、やっぱり難しい。ところが『哲学宗教日記』を読んで、「あー、なるほどね……」と何となくわかるものがありました。本当はわかっていないんですけどね。いずれにせよ、とんでもない人ですね、ウィトゲンシュタイン。やっぱり日常の記録というのがいちばんその時代の真実とか、その人間の本質をあらわしていると思うんですよ。もう一つ日記がいいのは、その人の生活ルーティンがわかるところ。

――生活ルーティンといいますと？

楠木　その人の毎日の生活において繰り返し現れる物事のやり方、ですね。朝起きてから寝るまで、人間の生活は意識的か無意識かにかかわらず、さまざまなルーティンで出来上がっています。僕はこの生活ルーティンにわりと興味がある。組織能力の戦略論でもそうですが、企業や人の能力にしても、「継続は力なり」というように、日々の習慣的な行動の産物ですね。日常の生活ルーティンにその人の持ち味や能力の正体がある。ごく細かい話でいえば、挨拶の仕方、食事の仕方、メモの取り方、一挙手一投足にその人の本質が反映されている。

――具体的な例で説明してください。

楠木　これは読書の話ではないですけど、僕の仕事の方面でいえば、たとえば戦略論の大御所のマイケル・ポーター先生。傍から見ていて気づいたのですが、何かディスカッションの席とかで紙の資料が出てきますね。で、話が終わるとポーター先生は必ず必要なくなった資料をまとめて破るんですね。はい、おしまい、もういらない、ということでスカッと破る。で、すぐに捨てる。で、次の仕事にスイッチ。これ、なんだかニュアンスとしてポジショニング的でしょ。これが組織能力を重視する人だととりあえず資料をとっておくような感じがする。本文でも書きましたが、藤本隆宏さんの仕事場は資料が堆肥のように積み重なっているそうですけど、こうしたスタイルはわりと能力構築を重視する藤本さんの議論を髣髴とさせる。ま、こうした断片だけをバラバラにみていてもわかりませんが、日記を読めば生活ルーティンをかなり包括的に知ることができる。その人の正体がわかりますね。

――先生ご自身はどうなんですか?

楠木　ここでお話ししているような読書のスタイルにしても生活ルーティンの一つなんですけど、僕は自分のルーティンに自覚的なほうですね。意識しているかどうかは別にして、どんな人にも生活のルーティンがあるのですが、僕はルーティンを意識しながら練り上げていくのに喜びを感じるタイプ。ド中年になってからはとくにそうですね。人間の成熟は生活ルーティンの錬成にあるというのが持論なんです。話を日記に戻すと、『池波正太郎の銀座日記』、これは池波正太郎の練りに練られた生活ルーティンの記録ですね。池波さんのあの豊かな仕事と生活が極上のルーティンに支えられていたということがよくわかります。読んでいてひたすら面白いし、勉強になる。

――日記を読むのは先生にとって生活実用的な面もあると。

楠木　僕は本を読むと、わりと現実の生活に取り入れたくなるほうなんです。たとえば、ジェフリー・アーチャーの『獄中記』三部作。アーチャーは二〇〇一年から二年間収監されているんですね。この人の小説ももちろん面白いのですが、この詳細きわまりない獄中の日記を読むと、アーチャーの人となりがよくわかります。で、実用的な教訓を得たのは、最初の「地獄篇」に出てくる話。彼は二時間書いて二時間ほかのことをする、このワンセットを繰り返すというスタイルで仕事をしていたらしい。で、獄中でもこのルーティンを続けるんです。ずっと書き続けていると書いているものを客観的に見られなくなるんで質が落ちる。だから二時間で区切って、一度書いているものから離れる。で、二時間寝かせてまたとりかかる。なるほどなと思ってさっそく取り入れてみると、これが実にいい。ま、アーチャーと自分を比べるのもちょっとアレですが、僕も書く仕事のときは二時間一セットでやるようにしています。

ズルズル読み

――読んだ本のリストを見ると、かなり同じ著者のものや同じテーマでまとめて読んだりされていますよね。計画を立てて、系統的に読まれるのですか。

楠木　ああ、それはある本を読んで面白いと思うと、そこからの連想というかつながりで次々に読んでいくからそう見えるだけです。私的専門用語でいう「ズルズル読み」。芋づる式に読んでいくという、よくある読書法ですね。計画的に読むことはありません。

――先生の芋づるは異常に長いですよね。

楠木　最近の例でいうと「ウォーホル・ズルズル」。たまたま何かのきっかけで、アンディー・ウォーホルの『ぼくの哲学』を読んだ。それで、そういえば昔読んだパット・ハケット編『ウォーホル日記』が面白かったことを思いだして読み直した。これは日記であり、ある意味ウォーホルという二〇世紀の特異な「芸人」の芸論でもありますから、僕の好みのど真ん中。で、再読しているうちにズルズルのエンジンがかかって*Warhol Polaroid Portraits*に行った。次がジーン・スタインの*Edie: An American Biography*ですね。当時のウォーホルは自分のスタジオのことを「ファクトリー」と称していて、そこに奇妙奇天烈《きてれつ》な人々が出入りしていた。その中にイーディ・セジウィックという数奇な人生を歩んだモデルがいた。当時のウォーホルの創った「スーパースター」。この人の評伝ですね。イーディは生まれも育ちも決して「普通の人」ではないのですが、それでも急に世の中の注目をあびてしまうと、人間は耐えられなくなって変なことになる。その崩壊ぶりが凄まじい。で、ここからの連想がジョン・ベルーシ。彼も突然スターになって自己破壊的な顛末をたどりましたね。

――コメディアンですね。

楠木　ええ。「サタデーナイトライブ」や映画『ブルース・ブラザース』のベルーシが大好きなんですよ。

――『ブルース・ブラザース』、いいですよね。

楠木　で、『ベルーシ最期の事件』を読む。

――あの人も結局最後は薬でした。

楠木　こんなふうに、ウォーホルが面白いなってことになると本人の日記に始まって複数の評伝を読む。合わせ技で映画も観る。ベルーシに寄り道した後、ウォーホルに戻って、名作評伝、フレッド・ガイルズの『伝記　ウォーホル』を読む。で、イーディをモデルにした映画『ファクトリー・ガール』を観て、そのあとにウォーホルやイーディとつるんでいたトルーマン・カポーティの評伝映画『カポーティ』にいく。そういえば、ジョージ・プリンプトンが書いたトルーマン・カポーティの評伝も面白かったな、っていうんで読み直して、ジェラルド・クラークがまた全然違ったトーンで評伝を書いているんでそれも読んで裏を取る。で、カポーティ本人の小説もいくつか読み返す。晩年の『カメレオンのための音楽』や『叶えられた祈り』ですね。ズルズル読みの途中で前に読んだ本を読み直すと、著者や著者をとりまく状況、時代背景がよくわかるから、また違った味わいがある。

――ウォーホルから完全にカポーティにシフトしていますね。

楠木　でも、まあこの二人は非常に似た人たちですね。ですから仲良くなったし、お互いのイヤなところがよく見えるから仲違いもする。ウォーホルとカポーティを交互に読むとその辺のいきさつが面白い。で、カポーティの本の中に彼の宿敵のゴア・ヴィダルという小説家が出てくる。で、「そういえば、ゴア・ヴィダル、昔読んだな」と思って、川本三郎の書いた『スタンド・アローン』というヴィダルの評伝に寄り道する。で、カポーティに戻ってローレンス・グローベルの『カポーティとの対話』。このズルズル読みは本で一五冊、映画で三本。これがまあ普通のパターンですね。

楠木 ――長いですよね。普通は芋づるといっても五冊ぐらいで飽きて終わりますが。

なんかの機会に突然終わるんですよ。このときは『カポーティとの対話』でぴったと終わりましたね。

楠木 ――「サブカル・ズルズル」っていうのも結構長く続きましたよね。

僕、もともとナンシー関が好きで、夏にヨーロッパに行ったときに何冊かトランクに入れて持って行った。その中にあったナンシー関とリリー・フランキーの『小さなスナック』っていう本が面白くて大笑いした。リリー・フランキーは小説の『東京タワー』しか読んだことがなくて、そっちのほうはあまりピンとこなかったのですが、この人は雑談の天才ですね。ナンシー関とリリー・フランキーのとりあわせは最高。二人とも言語的な反射神経がすごい。会話の至芸を楽しみました。で、リリー・フランキーの話によく出てくる吉田豪という人がいる。この人の本を読んでみたくなって、『元アイドル！』『人間コク宝』『男気万字固め』『豪さんのポッド』『電池以下』なんかを続けて読んでみたらまたこれがとんでもなく面白い。吉田豪はインタビューの名人ですね。ものすごくアクの強い人にインタビューするのが最高にうまい。

――たとえばどんな？

楠木　角川春樹さんとか。吉田豪による角川春樹のインタビューはあまりの面白さにぶっ飛びました。で、当然、角川春樹『わが闘争』を読む。これがまた希代の奇書でして、凄まじい内容。で、そこから角川春樹・石丸元章『生涯不良』、福田和也『春樹さん、好きになってもいいですか。』と続く。角川春樹の句集も読む。さらには、春樹さんの娘にKei-Teeという人がいるんですが、その人の『セレブの血』も読む。吉田豪から派生したもう一つのズルズルに水道橋博士の『本業』という秀逸な書評集があって、ここからビートたけし『漫才』、杉田かおる『すれっからし』、哀川翔『翔、曰く』と続き、最後はまた『ナンシー関大全』に戻ってきたりして、数えてみたら、『小さなスナック』から始まるこのズルズル・シリーズで読んだ本は三八冊でした。アマゾンで買うのが多いのも、このズルズル読みに向いているからですね。

――長いですね。そこまでズルズル読みする原動力はなんですか？

楠木　ま、ありていに言えば好奇心ということになりますけど、僕の場合、それは「知識欲」というのとはだいぶ違う。「森羅万象について知らないことを知りたい」という意味での知識欲はむしろ乏しいほうですね。知識や対象そのものよりも、その背後にある論理にむしろ関心がある。だから自然科学モノとか、ダメですね。ブラックホールが大きくなってるとか、超ひも理論とか。

――ポピュラーサイエンス系ですか。

楠木　ときたま読むんですけど、科学的な知識がないから、自分で論理を追っていくことができない。だからサイエンス系ではトリップしにくい。僕は世の中に生きている人間が織りなしているロジックみたいなものを、追っていくのが好きなんですよ。たとえば角川春樹の面白さ。それはもう強烈で大変な人ですけれども、僕にとっての面白さは、彼の突飛な行動の背後にあるロジックにある。書いているものを読むと思考も行動もハチャメチャなんですが、そうでいながら、だからこそ、かもしれませんが、経営者としても大変な成果を出した人です。経営者として脂がのっているときに、彼が角川書店でやったことは戦略ストーリーとして最高ですよ。さらに俳人としての角川春樹がいる。僕のようなド素人がみても一目瞭然の大変な才能ですよね。こうした角川春樹のさまざまな顔がどういうロジックでつながっているのか。そこに僕の興味と関心がある。ま、凄すぎる人なんで、結局のところよくわからないのですけどね。

「特殊読書」の愉悦

――あくまでも人間にご興味があるということですね。

楠木　そう。だからイヤな本も大喜びで読みますよ。

――イヤな本？

楠木　私的専門用語でいう「特殊読書」。つまらない本とイヤな本は違うんです。つまらない本は読まないに越したことはない。僕は読み始めてもつまらないとすぐに読むのを止めますね。でも、イヤな本は面白い。全然自分と考えや意見や好みが合わなくても、そういう人が思いっきり熱く主張している本を読むのが嫌いじゃない。というか、わりと好き。これが特殊読書で、なんでこんな主張になるのかなとか、なんでこんなことに熱くなってるのかなとか考えながら読むのがたまらなく面白い。「うわー、こんなこと言ってるよ、最悪！」となったあとで、「なんでそういう考え方になるのか」というのを読み解いていく。だから書かれていることがイヤなことでも、その背後にあるロジックを勝手にこっちが汲み取れれば、妙に楽しめる。

――たとえば？

楠木　日記ものでいうとスーザン・ソンタグ『私は生まれなおしている』とか、最近読んだのでいうと小谷野敦『もてない男』とか。もちろん良し悪しではなくて単なる僕の個人的な好き嫌いに過ぎないのですが、スーザン・ソンタグとかは、とにかくありとあらゆる面で僕にとってはイヤな感じなんですよ。だから特殊読書としては最高に面白い。

――でもイヤな本の話って面白いですね。特殊読書棚を見ると自分というものが見える。

楠木　過剰な自慢話も大好きですね。いや、大嫌いだから大好きなんですけど。昔の石原慎太郎の小説は今読んでも面白いんですけど、イヤなのはエッセイですね。『わが人生の時の人々』とか読むと、過剰な自慢と自意識に辟易する。で、「これはちょっと面白すぎて処分できないな……」ってキープ。イヤな感じになりたいときにいちばんイヤな部分を読み返したりする。

――何か引っ掛かりがあるんですよ。興味ないものはイヤじゃないですから。

楠木　僕にとって特殊読書の原点は本多勝一の一連の評論ですね。最初のきっかけは『貧困なる精神』シリーズや、『殺す側の論理』『殺される側の論理』『NHK受信料拒否の論理』のあたり。とにかく意見が合わないわけです。でも、自分と正反対の主張を、あれほど全力でエネルギッシュに訴えられると、どうしてこういう考えを持つに至るのか、その背後に何があるのか、非常に面白い。僕は大江健三郎の小説や評論はあまり好きではありませんけど、それにしても本多勝一の憎悪と執念全開の大江批判、『大江健三郎の人生』や『文筆生活の方法』を読むと、何がここまでそうさせるのか、面白すぎて止まりませんでした。

楠木　**――すごく好きだった人が、どんどん変わっておかしくなっていくのを見ているのとも通じるところがありますね。**

楠木　ああ、なるほど。「こんなになっちゃったよ……」みたいな？

楠木　**――私は好きだった書き手が嫌いになっても、読み続けます。**

楠木　それ、特殊読書ですよ。

楠木　**――この人、どのあたりからおかしくなってきたのかなあとか思いながら。**

楠木　メジャーどころだと、村上春樹の小説で『世界の終りとハードボイルド・ワンダーランド』は本格的な小説として大変なものだと、学生のころ読んでびっくりしたんですよ。

楠木　**――超名作だと思います。**

楠木　これはすごいのが出てきたなと思って。そのあと『国境の南、太陽の西』っていうのを読んだら……。

楠木　**――あれは……二回読みました。何かの間違いじゃないかと思って。**

楠木　僕も驚いて腰を抜かしました。何かあったのかなって考えちゃいますよね。なんでこうなっちゃったのかな、なんでこんな小説を書くのかなという人間に対する関心なんですよね。

イノセン場とスナック

――大量に読むとなると、すぐ本があふれてしまうと思うのですが。

楠木　いや、僕はたいして本は持っていません。読んだ後は可及的速やかに処分します。基本的に一〇冊中九冊は処分しますね。ただし、読み終わったら、何の本をいつ読んだかを必ずメモするようにしています。そうでないと忘れてしまうから。この数年は読んだ本の書名と著者名と一言コメントをツイッターに書き込んでいます。そうすると時系列で自分にとってのメモになるし、「そういうのが好きだったら、こういう本も読んだらいいよ」という反応もたまにあっていいですね。処分してしまった本をもう一度読みたくなることも多々ありますが、そういうときは中古で買い直す。

――置き場がなくなりますものね。

楠木　読むときにはイノセン場に一〇冊ぐらい持ち込みます。

――イノセン？　イノセント？

楠木　私的専門用語なんですが、「命の洗濯」。読書は僕にとって最高のイノセンですからね。イノセン場というのはようするに自分の寝床。ベッドサイドにだいたい一〇冊ぐらい置いといて、三冊から四冊を並行して読んでいきます。

楠木　――脳みその負荷別に重量級、中量級、軽量級と分けて……。

楠木　で、読書においてとにかく大切なことはトリップすること。自分がそこに行ってしまったような感覚ですね。トリップには二種類ありまして、物語やドキュメンタリーのように、自分が書かれている舞台に入り込んでいくような感覚、たとえばさっきの昭和二〇年ごろの東京が大空襲にやられているころに自分が生きているような感覚ですね。もう一つは対話トリップです。さきほどお話しした、宮崎駿さんが仕切っている司馬遼太郎さんと堀田善衞さんの対談に僕が四人目の参加者として参加しているみたいな。こういうのが僕にとって理想的な読書なんです。きちんと座って読むとトリップしにくい。あと、スナック。

――食べるんですか？

楠木　スナックを食べながらただ横になっているって、体には悪いことなんですけど、トリップするには最高なんです。いちばんいいのはフラのマウイチップス・サワークリーム味。トリップの友。

――銘柄特定なんですか。

楠木　ええ。これがね、一袋七〇〇キロカロリーほどあるんですけど。

――軽く一食ですね。手がベトベトになって本が汚れませんか。

楠木　本を処分するぐらいですから、モノとしての本にはこだわりはまったくありません。お風呂に持ち込むからすぐにシワシワになるし。本を読みながらメモやノートをとることもないですね。トリップの邪魔になる。ただ、これはと思う箇所には鉛筆やペンで一言書きこんだり、マーカーで線を引くとか、付箋を貼っておく。トリップ最優先。いちばんトリップしやすい環境づくりにこだわりますね。仕事ではノートをとって読みますけど。

なぜ読むのか

——最後になりましたが、なぜ本を読むのかという根本のところをお話しいただけませんか。

楠木 僕、前々から不思議だったんですが、「ああ、体、動かしたい！」とか言う人がいるでしょう。スポーツ好きの健康的な人で。「いい汗をかきたい」とか「あしたは野球だ！」とか「週末はトライアスロンだ！」とか。

——はい。フットサルとかもですね。

楠木 これがすごく不思議で。ただね、なんとなく類推するのは、僕の場合、アタマを動かしてないとすごく動かしたくなるんですよ。たとえばたわいのない雑談が延々と続いたり、単純なエンターテイメントの映画を長々と観たりしていると。

——「ああ、アタマ動かしたい！」ってなるわけですね。

楠木 で、本を読む。対象は何でもいいんですが、アタマを動かして、自分なりのロジックで「なるほど、ようするにこういうことか」と手前勝手に納得できると、スカッとするんですよ。この本の『日本の喜劇人』のところで、由利徹がくだらないことを繰り返しやるのは、人を笑わせることに対して本能的に執着していたからだという話がありましたでしょう。お腹が減ったらご飯を食べるとか、眠かったら寝るとか、そういうレベルで彼は人を笑わせていた。人を笑わせるということに対して「こんなに気持ちいいもの、どうしてやめられるか」という喜劇人としての生理的な喜びがあったんでしょうね。僕は読書については、わりと由利徹状態なんですよ。スポーツで体を動かしてスカッとしたいというのも、読書でアタマを動かしてスカッとしたいというのも根っこはおなじ本能的なものなのかなと。

――生理的に気持ちいいと。

楠木　そう。スカッと爽やか。僕のように怠惰な人間は、知らない人に会うのも疲れるからいやだし、だいたいそこまで歩いていかなきゃいけないのがもうダメで。でも、世の中と人間には興味がある。たとえば僕が大学生の頃、かつての新左翼運動に非常に興味を持ったんです。普通の感覚ではまったく報われないことに生死をかける。内ゲバとか完全な殺し合いですからね。なんでそういうヘンなことをするのかな、という不思議な気持ちがした。最初は立花隆の『中核VS革マル』ですね。で、初期のブントや全学連の話から始まって、連合赤軍関連の本を読む。この辺は主要関連人物の手記や日記や評伝や遺稿が大量に出版されていますね。労働運動だと千葉動労とか。世の中は七〇年代とか八〇年代くらいになるとわりと豊かになっていたのに、なんでまだこういう活動にのめり込んでいる人たちがいるのかということに関心があった。途中からターボがかかって、大学院生のころは徹底的に新左翼系の本を読みまくりました。『前衛』と『解放』とか、中核派や革マル派の機関誌も読んでいた。

楠木 **――リアルタイムで?**

そうです。神保町の左翼系の本屋で買っていました。本屋を出たところで、「君、よく会うね。ちょっと話をしようか」って活動家に声をかけられてオルグされかけたこともあります。

――で、どうしたんですか?

楠木 「いや、面白くて読んでいるだけなんで」って断りましたけど。みんなが当時ディスコで踊ったり、ウォークマンでユーミンを聴いている時代に、「革命だ!」とか言って殺し合いをするというのはいったいどういう成り行きなのかと。そういう行動をとっている人たちの論理を内在的に理解したかった。「何やってるの?」「何考えているの?」じゃなくて、「なんでそう考えるの?」というほうですね。

――ナニではなくナゼですね。

楠木 そう。知識を増やしたいっていうんじゃなくて、論理に触れたいんですよね。それがやっぱり僕の読書欲求の中核にある。それはもう動物的な欲求に近いのかなと。

僕の尊敬する植木等先生の名言じゃないですけど、「わかっちゃいるけどやめられない」ってあるでしょう。パチンコとか賭け事とか。スポーツだったらランナーズハイとか、ようするに本能的に気持ちいいという感覚。それが僕にとっては読書なんです。

――リーダーズハイですね。

楠木　あと、前にも話しましたが、圧倒的な便利さ、コストパフォーマンスですね。時間、空間をタダ同然で飛び越えられる。空想もいいのですが、でもあまりに空想ばっかりやっていると社会人としていかがなものかなという。あのまま今に至るまでイワイワ団が続いていたら、ヘンリー・ダーガーの「ヴィヴィアン・ガールズ」になっちゃう。そういえば、ジョン・マグレガーの『ヘンリー・ダーガー　非現実の王国で』*はとんでもなく面白いですよ。ダーガーのように底抜けに不思議な人でも、評伝を読んでみるときちんと彼なりの論理がある。それが面白い。でも空想は一日一五分まで。それ以上やるとわりとダーガー化してヤバい。

――確かにそれはヤバいです。

楠木　だから読書です。どこにでも行ける。誰とでも会える。話ができる。本田宗一郎や司馬遼太郎とも真正面で対話できる。こんないいことって、他にありますかっていう話ですよ。角川春樹さんとも会えるんですよ。しかも実際に会わなくていい。最高です。

＊孤児として育ち、天涯孤独の人生を送った異色のアーティスト。六〇年ものあいだ、誰にも知られず長編小説『非現実の王国で』を執筆。「ヴィヴィアン・ガールズ」は、その主人公である少女戦士。死後、アパートの大家によって作品が発見された。

解説

出口治明

これは、紛れもなく格闘技である。一読して、そう思った。

二十二冊の本が取り上げられて、一見、書評という体裁をとってはいるが、立ち現われてくるのは、楠木建という個性豊かな研究者が、体臭をムンムン発散させて、広いリングを縦横に動き回り、汗だくになりながら、相手（読者を含む）に的確なストレートパンチを浴びせ続けている姿である。まことに小気味が良い。江戸っ子の面目躍如たるものがある。

各章のタイトルの付け方に著者の個性が表れているが、著者のスタンスは自著『ストーリーとしての競争戦略』を引いた序章「時空間縦横無尽の疑似体験」に余すところなく述べられている。一言でいうと、戦略の構築にはスキルとセンスが必要だが、この両者はまるで異なる能力であるということだ。

スキルの種数（ファイナンスや法律など）は多岐にわたるが、それぞれのスキルについて定義がなされており、身につける道筋も用意されている。一方のセンスはスキルと真逆である。定義も容易ではなく身につけるための定型的な方法もない。

センスとは「文脈に埋め込まれた、その人に固有の因果論理の総体」を意味している。センスを身につけるには「疑似でもいいから場数を踏む」以外に方法はない。シャドーイング（鞄持ち）もいいが、読書はもっとも「早い・安い・美味い」方法だ。そして、フィクションよりもノンフィクションが向いている。なぜなら具体的な事実のほうがロジックが強いからだ。

かくして本書が執筆されたのである。

第1章「疾走するセンス」では、井原高忠の『元祖テレビ屋大奮戦！』が取り上げられる。井原は何でも「格好から入る」。仕事は「まずはテメエがその気にならないと駄目だから」。戦略ストーリーをつくる立場にある人は丸ごと全部を動かせる「独裁者」である必要がある。戦略全体の合理性は、部分の合理性の単純合計ではなく、部分は全体の文脈のなかに置いて初めて意味を持つからだ。

第5章「情報は少なめに、注意はたっぷりと」は、内田和成の『スパークする思考』がターゲットだ。ノーベル賞学者、ハーバート・サイモンは「情報の豊かさは注意の貧困をつくる」と述べたが、情報と注意はトレードオフの関係にある。情報は「集めるな」「整理するな」「覚えるな」、仕事の本丸はアウトプットにあり、情報の収集や整理ではないのだ。究極の情報整理は情報を遮断することなのだ。

第6章「「バック・トゥー・ザ・フューチャー」の戦略思考」では、石原莞爾の『最終戦争論』が相手となる。ホットなパッションとクールなリアリズムが拮抗していた桁外れの石原は、また徹底して歴史に学ぶ人でもあった。「歴史は文脈に埋め込まれたロジックの宝庫である」。この著書の一文は、歴史の定義のひとつとして、おそらく世界に通用するだろう。

第8章「暴走するセンス」は、石井妙子の『おそめ』だ。著者は、「商売と競争のすべてがここにある。一読して唸る傑作である」と指摘する。祇園の芸妓、おそめが京都に開いたバーは超一流の客を集めて大繁盛した。白拍子のようなおそめは天性のプレーヤーだったのだ。勢いの赴くまま、おそめは銀座に出店。瞬く間に「エスポワール」と並ぶ夜の銀座のチャンピオンになった。しかし、凋落もまた早かった。天然モノの天才、おそめは自分の商売を客観視することがまるでなかった。「ブレーキがきかんのどす」と自ら述べたおそめは自滅行き暴走特急に乗っていた。加えて、天才プレーヤーに依存しないで店を回していく新しいビジネスモデルが銀座に持ち込まれたのである。『おそめ』が教えてくれるのは、商売の理屈で割り切れない部分の重みである。

第12章「俺の目を見ろ、何にも言うな」は、「おっかないジジイ」ハロルド・ジェニーンの『プロフェッショナルマネジャー』を取り上げる。「セオリーなんかじゃ経営できない」と豪語するジェニーンは地に足がつきまくっている超リアリストで、自分のアタマで一〇〇％納得できることしか話さない。

たとえば大企業の経営には企業家精神など必要ないのだ。経営は成果、実績がすべてである。しかし、ジェニーンの話が説得的なのは、冷徹な経営哲学の根本に、人間に対する深い洞察があるからだ。著者は次のように総括する。「自分がはたして経営者を目指していいかどうか、それだけの覚悟があるかどうかは、この本がいやというほどわからせてくれる。その意味で、本書は経営者にとって「最高の教科書」である」と。

第15章「ハッとして、グッとくる」は、O・E・ウィリアムソンの『市場と企業組織』だ。勉強の王道はなんといっても読書だが、人間が読書に取り組む理由は「役に立つ」と「面白い」の二つしかない（ちなみに僕は後者だ）。勉強の面白さは知識の質に関係しており、上質な知識は「論理」だ。論理の面白さをわかるようになれば、読書は苦にならない。そこで、著者は論理の面白さを三パターンにわけて説明してくれるのだ。「ガツンとくる」本質論、「ハッとする」逆説、「グッとくる（ズバッとくる）」構成概念自体の面白さがそれだ。「面白がる才能」は、人間の能力の本質のど真ん中といってもよい、というのが著者の見立てだ。

第17章「花のお江戸のイノベーション」は、『日本永代蔵』を俎上に載せているが、「コンプライアンスもJ-SOXもIFERSも（中略）関係ない剝き出しのド商売。（中略）今だったら、五〇〇カ月連続で丸善丸の内本店の一階に常時山積みになっている、というイメージである」。こうまで書かれたら、泉下の西鶴も苦笑いしているのではないか。「さすが西鶴、さすがの才覚」と『日本永代蔵』に描かれた現代にも通じるビジネスの本質が見事に抉り出されている。

第20章「グローバル化とはどういうことか」では、僕も大好きな若桑みどりの『クアトロ・ラガッツィ』が取り上げられる。グローバル経営者ヴァリニャーノと破格のリーダー織田信長、二人の戦略ストーリーが重なって生まれた天正遣欧少年使節プロジェクト。しかし、その結果は悲惨なものとなる。信長の横死とヴァリニャーノの人事の失敗。そして日本は鎖国へと突き進んでいく（なお、鎖国については、著者はポジティブな面を認めているが、僕は若桑さんの否定的な見解を支持したい）。しかし、「グローバル人材よりも経営人材」という著者の結論には、誰しも異論を挟む余地はないだろう。

そして、巻末のロング・インタビュー「僕の読書スタイル」が、これまた秀逸である。何しろ、ヘンリー・ダーガーまで飛び出してくるのだから。「だから読書です。どこにでも行ける。誰とでも会える。話ができる。（中略）最高です」という著者の結びの言葉には一五〇％共感する。このような素敵な本を世に送り出した編集者に深く感謝したい。

蛇足ではあるが、拙著『直球勝負の会社』がこの二十二冊の中に含まれているのは、望外の幸せ以外の何物でもない。

（でぐち・はるあき　立命館アジア太平洋大学［ＡＰＵ］学長）

※「ＨＯＮＺ」二〇一三年七月一三日の記事に加筆しました。

本書は二〇一三年七月にプレジデント社より刊行されました。

スタバではグランデを買え！　吉本佳生
身近な生活で接するものやサービスの価格を、やさしい経済学で読み解く。「取引コスト」という概念で学ぶ、消費者のための経済学入門。（西村喜良）

新宿駅最後の小さなお店ベルク　井野朋也
新宿駅15秒の個人カフェ「ベルク」。チェーン店にはない創意工夫に満ちた経営と美味さ。帯文＝奈良美智（柄谷行人／吉田戦車／押野見喜八郎）

味方をふやす技術　藤原和博
他人とのつながりがなければ、生きてゆけない。でも味方をふやすためには、嫌われる覚悟も必要だ。ほんとうに豊かな人間関係を築くために！

ほんとうの味方のつくりかた　松浦弥太郎
一人の力は小さいから、豊かな人生に〈味方〉の存在は欠かせません。若い君に贈る、大切な味方の見つけ方と育て方を教える人生の手引書。（水野仁輔）

増補 経済学という教養　稲葉振一郎
新古典派からマルクス経済学まで、知っておくべき経済学のエッセンスを分かりやすく解説。本書を読めば筋金入りの素人になれる!?（小野善康）

町工場・スーパーなものづくり　小関智弘
宇宙衛星から携帯電話まで、現代の最先端技術を支えているのが町工場だ。そのものづくりの原点を、元旋盤工でもある著者がルポする。（中沢孝夫）

トランプ自伝　ドナルド・トランプ／トニー・シュウォーツ　相原真理子訳
一代で巨万の富を築いたアメリカの不動産王ドナルド・トランプが、その華麗なる取引の手法を赤裸々に明かす。（ロバート・キヨサキ）

英語に強くなる本　岩田一男
昭和を代表するベストセラー、待望の復刊。暗記やテクニックではなく本質を踏まえた学習法は今も新鮮なわかりやすさをお届けします。（晴山陽一）

英単語記憶術　岩田一男
単語を構成する語源を捉えることで、語の成り立ちを理解することを説き、丸暗記では得られない体系的な英単語習得を提案する50年前の名著復刊。

ポケットに外国語を　黒田龍之助
言葉への異常な愛情で、外国語本来の面白さを伝えるエッセイ集。ついでに外国語学習が、もっと楽しくなるヒントもつまっている。（堀江敏幸）

仁義なきキリスト教史　架神恭介
イエスの活動、パウロの伝道から、叙任権闘争、十字軍、宗教改革まで――。キリスト教二千年の歴史が果てなきやくざ抗争史として蘇る！　（石川明人）

現代語訳 文明論之概略　福澤諭吉　齋藤孝訳
「文明」の本質と時代の課題を、鋭い知性で捉え、巧みな文体で説く。福澤諭吉の最高傑作にして近代日本を代表する重要著作が現代語でよみがえる。

鬼の研究　馬場あき子
かつて都大路に出没した鬼たち、彼らはほろんでしまったのだろうか。日本の歴史の暗部に生滅した〈鬼〉の情念を独自の視点で捉える。　（谷川健一）

ギリシア神話　串田孫一
ゼウスやエロス、プシュケやアプロディテなど、人間くさい神々をめぐる複雑なドラマを、わかりやすく綴った若い人たちへの入門書。

橋本治と内田樹　橋本治　内田樹
不毛で窮屈な議論をほぐし直し、「よきもの」に変える成熟した知性が、あらゆることを語りつくす。伝説の対談集ついに文庫化！　（鶴澤寛也）

9条どうでしょう　内田樹／小田嶋隆／平川克美／町山智浩
「改憲論議」の閉塞状態を打ち破るには、「虎の尾を踏むのを恐れない」言葉の力が必要である。四人の書き手によるユニークな洞察が満載の憲法論！

哲学の道場　中島義道
哲学は難解で危険なものだ。しかし、世の中にはこれを必要とする人たちがいる。――死の不条理への問いを中心に、哲学の神髄を伝える。　（小浜逸郎）

哲学個人授業　鷲田清一　永江朗
哲学者のとぎすまされた言葉には、歌舞伎役者の切る「見得」にも似た魅力がある。哲学者23人の魅惑の言葉。文庫版では語り下ろし対談を追加。

夏目漱石を読む　吉本隆明
主題を追求する「暗い」漱石と愛される「国民作家」をつなぐ資質の問題とは？　平明で卓抜な漱石講義十二講。第2回小林秀雄賞受賞。　（関川夏央）

ナショナリズム　浅羽通明
新近代国家日本は、いつ何のために、創られたのか。日本ナショナリズムの起源と諸相を十冊のテキストを手がかりとして網羅する。　（斎藤哲也）

品切れの際はご容赦ください

幕末単身赴任 下級武士の食日記 増補版
青木直己
きな臭い世情なんてなんのその、単身赴任でやってきた勤番侍が幕末江戸の〈食〉を大満喫！ 残された日記から当時の江戸のグルメと観光を紙上再現。

神国日本のトンデモ決戦生活
早川タダノリ
これが総力戦だ！ 雑誌や広告を覆い尽くしたプロパガンダの数々が浮かび上がらせる戦時下日本のリアルな姿。関連図版をカラーで多数収録。

誰も調べなかった日本文化史
パオロ・マッツァリーノ
土下座のカジュアル化、先生という敬称の由来、全国紙一面の広告。――イタリア人（自称）戯作者が、資料と統計で発見した知られざる日本の姿。

建築探偵の冒険・東京篇
藤森照信
街を歩きまわり、古い建物、変わった建物を発見し調査する〝東京建築探偵団〟の主唱者による、建築をめぐる不思議で面白い話の数々。 （山下洋輔）

鉄道エッセイコレクション
芦原伸編
本を携えて鉄道旅に出よう！ 文豪、車掌、音楽家――、生粋の鉄道好き20人が愛を込めて書いた「鉄分100％」のエッセイ／短篇アンソロジー。

ヨーロッパぶらりぶらり
山下清
「パンツをはかない男の像はにが手」「人魚のおしりは人間か魚かわからない」。〝裸の大将〟の眼に映ったヨーロッパは？ 細密画入り。 （赤瀬川原平）

坂本九ものがたり
永六輔
名曲「上を向いて歩こう」の永六輔・中村八大・坂本九が歩んだ戦中戦後、そして3人が出会ったテレビ草創期。歌に託した思いとは。 （佐藤剛）

日々談笑
小沢昭一
話芸の達人の、芸が詰まった一冊。柳家小三治と佐渡の芸能話、網野善彦と陰陽師や猿芝居の話、清川虹子と喜劇話……多士済々17人との対談集。

おかしな男 渥美清
小林信彦
芝居や映画をよく観る勉強家の彼と喜劇マニアのぼく。映画「男はつらいよ」の〈寅さん〉になる前の若き日の渥美清の姿を愛情こめて綴った人物伝。 （中野翠）

ウルトラマン誕生
実相寺昭雄
オタク文化の最高峰、ウルトラマンが初めて放送されてから40年。創造の秘密に迫る。スタッフたちの心意気、撮影所の雰囲気をいきいきと描く。

脇役本　濵田研吾

映画や舞台のバイプレイヤー七十数名が書いた本、関連書などを一挙紹介。それら脇役本が教えてくれる秘話満載。古本ファンにも必読。（出久根達郎）

時代劇 役者昔ばなし　能村庸一

「鬼平犯科帳」「剣客商売」を手がけたテレビ時代劇名プロデューサーによる時代劇役者列伝。春日太一氏との語り下ろし対談を収録。文庫オリジナル。

東京酒場漂流記　なぎら健壱

異色のフォーク・シンガーが達意の文章で綴るおかしくも哀しい酒場めぐり。薄暮の酒場に集う人々との無言の会話、酒、肴。（高田文夫）

旅情酒場をゆく　井上理津子

ドキドキしながら入る居酒屋。心が落ち着く静かな店も、常連に囲まれ地元の人情に触れた店も、それもこれも旅の楽しみ。酒場ルポの傑作！

満腹どんぶりアンソロジー
お〜い、丼《どん》　ちくま文庫編集部編

天丼、カツ丼、牛丼、海鮮丼に鰻丼。こだわりの食べ方、懐かしい味から思いもよらぬ珍丼まで作家・著名人の「丼愛」が迸る名エッセイ50篇。

ひりひり賭け事アンソロジー
わかっちゃいるけど、ギャンブル！　ちくま文庫編集部編

勝てば天国、負けたら地獄。麻雀、競馬から花札や手本引きまで、ギャンブルに魅せられた作家たちの名エッセイを集めたオリジナルアンソロジー。

赤線跡を歩く　木村聡

戦後まもなく特殊飲食店街として形成された赤線地帯。その後十余年、都市空間を彩ったその宝石のような建築物と街並みの今を記録した写真集。

異界を旅する能　安田登

「能」は、旅する「ワキ」と、幽霊や精霊である「シテ」の出会いから始まる。そして、リセットが鍵となる日本文化を解き明かす。（松岡正剛）

老人力　赤瀬川原平

20世紀末、日本中を脱力させた名著『老人力』と『老人力②』が、あわせて文庫に！　ぼけ、ヨイヨイ、もうろくに潜むパワーがここに結集する。

裸はいつから恥ずかしくなったか　中野明

幕末、訪日した外国人は混浴の公衆浴場に驚いた。日本人が裸に対して羞恥心や性的関心を持ったのはいつなのか。「裸体」で読み解く日本近代史。

ちくま文庫

戦略読書日記《せんりゃくどくしょにっき》

本質《ほんしつ》を抉《えぐ》りだす思考《しこう》のセンス

二〇一九年四月十日　第一刷発行

著者　楠木建（くすのき・けん）
発行者　喜入冬子
発行所　株式会社 筑摩書房
東京都台東区蔵前二―五―三　〒一一一―八七五五
電話番号　〇三―五六八七―二六〇一（代表）
装幀者　安野光雅
印刷所　三松堂印刷株式会社
製本所　三松堂印刷株式会社

ISBN978-4-480-43591-0　C0195